河南省高等学校科技创新人才项目（人文社科类）"河南省绿色制造的演进、扩散机理及产业政策研究"（批准号：2018—CX—007）河南师范大学学术专著出版基金资助

绿色制造背景下的
产业经济效率和环境效率

王喜刚 杨慧慧 ◎ 著

中国财经出版传媒集团

经济科学出版社
Economic Science Press

图书在版编目（CIP）数据

绿色制造背景下的产业经济效率和环境效率/王喜
刚，杨慧慧著 . -- 北京：经济科学出版社，2022. 11
ISBN 978 - 7 - 5218 - 4374 - 3

Ⅰ. ①绿…　Ⅱ. ①王…②杨…　Ⅲ. ①制造工业 - 无
污染技术 - 经济效率 - 研究 - 中国　Ⅳ. ①F426. 4

中国版本图书馆 CIP 数据核字（2022）第 223970 号

责任编辑：李　雪
责任校对：李　建
责任印制：邱　天

绿色制造背景下的产业经济效率和环境效率
LÜSE ZHIZAO BEIJING XIA DE CHANYE JINGJI XIAOLÜ HE HUANJING XIAOLÜ

王喜刚　杨慧慧　著

经济科学出版社出版、发行　新华书店经销
社址：北京市海淀区阜成路甲 28 号　邮编：100142
总编部电话：010 - 88191217　发行部电话：010 - 88191522
网址：www. esp. com. cn
电子邮箱：esp@ esp. com. cn
天猫网店：经济科学出版社旗舰店
网址：http://jjkxcbs. tmall. com
固安华明印业有限公司印装
710×1000　16 开　17.5 印张　230000 字
2022 年 12 月第 1 版　2022 年 12 月第 1 次印刷
ISBN 978 - 7 - 5218 - 4374 - 3　定价：89.00 元

前言
PREFACE

《中国制造 2025》作为我国实施制造强国战略第一个十年的行动纲领，明确提出了"创新驱动、质量为先、绿色发展、结构优化、人才为本"的基本方针，强调坚持把可持续发展作为建设制造强国的重要着力点，走生态文明的发展道路。同时，把"绿色制造工程"作为重点实施的五大工程之一，部署全面推行绿色制造，克服传统工业文明的弊端，探索资源节约型、环境友好型的绿色发展道路。全面推行绿色制造，既能够有效缓解资源能源约束和生态环境压力，也能够促进绿色产业发展，增强节能环保等战略性新兴产业对国民经济和社会发展的支撑作用，推动加快迈向产业链中高端。

绿色制造也叫作环境意识制造（environmentally conscious manufacturing）、面向环境的制造（manufacturing for environment）等，是一个综合考虑环境影响和资源效益的现代化制造模式。其目标是使产品从设计、制造、包装、运输、使用到报废处理的整个产品全寿命周期中，对环境的影响最小，资源利用率最高，并使企业经济效益和社会效益协调优化。

改革开放至今，我国制造业取得了举世瞩目的成绩，但制造业的发展始终离不开资源的大量使用，而随着资源的逐渐匮乏、工业废物的大量排放，制造业因资源和环境的约束而放慢了脚步，并影响了经济、社会的可持续发展。21世纪前，我国对于资源的使用和消耗上较长时间奉行的都是粗放型的增长，主要依靠高投入、高消耗，然而这种方式不仅使资源逐渐趋于匮乏，也对生态环境产生了严重的破坏。党的二十大报告明确提出，推动经济社会发展绿色化、低碳化是实现高质量发展的关键环节，加快推动产业结构、能源结构、交通运输结构等调整优化，加快发展方式绿色转型。

本书围绕学术界关注的关键问题，如绿色制造的驱动力量、绿色制造的演进、扩散机制、不同产业绿色制造水平测度和评价、绿色制造对环境效率和经济效率的影响机制等展开论述，期望从理论和实证层面解释不同行业的投入产出水平、投入要素使用效率以及不同行业在生产制造过程中对环境的影响，有助于政府对经济发展所依赖的投入要素进行有效的调节和引导，制定更为精准的产业发展政策以及产业结构升级路径。

本书主要包括以下内容。

（1）全面梳理了绿色制造、绿色制造对环境效率的影响、绿色制造对经济效率的影响以及绿色制造的产业差异四个方面的学术史及研究动态，并界定了绿色制造、经济效率、环境效率的概念及相互之间的关系。

（2）从中小型企业和大型企业两个企业类别出发，通过建立解释性结构模型（ISM），研究两类企业实施绿色制造的不同驱动因素以及相互之间的关系。

利用解释性结构建模（ISM）方法，提高了对绿色驱动因素相互影响的认识，确定了影响因素的驱动关系和依赖关系，为管理者实施绿色制造科学决策提供了决策依据。

（3）从政府补贴视角探讨绿色制造扩散机理。基于异质主体的行为，给出了四种政府补贴策略、分析了七个扩散场景，构建了包括企业和消费者在内的演化博弈模型，探讨了如何在绿色制造扩散中政府选择补贴策略。基于绿色制造扩散的两种方向：传统创新和绿色制造创新的选择，建立了制造企业之间的演化博弈模型，基于这些模型，详细分析了绿色制造选择过程的动态演变。

（4）创新性地选取环境、资源、能源、经济等指标，对 28 个代表性行业的绿色度水平进行综合评价。通过产业绿色度评价，有助于决策者从宏观、中观、微观角度制定产业、企业绿色发展决策。

（5）构建超效率 SBM 模型计算 28 个产业的经济效率和环境效率，从而比较各个产业经济效率和环境效率的差异，并通过各产业的 Malmquist 指数分析、冗余分析，探讨各产业产生差异的原因、未来改善经济效率和环境效率的路径。

本书的完成得益于河南省高等学校科技创新人才项目（人文社科类，批准号：2018—cx—007）和河南师范大学学术专著出版基金等项目的资助，特此表示感谢！

绿色制造的概念从提出至今虽然取得了长足发展，但仍然处在不断发展之中，其内涵也远不止书中所述，而且就制造业而言，各个产业存在着较大的差异。本书以团队前期研究成果为基础，难免存在对绿色制造和环境效率、经济效率的关系研究覆盖不全，甚至存在一些错误之处，恳请各位读者予以批评指正。

作者

2022 年 10 月

目录
CONTENTS

| 第 1 章 |

导　论

1.1　绿色发展

绿色是自然界中常见的颜色，是电磁波的可见光部分中的中高频部分，频率为 $520 \sim 610THz$（对应空气中波长为 $577 \sim 492nm$），在光谱中介于黄与青之间，类似于春天的绿叶和嫩草的颜色。随着社会的发展和人类文明的进步，逐渐被引申为环保、节约、可持续、经济的代名词。

绿色环保意识是从 1962 年美国科普作家 Rachel Carson 创作的《寂静的春天》出版后才开始有的，书中描述了传统工业文明对环境所造成的巨大破坏。可持续发展的观点是 1972 年斯德哥尔摩人类环境会议上正式提出的，并逐渐得到各界的认可；同年，罗马俱乐部发表了《增长的极限》（*The Limits to Growth*），对高消耗、高污染的增长模式的可持续性提出了严重的质疑。1987 年，《我们共同的未来》（*Our Common Future*）在第八次世界环境与发展委员会上通过，"可持续发展观"成为全球热门的话题。1989 年，英国环境经济学家大卫·皮尔斯（1989）提出了绿色增长概念，在 1992 年的里约环境与发展大会之后开始了全面可持续发展的进程。1997 年亚洲金融危机和 2008 年世界经济危机爆发后，全球经济增速开始放缓，各国产业结构迫切需要升级，经济发展和人口增长使得环境的承载能力开始逐渐接近上限。这些迫切需要解决的问题让绿色增长又得到社会各界的关注。

经济与合作组织（2009）认为绿色增长理论已经不再仅仅是单纯的"绿色"和"增长"的概念，还代表着人们力图找到一种能够平衡环境危害和长远经济增长的方式，以促进经济的持续增长。绿色增长强调了经济、环境、社会的互补性，不仅仅要保持经济的绿色增长，同时要基于绿色产业和技术增长，缩小贫富差距实现社会公平正义，实现资源的有效公平分配。鲍文（2014）认为在绿色经济增长中需要优先保护环境，尤其是对有限的资源和温室气体的排放要进行控制。皮埃尔（2013）认为绿色增长最重要的是维持和提升该区域或全球的自然资本的总和。波普（2012）认为生产、收入和生活条件的提高才是绿色增长中的经济发展。莱利（2012）提出了将在经济、环境两个要素中增加绿色增长的"经济增长、增加就业和减少环境影响"的三重目标。雅各布斯（2012）指出了绿色增长的内涵在于实现显著经济增长的环境保护，主张 GDP 的增长在满足人类社会经济发展需求的同时，要对环境的影响降到最低，并不断修复已损坏的环境和生态。布鲁斯特（2014）也认为绿色增长的内涵是包括了社会包容、变革意识、改变消费习惯和改进生活方式，同时强调自然资源商品化、资本可替代化的思想。

1.2　绿色制造

制造业是国民经济的主体，是立国之本、兴国之器、强国之基。

20 世纪中叶开启工业文明以来，世界强国的兴衰史和中华民族的奋斗史一再证明，没有强大的制造业，就没有国家和民族的强盛。打造具有国际竞争力的制造业，是我国提升综合国力、保障国家安全、建设世界强国的必由之路。

中华人民共和国成立尤其是改革开放以来，我国制造业持续快速发展，建成了门类齐全、独立完整的产业体系，有力推动了工业化和现代化进程，显著增强了综合国力。然而，与世界先进水平相比，我国制造业大而不强，在自主创新能力、资源利用效率、产业结构水平、信息化程度、质量效益等方面还存在一定差距，转型升级和跨越发展的任务紧迫而艰巨。

绿色制造也称环境意识制造（environmentally conscious manufacturing）、面向环境的制造（manufacturing for environment）等，是一个综合考虑环境影响和资源效益的现代化制造模式。其目标是使产品从设计、制造、包装、运输、使用到报废处理的整个产品全寿命周期中，对环境的影响（负作用）最小，资源利用率最高，并使企业经济效益和社会效益协调优化。

绿色制造技术是指在保证产品的功能、质量、成本的前提下，综合考虑环境影响和资源效率的现代制造模式。它使产品从设计、制造、使用到报废整个产品生命周期中不产生环境污染或环境污染最小化，符合环境保护要求，对生态环境无害或危害极少，节约资源和能源，使资源利用率最高，能源消耗最低。

绿色制造模式是一个闭环系统，也是一种低熵的生产制造模式，即原料 - 工业生产 - 产品使用 - 报废 - 二次原料资源，从设计、制造、使用一直到产品报废回收整个寿命周期对环境影响最小，资源效率最高，也就是说要在产品整个生命周期内，以系统集成的观点考虑产品环境属性。这种模式改变了原来末端处理的环境保护方法，对环境保护从源头抓起，并考虑产品的基本属性，使产品在满足环境目标要求的同时，保证产品应有的基本性能、使用寿命、质量等。

改革开放至今，我国制造业取得了举世瞩目的成绩，但制造业的发展始终离不开资源的大量使用，而随着资源的逐渐匮乏，制造业因资源的制约进而限制了其进一步的发展，更是影响了整个社会的进步和发展。事实上，我国对于资源的使用和消耗上一直奉行的都是粗放型的增长，主要依靠高投入，采取的方式自然就是资源的大量消耗，然而这种方式不仅使资源逐渐趋于匮乏，也对生态环境产生了严重的破坏。大家逐渐地认识到了制造业、环境和资源之间的关系，可持续发展的概念由此产生。可持续发展是现代化的永恒主题，要求制造业不能再延续以往的经济增长模式，要走一条经济效益好、资源消耗少、环境污染少的新型工业化道路。所以，为了实现这一发展目标，绿色制造的实施凸显出了它的必要之处。绿色制造是一种新型的制造业发展模式，它的发展目标就是实现资源的合理消耗，从产品的设计、制造到配送、回收和再制造的整个产品生命周期，最大程度地减少资源消耗。值得注意的是，绿色制造的实施是对传统制造模式的改造和创新，并非对传统制造业的完全摒弃，企业在践行绿色制造的过程中也不单纯是对资源的节约和环境的保护问题，而是为了协调制造、环境和能源的新型制造模式。

1.3　国外实施绿色制造现状

关于绿色制造的概念，一些发达国家很早就已经提出，除了政府制定了绿色保护环境的相关政策外，消费者也已经形成了购买绿色环保产品的习惯，进一步促进了绿色制造的发展。产品的绿色标记制度逐渐产生，从产品的生产到回收都需要符合绿色制造的要求。目前国外绿色产品的比例已经占据市场的很大一部分，绿色产品未来很有可能成为世界主导商品。

1.3.1　美国

（1）立法助力绿色发展。2009 年美国推出了《美国复兴与再制造》计划，将发展清洁能源作为主要发展方向。2011 年和 2012年美国总统科技顾问委员会发表了《保障美国在先进制造业的领导地位》以及第一份"先进制造伙伴计划（AMP）"报告《获取先进制造业国内竞争优势》。该报告提出：制造业在未来国际竞争中起到基础性的作用；发展制造业保持技术上的领先是关乎国家安全问题的关键；出于竞争对手都在出台对先进制造业的投资，美国需要尽快采取必要措施。在"先进制造伙伴计划 2.0"中利用技术优势谋求绿色发展新模式。

（2）新政府主张的能源电力政策。2021 年，美国新一届政府提出支持清洁能源革命，确保美国实现 100% 清洁能源经济、2050 年之前达到"净零排放"，重新加入《巴黎气候协定》；并将实施方案：利用联邦政府采购系统，来实现能源 100% 的清洁和车辆的零排放；制定严格的燃油排放新标准，确保车辆实现电动化。

1.3.2　日本

（1）建设绿色低碳社会，推动绿色发展战略。日本主要的经济竞争力体现在其先进的制造业上，在绿色经济的大变革形势下，日本政府也开始注重绿色制造和低碳产业发展。2008 年 6 月，日本政府推出了一项新的应对气候变化政策，提出到 2050 年使温室气体排放量较当前减少 60%～80% 的目标，这一目标被称为"福田愿景"。

同年，日本内阁会议又通过了《建设低碳社会的行动计划》，为实现"福田愿景"确定了量化指标和时间表。这项计划所包含的内容主要包括以下几个方面：在 2020 年实现二氧化碳捕捉及封存技术，在 2023 年之前将新能源汽车用燃料系统的价格降至当前的 1/10；到 2020 年将光伏发电规模扩大到当前的 10 倍，到 2030 年时扩大到当前的 40 倍；到 2020 年，电动汽车等新一代绿色环保汽车占新车消费比例要超过一半，并配套建设快速充电设备等。2012 年 7 月，日本召开国家发展战略大会，通过了《绿色发展战略总体规划》，将新型装备制造、机械加工等作为发展重点，围绕制造过程中可再生能源的应用和能源利用效率提升，实施战略规划。计划通过 5~10 年的努力，将节能环保汽车、大型蓄电池、海洋风力发电培育和发展成为落实绿色发展战略的三大支柱性产业。

（2）实施"绿色增长计划"。该计划是针对氢能源和汽车业的行动计划。日本是世界上最大的经济体之一，也是重要的轻型汽车制造商。日本政府把实现绿色制造作为一项重要任务，计划在 2025 年建成一个"碳中和"社会，到 2035 年电动车（包括混动车、燃料电池汽车）将替代汽油车。为加速电动车普及速度，日本政府计划到 2030 年，将汽车电池成本削减过半，至每千瓦时 10000 日元或更少。日本的绿色增长计划预计，在发电与运输等领域，将氢能源消耗从 2017 年的 200 万吨提高到 2030 年的 300 万吨，到 2050 年则涨至约 2000 万吨。

1.3.3 欧盟

（1）绿色工业发展计划。欧盟一直都是绿色制造的倡导者和先行者，不仅仅是从政策法规还是到实体产业，其绿色制造的理念在全球具有强大的影响力和号召力。2004 年欧盟就通过了应对气候的法律，2005 年欧盟正式启动了"欧盟碳排放交易机制（EUETS）"；2006 年 3 月，欧盟委员会正式发布了题目为"获得可持续发展、有竞争力和安全能源的欧洲战略"的能源政策绿皮书，该绿皮书的意义在于引起各国对清洁能源的重视，并积极对开发清洁能源和可再生能源的研究献计献策；2012 年 4 月，为了应对债务危机，欧盟委员会环境总司与能源总司在非正式会议后公开表示："两部门将加强合作，全力支持欧盟发展绿色产业，促进经济增长，缓解就业难题，提高欧盟国际竞争力，引领欧盟国家走出经济危机"。

（2）发布《欧洲绿色政纲》。2019 年 12 月，欧盟委员会发布了《欧洲绿色政纲》（简称《绿政》），该文件提出的"2050 年实现气候中性"（climate neutrality，即温室气体净零排放）目标，得到了 26 个欧盟成员国和欧洲议会的大力支持。随后，欧盟迅速推出了绿色增长投资计划、公平转型基金、《气候法（草案）》等具体措施。《绿政》涉及国际贸易、气候变化等多项全球议题，引起了国际社会的广泛关注。新冠肺炎疫情在全球爆发后，欧盟委员会于 2020 年 4 月初表示仍将继续实施《绿政》，并将其中的数字基础设施、清洁能源、循环经济等绿色投资作为恢复经济的重要抓手。《绿政》的提出不仅会对欧盟的发展产生影响，也会对全球绿色金融等产生直接或间接的影响。

1.3.4　巴西

巴西依靠自身的环境优势，大力进行生物能源和新能源汽车的发展。巴西以目前的农业技术来看，每年的乙醇含量可以达到 7000 亿升，这与沙特每年的石油产量相当；与此同时，巴西有大力发展生物燃油的潜力，生物柴油的原料例如棕榈油、蓖麻油等在巴西的分布也是非常广泛的。为了更好地发挥绿色能源优势，2009 年初，巴西政府制定发布了生物能源产业发展的长远规划，提出到2017年将乙醇产量提高1.5倍，力争在产量上超过美国，成为全球最大的乙醇燃料生产国。与此同时，巴西政府一直保持着乙醇燃料出口第一大国的优势，每年新售出的汽车中80%左右是可以使用乙醇燃料的新能源汽车。巴西政府于2011年4月宣布将燃料乙醇列为战略资源，由巴西国家石油管理局牵头对甘蔗乙醇产业链进行规范管理。这是巴西政府在绿色发展顶层战略高度上做出的决策，为甘蔗乙醇燃料产业的发展提供了良好的政策环境。

1.3.5 英国

（1）采取措施助力化学工业低碳化。英国政府的目标是到2030年减少1000万吨二氧化碳的排放。英国计划在2030年前结束化石燃料汽车的销售，比原计划提前了10年，不过批评人士指出，这一强化措施仍不太可能达到《巴黎协定》的目标。CIA的一份报告称，无论是为经济发展提供原材料，还是提供碳捕获和利用技术，化工部门都将在实现成功低碳经济方面发挥关键作用。

（2）公布"绿色工业革命十点计划"。2020年11月8日，英国正式公布"绿色工业革命十点计划"，其主要内容包括：①通过海上风力发电为各家各户供电，到2030年，英国要实现风力发电量翻两番，达到40吉瓦；②到2030年，实现5吉瓦的低碳氢能产能，供给产业、交通、电力和住宅，在10年内建设首个完全由氢能供能的城镇；③努力将核能转化为清洁能源；④到2030年停止售卖汽油或燃油的汽车及货车，到2035年停止售卖混合动力汽车，同时改进英国的国家基础设施，以更好地为电动汽车提供支持，英国将以此成为七国集团中首个实现道路运输脱碳化的国家；⑤改变大众出行方式，使步行和自行车成为大众出行方式，投资未来零污染公共交通方式；⑥通过飞机和船只零排放研究项目，帮助脱碳困难的行业变得更加绿色清洁；⑦让住宅、学校和医院变得更加绿色清洁、保暖和节能，到 2028 年安装 60 万个热泵；⑧成为环境中有害气体捕集与封存技术的世界领导者，并计划到 2030 年清除 1000 万吨二氧化碳；⑨保护并恢复自然环境，每年种植 3 万公顷树林；⑩为实现上述新能源目标开发更多尖端技术。

1.4　我国实施绿色制造的现状

1.4.1　面临的形势

绿色工厂作为制造业的基本生产单元，是实现绿色制造的主体，因此，进一步分析制造业的绿色制造现状，从某种程度上来讲可以体现出我国整体绿色制造的现状。

（1）制造业能源的污染消耗量一直居高不下。2020 年，全年能源消费总量 49.8 亿吨标准煤，煤炭消费量占能源消费总量的 56.8%。其中污染最多的主要来源于工业领域。2000 年以来，我国为了经济发展而消耗的资源成本日益增高，资源消耗占居民收入比例约为 8%，而一些发达国家的资源消耗量占居民收入比例仅为 1% 左右。我国工业资源消耗占居民收入百分比约为 10%，并且长期处于较高的增长水平。

（2）制造业污染强度位列高位。《中国能源供需报告》显示，2018 年我国能源消费总量为 46.4 亿吨标准煤，占全球一次能源消费总量的 23.6%，连续 10 年居全球第一位。目前，我国单位工业增加值的能耗约为世界平均水平的 1.5 倍，我国空气中的颗粒物含量约为世界的 1.4 倍。我国的能源消耗水平不仅高于一些工业发达国家，即使与巴西等发展中国家相比，我国的单位生产总值的能源污染强度也处在偏高的水平。由此可见，推行绿色制造，降低能源消耗的强度，显得十分迫切。

（3）制造业对于节能环保的贡献力有待提高。我国工业技术装备能力和管理水平，因地区差异等因素而参差不齐，其中高消耗、高污染的低端技术依然占有一定的比例，可以看出，我国资源利用效率与发达国家相比存在着较大的差距。此外，绿色制造技术，工艺和装备技术水平也有待提高，其中主要表现在机械装备及产品的绿色设计能力较弱，一些废弃的家电、汽车等产品的重复利用率较低；工业加工产生的二次污染情况严重。由此可见，通过绿色制造节能减排，提高资源的利用率就显得尤为重要。

1.4.2　研究现状及发展趋势

1）研究现状

国内很多优秀的高校和研究院在国家自然科学基金会的支持下对绿色制造技术进行了深入的研究。

机械科学院研究院已经完成了国家科委"九五"攻关项目。该项目主要对机械工业中的九个行业对绿色技术的需求和发展趋势进行了调研，在国内首次提出了适合机械工业的绿色设计技术发展体系。

清华大学将绿色工程技术列为优先发展的项目，在国家自然科学基金会的支持下，与美国 Texas Tech 大学建立了关于绿色设计项目的合作，对全生命周期建模等的绿色设计理念进行研究，并取得了一定的进展。

上海交通大学在汽车领域展开了关于绿色设计和回收的研究，

并与福特公司进行了相关合作。

国家环保局于 1996 年 1 月批准设立了国家环保总局华夏管理体系审核中心，专门负责 ISO 14000 系列标准在我国的实施，开展培训工作以及同国际有关机构的交流，并建立了专门的网站。截至 1999 年 9 月 2 日，厦门 ABB 开关有限公司、上海高桥巴斯夫分散体有限公司、青岛海尔电冰箱有限公司等 117 家公司获得标准认证。

大连理工大学在机床结构轻量化设计、数控机床能耗建模、机械装备再制造等方面开展了广泛研究；山东大学可持续制造研究中心致力于绿色设计、绿色加工和再制造等方面的研究，在再制造产品损伤演变规律、再制造产品质量控制等方面已取得一定的研究成果。

2）研究趋势

绿色制造的发展将会向国际化、集成化和信息化发展。随着电子信息技术的发展，绿色制造技术的研究也必然依托计算机设计开发各种节能环保型的绿色产品，取代原有的高消耗、高污染、不可循环的产品。绿色制造不仅能优化环境质量，也大大提高了对资源的利用效率，是制造业长远良性发展的必然之举。

重点发展绿色产品制造业。制造业不断研究、设计、开发各种绿色产品，以取代传统的资源消耗，这方面的产业也将持续兴旺发展。

重点发展绿色制造、智能制造软件产业。企业实施绿色制造，需要大量采用软件工具和软件产品，将会推动新型软件产业的发展。

3）发展趋势

在绿色制造的研究和发展过程中逐渐体现出全球化的趋势。现在越来越多的国家要求进口的商品要有绿色制造的标志，有的国家甚至以保护本国环境为由制定了极为苛刻的指标来限制国外产品进入市场，即设置"绿色贸易壁垒"。绿色制造将为我国产品绿色化提供技术和手段，为我国消除绿色贸易壁垒进入国际市场提供强有力的支撑。

绿色制造的发展离不开社会支持系统的形成。而社会支持体系的形成，首先离不开的就是政策的支持和法律规范的约束。政府要制定相应的经济政策，充分利用市场经济机制对绿色制造实施导向，比如汽车的尾气排放一直是一个比较严重的问题，政府在对每辆汽车进行年检的时候，可以测定其废气的排放情况，收取一定的废气排放费用。如此，对于废气排放量比较大的汽车，销量自然就会大幅下降，汽车生产商也就更加倾向于生产绿色汽车。

绿色制造未来更加注重系统技术和集成技术的研究。绿色制造的涉及面十分广泛，不仅涉及产品的整个生产周期，同时涉及企业生产经营的各个方面，所以绿色制造是一个复杂的系统工程问题，因此，要真正有效地实施绿色制造，就必须从集成和系统的角度来思考和研究有关绿色制造的问题。当前，绿色制造的集成功能目标体系、产品和工艺设计与材料选择系统的集成、用户需求与产品使用的集成、绿色制造的问题领域集成、绿色制造系统中的信息集成、绿色制造的过程集成等集成技术的研究将成为绿色制造研究的重要内容。

绿色并行模式成为绿色产品开发的有效模式。绿色设计是绿色制造中的关键技术，绿色制造今后的发展必然要和并行工程相结合，形成一种新的产品设计和开发模式。绿色并行工程是一种现代绿色产品生产设计的新型模式，这种模式是一种系统性方法，以集成的、并行的方式设计产品，要求产品设计人员从一开始就考虑到产品的整个生命周期，包括从设计到生产的各个步骤，以及成本、资源消耗等。

绿色制造背景下的产业经济效率和环境效率

未来绿色制造的研究更加重视人工智能和智能生产技术。绿色制造的决策实现体系难于使用一般的数学处理方法，需要利用人工智能的方法进行处理。另外，在绿色产品评估指标体系及评估专家系统中，均需要采用人工智能和智能制造技术。

1.4.3　发展体系

1）绿色制造概念的产生

进入 21 世纪以来，工业化和城市化的发展使得环境出现了失衡问题，保护环境迫在眉睫，因此"绿色制造"的概念应运而生。绿色制造于 1996 年由美国制造工程师学会在其发表的关于绿色制造的专门的蓝皮书中全面系统地提出，1998 年又对绿色制造这一概念做出了更加具体的解释。近年来，由于经济复苏和环境恶劣的双重压力，全球都相继提出了绿色制造的战略，绿色制造与发展成为国际共识和趋势。

2）我国绿色发展的提出

2015 年 10 月，党的十八届五中全会提出"必须牢固树立并切实贯彻创新、协调、绿色、开放和共享的五大发展理念"，系统地阐述了绿色发展的目标、原则、重点任务、实现路径和保障措施。同年，中共中央、国务院印发了《关于加快推进生态文明建设的意见》，提出要协同推进新型工业化、信息化、城镇化、农业现代化和绿色化。此外，《中国制造 2025》作为我国实施制造强国战略第一个十年的行动纲领，明确提出了"创新驱动、质量为先、绿色发展、结构优化、人才为本"的基本方针，强调把可持续发展作为建设制造强国的重要着力点，走生态文明的发展道路；同时把"绿色制造工程"作为重点实施的五大工程之一，部署全面推行绿色制造，努力构建高效、清洁、低碳、循环的绿色制造体系。《中国制造 2025》在实现绿色制造方面进行了以下的部署：一是加大先进节能环保工艺和装备的研发力度，加快绿色制造业的优化升级，强化产品全生命周期绿色管理，努力构建高效、清洁、低碳、循环的绿色制造体系；二是全面推行建材、煤炭、石油等传统重型工业的绿色改造，创新工艺手法，优化生产技术，实现绿色生产，大力促进新型能源、新型材料的使用，实现生物产业绿色低碳发展；三是推进资源高效率循环使用，支持企业强化技术和管理，全面推行循环生产模式，推进资源再生利用产业规范化、规模化发展，强化技术装备支撑，提高大宗工业固体废弃物、废旧金属、废弃电器电子产品等综合利用水平；四是大力发展再制造产业，实施高端再制造、智能再制造、在役再制造，推进产品认定，促进再制造产业持续健康发展；五是积极构建绿色制造体系，支持企业开发绿色产品，实现厂房集约化、原料无害化，发展绿色园区，推进工业园区产业耦合，实现近零排放；六是强化绿色监管，健全节能环保法规、标准体系，加强节能环保监察，推行企业社会责任报告制度，开展绿色评价。

3）我国绿色制造发展体系的构建

2015 年和 2016 年，我国一系列绿色制造的政策陆续出台。2015 年 10 月，党的十八届五中全会提出"必须牢固树立并切实贯彻创新、协调、绿色、开放和共享的五大发展理念"，系统地阐述了绿色发展的目标、原则、重点任务、实现路径和保障措施。同年，中共中央、国务院印发《关于加快推进生态文明建设的意见》，提出协同推进新型工业化、信息化、城镇化、农业现代化和2016 年 3 月 17 日发布的"十三五"规划明确提出实施绿色制造工程，推进产品全生命周期绿色管理，构建绿色制造体系；2016年 6 月 30 日《工业绿色发展规划（2016—2020 年）》明确提出"绿色制造体系创建工程"，提出绿色产品、绿色工厂、绿色园区、绿色供应链的创建和示范要求。《国民经济和社会发展第十三个五年规划纲要》是绿色制造的顶层规划。"十三五"规划纲要明确地提出实施绿色制造工程构建绿色制造体系。《工业绿色发展规划（2016—2020 年）》《绿色制造工程实施指南（2016—2020年）》是上一级文件的支撑层层落实。截至 2020 年底，工信部办公厅已分别公布了五批绿色制造名单，共审批通过绿色工厂 2137家，绿色产品 2175 种，绿色园区 172 家，绿色供应链 189 条。有色金属行业绿色制造标准体系也在紧密编制中，共涉及绿色工厂43 项、绿色设计产品 67 项、绿色园区 1 项、绿色供应链 4 项，其中部分标准已发布或即将发布。

当前世界已经掀起了一股绿色浪潮，环境问题成为世界关注的焦点，列入世界议事议程，制造业将进一步改变传统制造模式，推行绿色制造技术，设计绿色能源数据库，努力生产出能够保护环境还能够节约资源的绿色产品，并用法律法规规范人们的行为举止，随着人们环保意识的增强，推行绿色制造和创新研发绿色制造技术，注重保护环境的企业，能够在行业中有更好的发展，也更容易被社会大众所接受所支持。

1.4.4　我国绿色制造实施战略及相关举措

1. 实施战略

根据《中国制造 2025》计划，我国现阶段仍处于工业化进程中，与世界发达国家仍然有较大差距，关键是资源能源利用效率较低，环境污染问题比较突出，于是全面推进绿色制造就显得尤为重要。我国对绿色制造发展提出了以下战略。

（1）加大节能环保技术和工艺的研发力度。加大绿色改造升级，积极推行低碳化和循环化，提高制造业的资源利用效率，积极推进产品全生命周期管理模式。

（2）加快制造业绿色改造升级。全面升级钢铁、建材等传统制造业的绿色改造，大力研发能源循环使用和污染减量等绿色工艺，积极使用低消耗、低污染的新型机电产品，淘汰重功率、传统型的机电产品和技术。积极引领新兴产业的绿色化发展，降低电子产品生产能源消耗，建设绿色输运站，推进新能源、新技术、低碳式发展。

（3）推进资源的高效率使用。推行循环生产方式，促进企业生产链之间的原料、能源和资源共享；加强对固体废弃物、电子废弃物、废气等的综合循环再利用；大力发展再制造产业，支持企业节能创新，一方面节约能耗，另一方面提高绿色低碳能源的使用比率，进而促进再制造产业蓬勃发展。

（4）积极构建绿色制造体系。鼓励企业生产绿色产品，注重节能环保和低碳环保；建设绿色工厂，从产品的生产源头到产品的整个生产全周期实现绿色环保；引导绿色消费，加强绿色监管，建立健全环保节能监察体系，推行社会绿色责任制度，落实生产者和消费者双方的责任延伸制度。

2. 相关举措

（1）《关于开展绿色制造体系建设的通知》《关于组织开展绿色制造系统集成工作的通知》相继发布。绿色制造体系建设要从两方面进行入手，一方面是绿色制造体系建设，另一方面是绿色制造系统集成项目。要树立标杆和榜样，利用财政奖励等激励政策，调动企业的积极性和自主性，促进制造业的绿色升级。

（2）对企业绿色制造实施动态管理。企业不能仅仅以进入绿色制造示范名单为最终目标，对于绿色制造示范名单应该实施动态管理。2020 年 3 月 1 日，工业和信息化部办公厅发布《关于开展第五批绿色制造名单推荐及前两批名单复核工作的通知》，明确提出按照"每三年一复核"的原则，各地区应对 2017 年发布的第一批、第二批绿色制造名单内有关单位的绿色发展现状开展现场复核，这样有利于企业对自身的监督，是使企业长久保持绿色制造的必要之举。

（3）推行绿色制造和绿色消费的有机融合。消费者的消费倾向决定着生产者的生产方向，把生产和消费紧密联系在一起，形成绿色闭环，让生产者绿色制造，让消费者绿色消费。把生产和消费真正和绿色生产联系在一起，绿色制造的路才能走得更远。

（4）绿色制造体系建设初见成效。不少地方出台相应的鼓励激励政策，不断涌现出优秀的绿色制造企业，引领当地绿色制造发展，各行各业加快绿色转型，促进产品的全生命周期绿色发展进程。

1.4.5　我国绿色制造成效

绿色制造从提出到实施，改革开放以来，我国对于绿色制造的发展成绩显著，2016～2019 年国家公布的绿色制造示范名单涵盖了每个省市，包含了多家绿色工厂、绿色供应链企业以及多家绿色园区。从行业角度来看，主要分布在电子、纺织、钢铁和化工等传统行业，电子行业的绿色工厂最多，其次是轻工、机械和食品行业如图 1.1 所示；从地域分布角度来看，这些绿色工厂均匀地分布在全国 31 个省（自治区、直辖市）和新疆生产建设兵团，其中，江苏、山东、广东和浙江的绿色工厂数量最多，均超过 100 家，如图 1.2 所示。

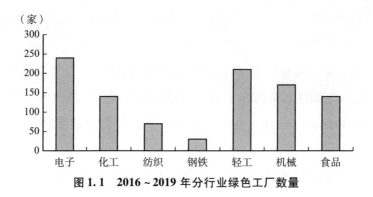

图 1.1　2016～2019 年分行业绿色工厂数量

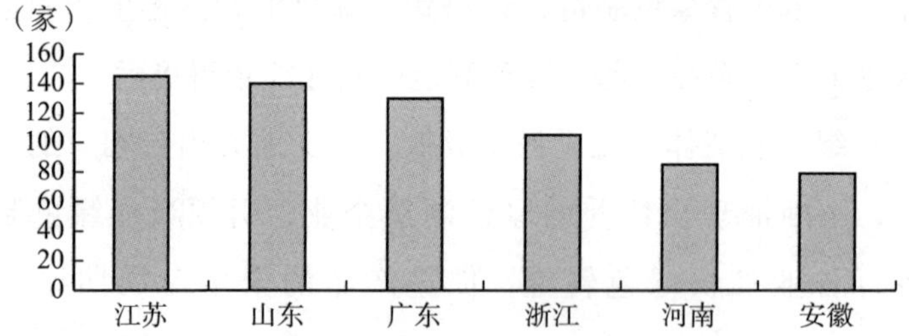

图 1.2　2016～2019 年分地区绿色工厂数量

1.4.6　现阶段我国绿色制造存在的问题

为了环境保护和未来的可持续发展，降低资源消耗、提高能源利用率、实现循环式生产就显得尤为必要，绿色制造的概念便应运而生。但是囿于我国现阶段的经济社会发展水平，对于绿色制造体系的构建方面依然存在很多不足和难题。

（1）相关法律法规的不完善和缺失。首先，我国关于绿色制造的法律法规较为缺失。虽然我国现阶段工业用能指标相对完善，但是对于钢铁、石化等部分能耗消量较大的工业的约束指标还比较模糊。其次，我国的绿色制造产业缺少相关的规范和制造标准，以及法律的权益保障，所以这对于绿色制造的进一步发展是不利的。再次，地区之间相关的法律法规没有一个统一的标准，形成了区域差异，使得部分受政策保护的地区滋生不注重质量的倾向，从而对其他地区造成信息不对称的不公平影响，高消耗、高污染的企业不能被淘汰，绿色新型企业的市场优势也很难发挥出来。最后，资源性产品价格改革和环保收费政策尚未到位，没有了良好的价格信号，企业对于经营方式的改变也会缺少动力，进而影响绿色制造的发展。

（2）相关产业的技术水平有限。近年来我国科技创新能力不断增强，无论是国内还是国外申请的专利数量都名列世界前茅，但问题在于我国申请的专利虽多但含金量并不高，其中与绿色制造技术相关的领域尤为匮乏，基础数据缺乏，缺少核心技术，对技术研发和产业化支撑力度不足，因此很难与国外的同类产品竞争。生产相同的产品，我国可能需要付出更多的资源成本，这使得我国的产业竞争力降低。目前，我国与绿色制造相关的产业仍处于初级发展阶段，集中度较低，有待进一步提高。

（3）产业结构化失衡，重型化结构仍将持续。近些年，能源及密集型产业发展迅猛，钢铁、铝制品、水泥等传统产业已经出现严重的产能过剩，重化工业尤其是高耗能、高污染产业的快速发展导致工业耗能和污染水平居高不下。然而在一些领域出现产能过剩问题的同时，一些科技含量高的产业的发展却严重不足。我国现在已经步入工业化中后期阶段，受需求关系的影响，重型化工业依然要持续一段时间，然而重型化工业的存在会导致工业能源消耗量占比较大，这给实现绿色化制造、控制能源消耗总量的目标带来了难题。

（4）经济处于下行阶段发展绿色制造存在阻力。我国制造业处于产业链中下段，随着劳动力优势的下降和部分行业产能过剩现象的加剧，企业的盈利能力受到影响，很多企业处于短期盈利和长期发展的两难选择境地。而对于投资节能环保领域，在资金有限，发展受阻的情况下，企业绿色制造的意愿就会相应变低。一些重工业行业，如石油、建材等，企业盈利下滑较大，但是这些领域又是发展绿色制造的重点领域。当绿色消费理念尚未成为主流模式时，消费者更关注的是产品的价格，而并非企业为了环保投入了多少，所以企业出于利益考虑，对于发展绿色制造的积极性可能并不会很高。因此，为了推动绿色制造的长远发展，需要在经济和社会、短期利益和长期发展中权衡利弊，做出最优选择。

1.5　绿色制造与环境、经济和社会发展的关系

资源、环境和人口是可持续发展的主要问题，绿色制造充分考虑了资源和环境保护的相关问题，对于整个社会、经济及环境的发展和保护具有重要意义。

保护环境是人类和自然界和谐相处、良性共存的必然选择，也是工业文明发展到一定程度的必然结果。进入 21 世纪以来，我国工业化进程明显加快，工业文明迅猛发展，国际地位也不断提高，但随之而来的高投入、高排放、高消耗问题日益突出。从碳排放来看，据初步核算，2020 年我国能源消费总量达 49.8 亿吨标准煤，其中煤炭消费量约占全球一半。为了促进我国工业的良性发展，应全面推行绿色制造，缩小与国际绿色制造先进水平的差距，巩固在国际上环境友好型的大国形象。此外，推行绿色制造，能更快建立资源消耗低，环境污染少的产业结构和生产方式，较好地缓解诸如碳排放等资源能源约束和生态环境的压力，实现环境保护型的可持续发展。

工业是立国之本，是经济的根基所在，搞好工业是推动经济最有效的方式。推行绿色制造是大势所趋，2008 年世界经济危机之后，联合国卫生署为了刺激经济振兴，提出了绿色经济的概念；国际上多个国家把绿色经济当作未来经济发展的关键所在，绿色制造

成为国际上普遍推崇的刺激经济发展的"利器"。为了促进我国经济整体发展，我们要将传统的高投入、高消耗、高污染的生产模式，转化为低污染、可持续的绿色制造模式。只有制造业贯彻落实了绿色生产的概念，才能为社会带来"金山银山"的财富，实现我国经济强国的梦想。

绿色制造的发展理念是经济社会发展到一定程度的产物。绿色制造克服了传统工业文明的弊端，全面推行绿色制造能够不断缩小与世界先进制造业水平的差距。现阶段我国制造业整体处于产业链中低端，劳动力的成本优势在不断降低，要建设制造强国，迫切需要加快制造业绿色发展，大力发展绿色生产力，更加迅速地增强绿色综合国力，提升绿色国际竞争力。推行绿色制造是一个社会效益显著的行为，能够为人类社会创造和谐的生存环境，促进社会的长期可持续性发展。

1.6　本书的研究目标、研究思路

1.6.1　研究目标

（1）从理论层面构建基于 ISO 14000 系列环境管理系统（EMS）和《中国制造 2025》计划的产业绿色制造绿色度评价体系和框架；基于博弈论，从政府补贴和技术创新两种视角探讨绿色制造扩散机理。

（2）从实证层面上基于 2011～2019 年的数据，建立超效率 SBM 模型，对 28 个产业的经济效率和环境效率进行测度，比较各个产业经济效率和环境效率的差异，并通过各产业的 Malmquist 指数分析、冗余分析，探讨产生差异的原因、未来改善经济效率和环境效率的路径；利用连续 DID 模型和系统 GMM 方法，分别建立静态模型和动态模型进行分析，评估环境政策和绿色发展政策等对处理组产业的经济效率和环境效率的净效应，并评估 28 个产业经济效率和环境效率的滞后效应和动态影响机制。

（3）从政策方案层面从政府、企业、消费者等多维度探讨绿色制造发展路径，以及产业结构优化的方案，构建有利于环境效率和经济效率共同提升的中国绿色制造管理政策体系。

1.6.2　研究思路

本书的研究思路如图 1.3 所示。

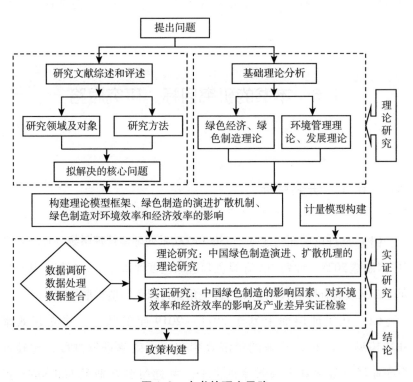

图 1.3　本书的研究思路

| 第 2 章 |

相关概念和基础理论

2.1 相 关 概 念

2.1.1 绿色制造

绿色制造是 1996 年美国制造工程师协会首次提出以可持续性发展为目标的新型制造模式。其本质是围绕保护环境和节约能源，综合考虑企业效益、环境保护和人群需求，是一种人性化的新型的可持续发展的制造模式。也有学者认为绿色制造的模式与环境的联系非常紧密。这是一种现代化制造模式，在满足一些必要条件（如质量、功能、成本等）之后，还需要综合考虑环境和能源效益等方面的因素。从产品的生产到最终报废的全生命周期中，为了实现资源的最高利用率和对环境最小的负作用，也为了实现企业经济效益与社会整体效益的协调最优化，绿色制造担负着重要作用，这也是它产生的目的和存在的意义。绿色制造是一种闭环的模式，它的过程主要包括原料—产品—再生资源—产品，再制造产品时，可以把报废的产品当作原料重新投入使用，从而达到闭环的循环模式（见图2.1）。再利用优于填埋，一方面保护了环境，另一方面也节约了能源，在保证产品性能、成本等多种条件的前提下，从源头开始把控，使得资源的利用效率达到最高。

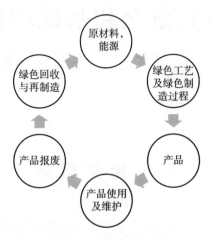

图 2.1　绿色制造过程

1. 绿色制造的思想精髓

绿色制造主要包括三方面的因素：一是制造方面，涵盖产品的全生命周期；二是环境保护方面，降低对环境的负效应；三是资源方面，提高资源的利用率。

（1）绿色制造涉及产品的整个生命过程。它强调在其中的每一阶段都要全面地考虑到保护资源与环境的目的，这体现出"大制造、大过程、学科交叉"的现代制造科学的特点。高效、绿色设计和清洁制造是绿色制造的首要倡导目标，该目标包括但不限于提高各种资源的转换效率、减少污染物的产出类型和数量以及有效回收利用材料等。

（2）在绿色制造指标中，绿色性是重要的参考因素，不仅要求尽可能小地对环境产生负影响，还要达到对环境进行保护的目的。

（3）绿色制造要求对输入制造系统中的所有资源进行充分利用，提高使用效率。当今人类可持续发展面临的重大难题就是资源枯竭，而这个难题就是粗放式的能源消耗所导致的，我们所要解决的问题就是如何高效地利用有限的资源去获得最大的效益，以满足子孙后代对资源的持续利用。

2. 绿色制造的技术创新及工艺创新

绿色制造的创新模式是以产业共生和资源循环为基础，再结合能源回收技术，实现技术和产业模式的创新与升级。

（1）产业共生创新模式。一方面，产业共生是指通过企业与企业之间的合作，使企业的生存和盈利能力得到双向的提高。它模仿自然界生物种群共生交互作用原理，而其本质是企业之间副产品的相互利用，即彼此直接通过废弃物转换的方式实现资源和物质的循环使用，从而实现物质的减量化使用，减少环境的污染和废物排放。另一方面，产业共生反映出的是一种庞大的合作网络，从企业之间的全方位合作扩展到企业与政府、社区等的合作，更进一步地实现企业经济效益和生态效益的提高。

（2）资源回收技术的生态工厂。生态工厂通过资源回收技术，利用生态学物种共生和能源循环的原理，结合现代科技方法，使物质和能量进行多层次的重复利用。其过程主要是原料—产品—再生资源—产品，从而实现了废物利用。此外，生态工厂不同于一般的环保型、节能型工厂，其通过合理的配置和安排拥有其自身的动态体系，能够更好地使工业制造和生态体系相结合，实现能源物质的循环利用。

（3）生产者延伸责任制度。对于产品的生产者，其主要责任并不仅仅局限于把产品生产出来，他们的责任应当贯穿整个产品的生产周期，特别包含了产品的报废、回收和循环过程。建立生产者的延伸责任制度，有利于生产者积极生产制造可循环利用的产品，降低了产品报废后的回收成本，提高了资源的循环使用效率。随着科技发展的日益迅猛，各种产品更新换代速度加快，产品废弃物也会增多，生产者延伸责任制度为增加的产品报废处理提供了较好的保障。

3. 绿色制造的生态评价体系与方法

（1）生态评价体系。相较一般的绿色制造评价体系，生态评价体系更注重追溯生产产品的资源源头。一方面，在产品整个生产周期要考虑其会对生态系统造成的影响；另一方面，对于不能再循环使用的可能需要掩埋的排放物等，要考虑生态的自然净化能力。绿色制造的生态体系评价贯穿了产品从生产到报废的整个周期，其中也包含了多种循环模式：

①产品自身的内部循环。包含从原料到产品，直至最后报废，整个生命周期中留下的剩余废料循环使用再次形成产品的过程（见图2.2）。

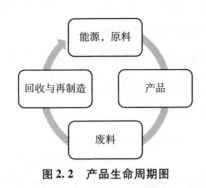

图2.2 产品生命周期图

②产品之间的循环。这种循环涉及的并非一类产品，而是多种产品之间的能源或原料循环使用。某一产品在整个生命周期中所产

生的废料，可以用于另一类产品的再次生产的过程，如图 2.3 所示。

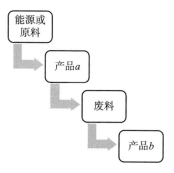

图 2.3　产品间循环图

③产品制造与生态环境之间的循环。产品从被生产到经历整个生命周期会产生一些无法循环使用的废料，需要进行填埋，如此便参与到了生态大环境的自净系统中来。因此要对填埋的废料进行控制，保证其与自然生态系统的自然循环相适应、相协调。

（2）生态评价方法。传统的绿色制造评价方法主要分为以下两种。

①综合评价法。这是一种比较常用的评价方法，它主要是对产品的绿色属性进行评价，包括环境属性、资源属性、能源属性、经济评价、宜人性、"绿色"管理、设备的维护性等。评价的过程主要包括：确定评价的因素；判断这些因素的权重比例；对每个单独的因素进行评价；得出评价结论和改进建议。

②生命周期评价方法。这种方法主要反映的是产品的生产过程对环境的影响情况。它不同于传统的评价方法，一方面它扩宽了整个研究的范围，把外部环境也考虑了进去，不仅仅对废料产生的过程进行了评价，还把对环境可能造成的影响进行了全面的评价。另一方面，生命周期评价法不仅考虑到了废料，还考虑到了资源和能源自身的消耗所造成的影响，因而是更加综合性的。评价的过程主要包括：明确研究的目的和范围；对资源、能源的消耗以及各种气

体废弃物进行数据收集；把收集的各种数据进行分类，并把潜在的环境影响进行量化和特征化处理；对结果进行解释，提出改善环境负荷的相关举措，并对环境优劣性进行评价。

学者们对绿色制造评价的研究集中于以下方面。

①确定绿色评价等级。萨卡尔等（Sarkar et al.，2011）将制造水平划分为不同的测量单位和级别，即产品、过程、设施、公司、部门、国家和世界。哈帕拉等（Haapala et al.，2013）将绿色测量单元分为机器级、操作级、过程级和系统级。评估任何测量单位的绿色水平都必须遵循一些明确的评价指标。林克等（Linke et al.，2013）将制造业绿色测度分为公司、设施、过程和产品三个层次。Zhang等（2013）将可持续制造测量尺度划分为运营（微观）尺度和企业（宏观）尺度两个层次。Al‒Fandi（2011）提出绿色制造评价的范围包括制造过程、企业活动和制造过程改进框架。Venegas等人（2016）则将工业园区的绿色水平作为制造水平进行评估。周林奕（2018）通过构建绿色度评价指标体系与分析模型，寻找绿色发展与内部过程管理融合的途径；通过宏观的价值导向，将企业整个生产周期中的价值活动与绿色度紧密结合，总结并分析绿色度与活动的关系。苏红键等（2017）从绿色经营管理、绿色产品和技术、节能环保绩效三个维度构建了企业绿色发展评价指标体系，并利用中国制造业上市公司社会责任报告中的绿色发展相关资料，通过量化对企业绿色发展状况进行评价。

②确定评价参数和评价属性。王海鹏等（2014）提出绿色属性应遵循目的性、系统性和完整性、科学性、可比性、可操作性和独立性等原则来构建绿色评价体系。他们还根据ISO发布的环境标准将环境属性分为四个主要属性：环境、资源、能源与经济。姚立根等（2020）围绕资源与能源节约利用、环境保护、绿色施工技术与管理三个属性构建绿色评价模型。张俊等（Joung et al.，2012）将

环境属性分为五个不同的类别，即环境管理、经济增长、社会福祉、技术进步和绩效管理。齐奥等（Ziout et al.，2013）将不同的可持续制造属性分为三大类：经济、环境和社会属性。Romvall 等人（2011）使用 ISO 14031 内部环境绩效指标开发了绿色绩效图（GPM），即管理绩效指标（努力）和经营绩效指标（物理绩效）。

③选择绿色指标。Hue 等（2015）认为指标的选择过程应该遵循系统性、可操作性的方法。他们确定的指标要素如下：量化方法、计量单位、改进目标和计量周期。黄晓杏等（2019）从绿色创新投入、创新效益产出、经济效益产出、绿色效益产出、绿色制造、绿色产品市场开拓、绿色管理和绿色政策环境支持八个方面构建区域绿色创新系统成熟度的评价指标体系。谢春等（2011）选取了最常用的指标作为所选属性，包括 17 个环境指标、8 个能源指标、7 个资源指标和 7 个经济指标。这些指标代表了每个属性的核心视角，例如，将能源利用率和能源效率作为能源属性的指标。自然资源消耗被认为是一个资源属性指标。指标选择过程遵循了以往的系统方法，从 ISO 14000 环境管理系统（EMS）和《中国制造 2025》计划绿色制造工程等不同文件中进行属性和指标的选择。

④获取制造业绿色水平的评估技术。层次分析法（AHP）是许多研究中常用的一种方法，因为它能够结合不同层次的多个评价属性和不同的权重进行分析。这种方法的例子包括某些学者所采用的分析方法（Ziout et al.，Ruby，Alvin；2013）。数据包络分析（DEA）也是评估绿色绩效的常用工具（高涵等，2020；谢志祥等，2017；杨文举，2015；周五七，2014）。努伊拉等（Nouira et al.，2014）基于生命周期评估 LCA 开发了一个优化模型，以评估 Greenness – Dependent 需求流程的制造水平。胡晓珍等（2011）对不同制造水平和范围的各种绿色评估技术进行了很好的回顾，认为选择 GMM 和 DEA 作为绿色度评估方法是有效的。

2.1.2 经济效率

经济效率是经济学的基本问题。经济效率的概念最早由法瑞尔（Farrell）提出，认为机构的经济效率主要由两部分构成，即技术效率和资源配置效率，而经济效率是指在社会资源和技术条件一定的前提下，社会能够实现满足人们需求的产出最大化。多数学者认为，经济效率是指资源配置效率和生产效率。资源配置效率主要指帕累托最优标准，就其内涵而言，都是围绕资源配置对于帕累托最优在某一方面的展开与深入描述。现有文献对经济效率的研究主要包括经济效率的测算研究、经济效率的影响因素研究，但从文献总体来看，多数研究更侧重于某一区域经济效率的研究，如将区域经济效率分解为技术效率和规模效率进行研究，并在时间上和地域上进行比较，研究区域经济效率的影响因素及增长机制等。

岳书敬（2009）的研究表明：改革开放以来的经济增长可以划分为两个重要的时间段，其中1995年以后为全要素生产率的低增长时期，表现为高经济增长、低生产率增长，具体特征为技术进步速度减慢、技术效率有所下降。王志刚、龚六堂等（2006）主要关注中国地区间经济增长效率，通过分省数据的实证检验，其研究结果表明东部地区的经济增长效率最高，中部和西部次之。颜鹏飞和王兵（2004）使用DEA方法测度了中国省级单元的经济增长效率，认为中国全要素生产率的增长主要源于技术效率的提高，人力资本和制度因素对效率的提高也有着重要的影响。

学者们不仅关注区域层面经济总量的研究，而且对中国工业部门的增长也较为关注：王争、郑京海和史晋川（2006）认为国有企业改革的制度性冲击促成了中国工业规模效率的提高，却导致了要素配置效率的短期下降，同时劳动力教育水平和非国有经济比重的提高，则有利于促进工业技术进步、改善资源配置效率。涂正革和肖耿（2005）以中国两位数工业行业大中型工业企业为对象，认为前沿技术进步是中国工业全要素生产率增长的最主要动力，企业技术效率差距的扩大则严重阻碍了全要素生产率的增长。沈能（2006）以中国制造业为研究对象，认为中国制造业全要素生产率的增长主要得益于技术水平的提高，效率变化反而产生负面影响。

在研究方法上，多采用随机前沿模型和 DEA 方法，以及在 DEA 方法基础上延伸出来的超效率 SBM 模型进行分析。朱静敏等（2019）基于考虑非期望产出的三阶段超效率 SBM – Global 模型和三阶段 Malmquist 生产率指数模型，对我国沿海除港澳台地区以外的 11 个省份 2004～2015 年海洋经济效率进行测算和时空对比分析；马晓君等（2018）运用优化的引入非期望产出的超效率 SBM 模型测算生态效率，再运用 Malmquist 指数考察全要素生产率（TFP）与生态效率的动态变动关系，最后运用 Tobit 回归分析探索生态效率主要影响因素的方向、强度和变化趋势，以此度量和展现循环经济发展的整体情况；周宾（2015）基于 VRS 条件下非角度的 SE – SBM 建模对创新园区层面的经济效率进行了测度；Martiz（2010）用超效率 SBM 模型评估了德国和哥伦比亚非能源部门的能源效率；弗朗茨·斐迪南（Simone Franzò，2019）利用多阶段超效率模型分析了意大利工业能源企业的效率问题。

2.1.3　环境效率

环境效率是生产过程中潜在可实现的最少污染排放量与实际污染排放量之比，环境效率高表示现有技术条件下污染物可减少的程度比较低。环境效率被称作衡量经济发展和环境保护协调度的工具，最早由沙尔特格尔和斯图姆（Schaltegger & Sturm）在 1990 年首次提出。目前具有代表性的定义有：世界可持续发展工商理事会

（2000）从商业视角将环境效率定义为通过提供具有价格优势的服务和商品，在满足人类高质量生活需求的同时，把整个生命周期中对环境的影响降到至少与地球的估计承载力一致的水平上；经济发展合作组织（OECD）认为环境效率是生态资源满足人类需求的效率；欧洲环境署 EEA 将环境效率定义为以最少的自然资源的投入创造更多的福利。通过以上对比可知，由于研究视角、主体以及环境效率应用领域等差异，各组织对环境效率的定义不尽相同，但其核心思想都是在追求经济价值最大化的同时，把对环境的负面影响降到最低。

　　学者们提出了各种测量环境效率的方法。首先，可以使用指数方法来考虑不良输出的存在。例如，皮特曼（Pittman，1983）扩展了吉韦（Caves et al.，1982）的研究，将不良产出纳入多边生产力指数。这种方法的缺点是很难用生产率指数衡量不良产出的影子价格（杨俊等，2010；徐婕等人，2007）。另一种广泛使用的方法是数据包络分析（DEA）。DEA 已经成为测量环境效率最常用的方法之一，因为它在为不同问题和数据集寻找最佳效率得分方面具有稳定性（刘勇等，2010）。查恩斯等（Charnes et al.，1978）将固定收益比例 DEA（CCR－DEA）作为主要方法。DEA 是一种在前沿分析框架下通过比较多个输入和输出来估计决策单元（DMU）相对效率的非参数方法（Cooper et al.，2007）。班克等（Banker et al.，1984）将基本的 CCR－DEA 模型扩展到可变收益比例 DEA（BCC－DEA）。从那时起，DEA 一直是一种流行的基准方法，通常用于在一组 DMU 中确定最佳管理实践。

　　在以产出为导向的 DEA 模型中，效率低下的 DMU 可以同时等比例地扩大所有产出，而不增加其投入使用。而在面向输入的模型中，一个低效的 DMU 可以同时并按比例减少所有的输入，而不会牺牲或减少其输出。因此，传统的数据包络分析模型提供了一种径向效率测度，它要么是面向产出的，要么是面向投入的（Charnes et al.，1992，1996；Cook & Seiford，2009）。然而，当模型中存在一种环境污染物时，效率评估就成为一项具有挑战性的任务（彭昱，2011；宋马林，2010），特别是考虑到环境污染物不需要与输出或输入成等比例增加或减少的情形（Cooper et al.，2007）。

基于松弛的效率测度（SBM）最早由 Tone（2001）提出。与上述径向 DEA 模型相比，SBM 的一个主要优势是可以捕捉 DMU 的投入过剩和产出不足，而传统的 CCR - DEA 和 BCC - DEA 模型则处理投入和产出的比例减少或扩大（Chang，2013）。基于非径向模型的原理，SBM 的主要目的是在有效边界上定位 DMU，SBM 的目标函数是通过寻找最大松弛来最小化（Tone，2001）。当涉及对不良副产品的建模时，发现 SBM - DEA 比传统的 DEA 模型更合适（卞亦文等，2012；宋马林等，2011；Hernandez - Sancho，2011），因为传统模型和径向方法忽略了松弛的存在（Cooper et al.，2007）。沈能等人（2015）发现，与传统的径向效率措施相比，SBM - DEA 具有更高的分级性能力，因为径向方法倾向于产生大量效率得分为 1 的效率企业。非径向 SBM - DEA 的另一个优点是可以确定各变量的效率指标，提高所研究的 DMU 的效率水平（Kim，2014）。

张等（Zhang et al.，2008）将非径向效率 SBM - DEA 模型应用于中国工业系统，通过将污染物化学物质的需氧量、氮、烟灰、灰尘和固体废物作为输入，并将工业增加值作为理想的产出来衡量工业生态效率。除了污染物，物质和能源消耗也被纳入模型的输入。

梁军等（2018）采用非径向效率 SBM - DEA 模型测算了我国交通运输部门的环境效率，将二氧化碳排放作为非期望产出。这种方法通过获取投入的松弛值和不需要的产出以及需要的产出的不足来估计经济和环境绩效，从而提供了更全面的效率措施。王艳秋等（2020）对 2007～2016 年中国区域交通部门的能源效率进行了评估。王谦等（2020）将排放的污染作为非期望产出，利用方向性距离函数方法测度了山东省财政环保支出效率。唐志鹏（2018）基于集对分析和熵值法对 2000～2015 年我国省域资源环境的投入产出效率作了综合评价。近年来，我国的环境污染问题日益严峻，国内不少学者对区域环境效率进行了实证分析。黄永春和石秋平（2015）构建了包含研发投入的 SBN 模型，测算了我国区域环境效率，结果显示技术进步对东部区域的环境全要素增长贡献最大，环境效率改善对中西部区域的环境全要素增长贡献最大。屈小娥（2014）对我国工业行业环境技术效率进行了评价，结论是其总体上效率偏低。

通过梳理上述文献可知，目前在环境效率研究上已经取得了较为丰富的研究成果，但在研究结论上存在较大差异。造成结论差异的原因在于环境污染物、变量选取、实证方法的不同，并且对细分行业没有进行深入研究，没有触及环境污染效率影响的深层次原因。分析环境污染的行业差异和演变规律有助于全面和客观地认识制造业环境污染现状。

在此背景下，本章的主要目标是选取 2010～2018 年的相关数据，利用基于 slack 的非径向 SBM – DEA 模型，将工业"三废"作为非期望产出，来衡量 28 个产业的环境效率。

2.2　基础理论

2.2.1　可持续发展理论

1972 年，联合国人类环境会议在瑞典斯德哥尔摩召开，大会正式提出了可持续发展理念。1987 年，布伦特兰在其报告《我们共同的未来》中将可持续发展的定义明确为"在满足当代人生存需求的基础上，也不能损害后代人的发展需求的一种发展方式。"1992 年，

"环境与发展"峰会在巴西里约热内卢召开，可持续发展理念在该会上更加受到广泛关注。

可持续发展要求在满足当代人需求的同时保证后代人的需求，其坚持"可持续性、公平性、共同性"的原则，并随着社会的发展不断被赋予新的内涵，但一直紧扣"人类发展"这个初衷。对于可持续发展而言，其并非单纯指环境保护，还涉及经济、社会、技术等，包括以下几方面：

（1）经济的可持续发展。经济可持续发展是可持续发展理念的核心内容，即"既能保证今天经济的可持续发展又不消费未来的资源环境"。

（2）社会的可持续发展。社会可持续发展是可持续发展理念的最终目标，即"实现人类社会的协调发展，提高生活品质，创造美好生活。"只有做到保持社会发展与自然承载力之间的平衡，才能促进人类社会的健康发展。

（3）资源与环境的可持续发展。资源与环境可持续发展是可持续发展理念的基础和前提，即"强调保持资源开发强度与资源存量之间的平衡和对环境成本的节约。"

（4）技术的可持续发展。技术可持续发展是可持续发展理念的手段，即"通过对技术工艺和技术方法的不断改进，在增加各方面经济效益的同时实现环境和资源的可持续利用。"在该层面中强调通过创新技术体系来提高生产效率，并且减少有害污染物的排放和对环境的破坏。

2.2.2　生命周期理论

"生命周期"这一概念应用广泛，在心理学、管理学等领域都有应用。依据其本身的含义，可以将企业看作是自然界的生命体，企业的生命周期同自然界生物一样，会经历初生、成长、成熟、衰老等阶段。企业在其生命周期的每个阶段都会有不同的特点，研究不同企业在同一发展时期的共同特点对企业各个阶段的管理决策有重要意义。

多年来，众多学者运用各种不同的指标工具对企业的生命周期进行了划分，目前对企业生命周期最常用的是"四阶段"模型，即初创期、成长期、成熟期和衰退期。初创期对应人的孩童期，处于该阶段的企业自身实力较弱，易受环境影响，淘汰率较高，其首要目标是生存下来，为日后的市场开拓打好基础。成长期则和人的青少年时期相对应，企业在这一阶段飞速发展，实力逐渐增强，市场规模逐步扩大，其目标也从初创期的求生存转变为力求成为行业中的领先者。到了成熟期，企业的发展速度有所减缓，但仍保持较高的收入水平，企业的核心业务处于行业领先水平，同时拥有良好的企业声誉。但同时，处于该阶段的企业面临员工不再年轻等问题，亟需新鲜血液来刺激创新进步。因此，成熟阶段企业的目标是保持创新能力，提升活力，以进一步巩固自身的市场占有率。在成熟期未能适应市场变化的企业自然迎来了衰退期。与人到暮年相似，处于衰退期的企业充满老化的气息：设备陈旧、技术落后、管理脱节、债务增加。虽然企业仍可以通过技术创新寻求蜕变，但难度较高，大多数处于衰退期的企业不得不申请破产。

随着生命周期理论的不断延伸拓展，还相继衍生出产品生命周期、技术生命周期等诸多理论。这些基于生命周期的理论可以帮助企业更好地掌握运营发展的规律，进而使得企业在不同的阶段制定最佳的战略措施。

2.2.3　能源效率理论

20世纪中后期，中东的两次石油危机使得学者们开始重视对能源效率的研究。1995 年，能源效率有了清晰的解释，世界能源委员会将其定义为"使用最低的能源资源消耗生产出同等数量的服务或更有价值的经济效益"。在该定义的基础上，单位资源所能产生多少经济价值的问题便可以理解为生产生活过程中的有效经济价值产出量与该过程所需要的能源投入量之比。

在现有的关于能源效率的研究中，依据研究中所考虑的投入要素和产出要素的数量多少，将能源效率划分为单要素能源效率与全要素能源效率两大类。单要素能源效率是指在能源消耗利用的过程中，将能源资源作为其中投入要素的唯一一项进行测算。常用指标是能源强度，即单位国内生产总值能源消耗量，计算数值为生产单元的能源投入量与经济产出的比值。全要素能源效率的测算偏好则是对资源投入在内的所有投入要素与经济产出的关系进行综合分析。

具体来看，单要素能源效率又可以分为四大类：第一类是以热力学定律为理论基础测度能源效率；第二类是能源实物效率，以能源利用效率为基础研究生产每单位实物产品所需要投入的全部能源资源数量；第三类是能源价值效率，对能源资源（以热量为单位）和产出价值（以市场价格计价）用市场价格进行测算；第四类是经济热力学指标，以能源资源消耗总量和国内生产总值的比值来表示，该指标在国际上常被用来衡量一个国家、地区或行业整体的能源利用效率，是测度单要素能源效率中使用频率最高的一个指标。

尽管单要素能源效率测算过程较为简便，但其结果存在较大偏差，无法准确刻画能源效率的变动情况。因此随着研究的不断深入，学者开始重视对全要素能源效率的研究。全要素生产理论是全要素能源效率的基础，在该理论看来，关于社会生产的各种投入要素间有一定程度的相互替代性，并非纯粹的相互独立，而且生产生活过程中的产出要素的决定因素不只是单一的物质、人力或能源资源，这一理论所强调的是多种投入要素的相互组合所产生的作用。目前学界广泛认可的是魏楚、沈满洪（2005）通过技术效率和配置效率两部分来考察能源效率。从单要素能源效率到全要素能源效率的过渡，能够更为客观地反映经济发展的规律，具有更强的科学性与准确性。

2.2.4 循环经济理论

20 世纪 60 年代，美国经济学家鲍尔丁提出的"宇宙飞船理论"是循环经济思想的萌芽。到了 90 年代，随着社会的发展，人类逐渐认识到原有粗犷的经济发展模式已经不能适应未来的发展，出于对环保的重视，人们开始积极探寻和完善可持续发展的经济模式，于是诞生了循环经济理论，此后该理论便一直是学者们研究的热点。循环经济顾名思义，其核心就是"可循环"，用源头预防和全程治理代替原先的末端治理。中国国家发展改革委员会对其的定义是："循环经济是一种以资源的高效和循环利用为核心，以减量化、再利用、资源化为原则，以低消耗、低排放、高效率为基本特征，符合可持续发展理念的经济增长模式，是对'大量生产、大量消费、大量废弃'的传统增长模式的根本变革。"

目前也有学者认为循环经济是运用再生的思想指导经济发展方向。循环经济力求创立一种"资源—产品—再生资源"的能量流动的回环形式，使得物质资源在闭环中得到最佳的使用状态，从而尽可能地减少对自然环境的影响。循环经济遵循"5R"原则，即"再思考、减量化、再使用、再循环、再修复"，可以从根本上解决一直以来存在的经济效益与环境效益无法统一的问题。

　　与传统的粗放式经济发展模式相比，循环经济具有以下新的内涵：①循环经济是一种新的总体观。在循环经济的大总体里包含各种各样的元素，所有的元素都在这个大总体内，是一个循环的过程。②循环经济是一种新的经济观。传统的经济学思想强调最大限度地获取利润，而循环经济是在满足生态环境承载力的前提下谋求经济的最优发展。③循环经济是一种新的财富观。这种财富观表现在它把生态环境看作人们拥有的财富的一部分，主张不能以环境为代价换取经济的发展。④循环经济是一种新的自然观。任何企业或个人在经济活动中不能单纯考虑工程经济方面的投入，还必须考虑生态环境的投入。⑤循环经济是一种新的生产观。它要求生产企业在生产过程中不产生污染物。⑥循环经济是一种新的消费观。循环经济与每个人都息息相关，它倡导物质的适度消费、分层消费，在消费时就思考废弃物的循环使用，逐渐形成避免浪费、合理供给、循环生产的消费理念。

2.2.5　精益生产理论

　　1996 年，美国学者（Daniel Jones & James Womack）联合出版的《精益思想》一书阐述了精益生产的思想内涵，首次系统地提出了精益生产思想。随后，美国麻省理工学院的专家学者通过研究日本丰田公司的生产管理模式，提炼出精益生产的内涵："精"就是少量的，不需要增加多余的生产要素，只是在合适的时间生产市场需要的"合适"产品；"益"就是以极小的成本得到最大程度的利润，具有经济性。消除浪费维持零库存是精益生产理论的实质和目标，即优化提升增值过程的比例，从而达到生产成本的最小化和产出的最大化。

现今精益生产体系被各国专家学者公认为是最佳的生产管理体系。经过多年的发展，精益生产系统逐渐成熟完善，从最初的汽车行业拓展到各行各业，如今已经成为引导企业发展不可或缺的工具。其指导原则可以概括为价值原则、价值流原则、流动原则、拉动原则、尽善尽美原则。

（1）价值原则。价值原则是精益生产理论思想的出发点。围绕客户的观点来确定价值，以客户的需求来确定企业从设计到生产再到交付的全部过程，将企业和顾客的利益捆绑在一起，强调企业和客户均是受益者。

（2）价值流原则。价值流是指特定产品从生产到加工所经历的全部活动，包括从产品最初的概念设计到最后完成上线加工的整个工艺流活动和物质转化活动，以及从客户下单到完成配送的全部信息管理活动。

（3）流动原则。顾名思义，流动的意思是让价值在被创造的每一个环节真正地"动"起来。传统的生产模式强调分工，但往往会出现生产等待甚至生产停顿等现象，从而造成不必要的浪费。精益思想则提倡连续且流畅的生产方式才是获得利润的加速器。

（4）拉动原则。拉动原则是按客户意愿来生产产品，从产品的生产方面让客户拉动价值，并非向客户强行推销企业所能生产的几种产品。拉动原则可以根据客户的需求和产品的比率变化及时调整产品的生产状态，输出正确的价值观并压缩了生产的提前期，既满足了客户的时间要求，也降低了库存积压所带来的成本浪费，给企业创造了巨大的价值。

（5）尽善尽美原则。尽善尽美原则是精益生产理论思想所追求的终极目标，它将上述的四个原则不断地进行重复优化。在这个过程中企业在不断地减少库存，形成了各个环节的良性循环，激发了企业的活力，同时也给客户带来了更好的体验效果。

绿色制造背景下的产业经济效率和环境效率

2.2.6　环境战略管理理论

自 20 世纪末以来，制约全球经济发展的世界性难题主要是环境问题，各国政府为了解决这个难题纷纷出台了相关的法律法规。为了遵循相关法律政策谋求"绿色"出路以及响应可持续发展理念的号召，各国企业越来越重视环境污染问题，主动地承担企业的社会责任，环境战略管理理论应运而生。

按照战略内容划分，环境管理战略可分为三方面，即污染防控、产品管理和可持续发展。污染防控是从社会生产的源头（即企业生产）来减少对环境产生的污染物排放量；产品管理是将环保理念贯穿于企业产品生产的全生命周期中，使得环境成本达到最小；可持续发展是企业自身积极主动地实施可持续的环境管理方法，减少企业的环境负担，以便在以后的发展和竞争中实现企业自身的可持续。

按照企业的环境管理态度划分，环境管理战略可分为多种类型，即反应型、防御型、被动适应型和前瞻型等；学术界也有不同的划分方法，即管制应对被动型、风险规避适应型、机会追求主动型和持续发展超前型等。管制应对型企业环境管理的主要目标是满足环境管制的基本要求，对环境治理态度消极，除非政府强制要求，否则不会主动考虑制定实施环境计划；风险规避适应型企业采取措施则主要是为了防止遭受行政处罚或者民众自发抵制，但也会采取一些措施来保护环境；机会追求主动型企业的出发点则是从积极的环境治理过程中寻找可提高企业获利能力与市场地位的机会；而持续发展超前型企业是将环境与经营目标最佳融合的企业，环境效益与经济效益对其来说同等重要，其多为钢铁、煤炭等资源依赖型产业。

当然，每个企业的战略都不是一成不变的，企业也会根据经营状态、经营目标以及大环境政策的不断改变随之调整环境管理战略。

2.2.7　环境外部性理论

外部性概念最早是由英国经济学家阿尔弗雷德·马歇尔提出，最初外部性只是被应用于社会福利问题的分析过程。在福利经济学中，外部性通常被定义为市场中主体的活动对整体社会福利产生正向或负向影响，但是活动主体并没有承担这些活动所产生的收益或者成本。随着相关理论的不断进步发展，外部性这一概念被引入环境分析中，并逐渐被主流学术理论界所接受。

外部自然环境是每个人平等享有的公共产品，而公共产品通常具有非竞争性、非排他性的特点。这意味着企业可以以很低成本和很少的限制来使用自然环境，企业在实际生产制造过程中对自然环境造成了损害，对环境产生负外部性影响，但企业并不会付出与之对等的成本，两个成本之间的差额最终是由全体民众承担，这种收益和成本的不对等扭曲了资源的最优配置，导致了整体社会福利的减少，这种现象通常被称为环境外部性。

为了解决环境外部性所导致的资源配置失灵问题，庇古提出向污染企业征收污染税以督促其减少环境污染，将征收的税款用于弥补由于污染环境所产生的外部性影响；同时，科斯提出在产权明确和交易成本为零的前提下，无论产品初始产权归属于谁，市场自由配置的结果一定是最有效的，即著名的科斯定理。科斯定理的出现，带给我们一条解决环境外部性问题的新途径，将环境外部性抽象成一种产品，并允许其在不同主体间自由交易，用于追求资源配置的最佳效用。目前来看，利用科斯定理解决环境外部性问题已经成为主流观点，在现实世界中，以科斯定理为基础而提出的碳排放交易是其中最著名的例子。碳排放交易通过设定每年碳排放的合理数量，并在世界各个国家进行分配，其中，碳排放权富余的主体可以将多余碳排放权自由交易，将交易所得收益投入生产技术的改进，以追求更多的碳排放权富余，从而达到减弱外部性影响的目的。但科斯定理两大严格理论前提——产权明确和交易成本为零，在实际生活中往往难以达到，个体几乎不可能确定污染的来源，由政府确定污染来源又不符合交易成本为零的假设前提。因此，科斯定理提出的将外部性转化为企业内部成本在现实中往往存在诸多限制，因此，如何合理解决环境外部性问题仍然需要更多的理论创新。

2.2.8　绿色全要素生产率理论

绿色全要素生产率主要是基于传统的全要素生产率理论。传统的全要素生产理论更多地是站在经济增长角度，但伴随着经济增长过程中出现的能源和环境问题，传统的全要素生产率理论难以进行客观合理评价。随着理论研究的不断深入，资源和环境作为经济增长的约束条件的观点逐渐取代了内生增长动力的观点。因此，理论界将资源利用和环境保护作为经济增长的重要因素加以考虑，提出了绿色全要素生产率的概念。

王兵等提出基于松弛变量的非径向、非角度 SBM 方向性距离函数和与此相适应的 Luenberger 生产率指标可以有效测算绿色生产率，克服了基于传统径向的、角度的 DEA 分析方法所导致的对绿色生产率估计不合理的缺点，同时提到实际国民生产总值（GRP）、外国直接投资（FDI）、公众环保意识等因素都会影响绿色生产率。陈超凡基于动态面板模型研究发现，样本中过半数工业行业可以通过改进绿色技术来实现全要素生产率的提高，合理的产权结构能有效促进绿色技术的提升，且绿色全要素生产率和企业规模并没有直接关联。李玲等在对企业绿色全要素生产率的影响研究中发现，环境规制政策对重度污染行业效果较为明显，能有效促进绿色全要素生产率的提升；对中度和轻度污染企业当前环境规制政策效果较弱，且存在"U"型关系，而技术创新能力能够更早突破"U"型点。

| 第 3 章 |

国内外相关研究综述

3.1 绿色制造研究综述

3.1.1 绿色制造的基本概念

1. 绿色制造的定义

绿色制造也称作环境意识制造或生态制造,是绿色科技创新与制造业转型发展深度融合而形成的新模式,正在成为全球新一轮工业革命竞争的重要领域。1996 年,美国制造工程师协会发表的名为《绿色制造》(*Green Manufacturing*)的蓝皮书中首次明确给出绿色制造的相关概念,即"绿色制造又称清洁制造,其目标是使产品从设计、生产、运输到报废处理的全过程对环境的负面影响达到最小"。随后的 1998 年,美国制造工程师协会又在《绿色制造发展趋势》报告中进一步阐明绿色制造的重要性。

国内的一些学者对绿色制造的定义见表 3.1。

表 3.1　　　　　　　　　国内学者对绿色制造的定义

学者	定义
刘飞（1998）	绿色制造是一个综合考虑环境影响和资源消耗的现代制造模式，其目标是使得产品从设计、制造、包装、运输、使用到报废处理的整个生命周期中，对环境负面影响极小，资源利用率极高，并使企业经济效益和社会效益协调优化
汪劲松等（1999）	绿色制造是以不牺牲产品质量、功能和成本为条件，系统地考虑产品开发制造及其活动对环境的影响，使产品在整个生命周期中对环境的负效应达到最小，资源利用效率达到最高
王能民等（2001）	绿色制造是对资源利用效率和环境影响进行综合考虑的一种现代化制造模式，采用各种先进技术对制造组织、制造资源、制造工艺、制造模式等进行持续的创新，其目标是使得产品从设计、制造、包装、运输、使用到报废处理的整个产品生命周期中，对环境的负面影响为零或极小，资源耗费达到尽量极小，从而使企业社会效益和经济效益实现协调优化
刘光复（2003）	绿色制造是为实现企业经济效益与社会效益相协调的一种现代制造模式。绿色制造实质上是人类社会可持续发展战略在现代制造业中的体现
徐勇军（2005）	绿色制造是产品从生产到报废全部过程的绿色化

以上几个关于绿色制造的定义虽然描述方式不尽相同，但其内涵存在一定的共性之处。

（1）绿色制造是由许多不同的领域集合而成的，涉及的领域主要有三个，其中包括：资源优化，环境和产品生命周期全过程的制造。

（2）对环境的管理以及对资源的利用效率是绿色制造主要考虑的部分，这是现代制造业中一种循环经济模式的体现。

（3）生态系统下绿色生产中的产品设计、产品制造等绿色生产活动构成了绿色制造的主要部分。

近年来，随着人们对绿色制造研究的不断深入，其内涵也在不断丰富，体现出"大制造、大过程、学科交叉"的特点，并且在实

　绿色制造背景下的产业经济效率和环境效率

际的应用中，涉及机械、食品、电子、化工、军工等众多工业领域，绿色制造已然成为现代制造业的新风尚。

2. 绿色制造的特点

绿色制造以产品生命周期的维度为起点，通过使用先进的制造技术和管理技术，达成经济效益、社会效益以及环境效益在制造系统中的和谐与统一。绿色制造的特征概括为以下几点。

（1）绿色制造的系统性。在产品的整个生命周期中均存在着绿色制造的身影，绿色制造将所涉及的硬件、人员和一系列软件共同组合成为一个有机的整合体。它是一个拥有较多工序的复杂的有机系统，其中包括市场分析、制造装配等过程；制造资源作为输入，再以高质量的产品和服务作为输出。其中包含的内容是具体且系统的。

（2）绿色制造的综合性。工业生态学作为绿色制造的基本理论；制造业实现可持续发展作为绿色制造的终极目标；绿色制造同时还结合了环境科学、管理科学等多学科知识，使其自身具有集成性、前沿性、交叉性等多元综合性的特点。

（3）绿色制造的绿色性。在制造业中积极践行可持续发展的战略离不开绿色制造，绿色制造的出现保证了人类和社会的和谐发展。

（4）动态性。绿色制造的实现是一个动态发展的过程，从理论和实践两个方面都在不断地趋于完善。此外，绿色制造的发展离不开与市场需求以及经济发展的相互适应。

3.1.2　绿色制造的相关政策

当今世界，绿色发展已然成为潮流和趋势。各国都在积极追求绿色、可持续的经济发展模式，在经济的增长和环境的消耗方面逐渐寻找和谐共赢的措施，在面对环境和发展这两个存在矛盾的问题时，采取了积极的手段并取得了较好的成果。这些成果离不开政策与制度的保障，表 3.2 列举了国外一些绿色制造政策。

表 3.2　　　　　　　　　　国外一些绿色制造政策

国家	相关政策
美国	《制造业促进法案》《先进制造业的国家战略计划》《可持续制造促进计划》
英国	《高价值制造业战略》
德国	《保障德国制造业未来：关于实施工业 4.0 战略建议》
法国	《新工业法国》
日本	《绿色革命和社会变革》
韩国	《新增长动力前景及发展战略》

对我国而言，绿色制造也尤为重要。2006 年，国务院发布了相关文件，提出制造业的三大思路，其中包含了"积极发展绿色制造"；科技部于 2011 年 7 月发布的《国家"十二五"科学和技术发展规划》中明确指出，在高端制造业领域的科技产业化工程之一就是"绿色制造"；国务院于 2015 年 5 月印发的《中国制造 2025》——中国实施制造强国战略第一个十年的行动纲领，将"创新驱动、质量为先、绿色发展、结构优化、人才为本"作为发展的基本方针，坚定不移地走生态文明的发展道路，坚持可持续发展的战略。我国重点实施的五大工程中就包含了"绿色制造工程"，坚决摒弃传统的工业文明的发展弊端，积极推行环境友好、资源节约的可持续发展的绿色发展战略。

这些政策及规划的出台为中国制造和绿色制造的落地实施提供了方向和细则，也进一步表明绿色制造的重要性。中国只有坚持绿色制造，才能既创造"金山银山"，又保持"绿水青山"，实现制造强国的梦想。

3.1.3　绿色制造技术

1. 绿色制造技术概念辨析

绿色制造技术产生于 20 世纪 80 年代，是在传统制造技术基础上综合了环境学、控制技术学、材料学等多种先进技术产生的。传统的制造技术一直以来都存在废弃物污染严重、生产过程浪费、产品的回收利用率低等问题。相比之下，绿色制造技术是一种清洁的生产模式，从产品开发到回收利用的所有环节都更强调对环境的保护，力求实现经济效益与环境效益的协调统一。表 3.3 列示了两种技术的区别。

表 3.3　　　　传统制造技术和绿色制造技术的区别

比较项目	传统制造技术	绿色制造技术
主体	企业自身	企业、政府、社会
生命周期	从研制到终结	从终结到再生
生产理念	以企业为中心	以市场为中心（引导顾客理性需求）
目的	经济效益最大化	经济效益、环境效益和社会效益最大化
资源内涵	人、财、物	人、财、物、"废物"、时间
竞争要素	基于成本竞争	基于环保竞争

2. 绿色制造技术体系

绿色制造技术涉及产品生命周期的各个方面以及多种行业的技术领域，这是一种多技术的交叉融合，包含环境技术、管理技术等。绿色制造技术可以划分为以下几个方面。

1）绿色设计技术

绿色设计是一种生态设计，是一种与环境保护紧密联系的设计方式。它的实施离不开对于产品各个生命周期的了解，离不开对产品本身情况的了解。绿色设计是一种以追求环境属性与经济属性相统一的设计方法，其源于传统设计又高于传统设计，其实质是全面系统的分析与评价，把产品生产对环境造成的负面影响降到最小。用"预防为主，治理为辅"的理念取代传统的"先污染后治理"方式是绿色设计的核心理念，是将"中国制造"转向"绿色制造"的重要推力，在设计阶段造就的领先优势会从根本上改善制造模式，实现我国制造业的可持续发展。

2）绿色工艺技术

绿色工艺技术也称绿色生产技术，是绿色制造从理想变为现实不可或缺的必要步骤。它主要是通过对传统工艺加以改进或采用先进的工艺，一方面降低原材料的消耗，另一方面尽可能减少对环境的污染，同时关注从业人员的职业安全问题。

3）绿色包装技术

绿色包装技术与传统意义上的包装加工技术不同，绿色包装是根据 4R1D 的指导原则，在产品的整个生命周期过程中，从包装设计到最后的回收处理连续一整套作业的总称。

4）绿色回收处理技术

绿色产品回收处理的主要流程包括产品回收、拆卸、清洗、检测、重用和再生循环等。

5）绿色再制造技术

绿色再制造就是把废旧的产品以实现性能的恢复为目标，积极生产优质、环保的产品，运用先进的技术和产业化的手段，将废旧的产品重新修复、改造。

学者刘飞等（2009）在此基础上建立了四层结构的绿色制造技

术体系框架，第一层即为以上基于生命周期的五大阶段；第二层从技术的角度对第一层进行了分析；第三层为绿色制造评估及监控技术层，主要包括绿色制造评估技术、绿色制造数据采集技术等；第四层为绿色制造支撑技术层，主要由绿色制造数据库、绿色制造技术规范、信息化支持技术等方面构成。张立祥等（2019）提出了一种绿色包装技术体系并强调以生命周期为主线，试图从五大关键层进行展开，主要包括设计技术、绿色材料的选择等方面，尝试建立一个较为完整且系统的绿色包装技术体系。

3.1.4　绿色制造实践

绿色制造理论经过一定时间的发展，学者们的研究也逐渐从概念、内涵等方面发展到实践应用中来。曹华军（2004）在介绍了工艺规划基本概念、工艺过程资源消耗与环境影响状况以及绿色制造特征的基础上，讨论了面向绿色制造的工艺规划内涵和体系结构，并总结了面向绿色制造的工艺规划的主要技术内容；同时具体地指出一系列的工艺决策过程，建立面向绿色制造的工艺规划决策支持理论模型和决策支持应用模型集合。李聪波（2009）提出了一种绿色制造支撑技术层，其中包括了战略、过程、产品设计等五层结构，并选取典型案例对整个机电行业的绿色制造运行模式进行了充分的探讨，以此成功建立了两个典型机电行业的绿色制造运行模式。

此外，学者们还对各行业的绿色制造水平进行研究，并构建了相关产业的绿色制造运营模式。

钢铁行业作为国民经济的基础产业，历来是物料消耗、污染排放的大户，因此也成为学者们集中研究的行业之一。殷瑞钰（2000）认为实施绿色制造的钢铁企业在资源和能源的选择上，一定要格外重视对钢铁生产过程的升级优化、对污染物排放的控制优化，积极探索废弃物的再循环使用和无害化处理。雷小凤（2011）在分析我国钢铁企业现状的基础上，针对影响我国钢铁企业绿色竞争力的因素，构建了绿色制造体系结构，并强调实施绿色制造体系结构是提升我国钢铁企业绿色竞争力的有效途径。何志朋（2013）参考借用钢铁企业制造特点以及绿色制造的相关技术，通过对一系列关键内容的研究，建立起了以绿色制造为核心的钢铁行业的运营模式，希望在钢铁的整个生产周期中，能够使资源的使用足够小，利用率足够高，对环境造成的污染轻等六大目标整体协调最大化。王新东（2018）以河钢集团近些年来在节能减排、资源利用、技术创新等方面取得的阶段性成果为例，总结了钢铁行业焦化、烧结、炼铁、炼钢、轧钢、辅助流程等工序在绿色制造方面的创新技术。

机电产业是保障我国国民经济平稳运行的支柱产业。何彦（2007）提出了一种集成考虑资源消耗和环境影响因素的面向绿色制造的机械加工系统任务优化调度问题，对该问题进行了系统的描述，并从研究目的、对象、方法以及结果等方面，与传统的调度问题进行了对比分析。李聪波（2009）为了使绿色制造广泛应用于机床行业，建立了一种基于产品设计主线和生命周期主线的绿色制造运行模式，并将机床的整个产品的生命周期考虑了进去。韩自强（2020）针对机械加工过程中存在的不确定性，利用区间层次分析方法，建立了一种新的绿色工艺决策方法。

3.1.5　绿色制造系统评价

对于绿色制造系统而言，衡量其发展程度的不仅仅是经济性，更需要综合性的判断，它包括了系统周边的生态协调性、环境稳定性、资源利用永续性、人力资源发展持续性、技术创新持续性、相关产业发展平衡性（公平性）和工资福利增长性。这样的衡量标准仅通过注重经济增长是远远不够的，还要注重制造系统发展的可持续性、协调性以及均衡性。此外，在对绿色制造体系进行具体设计时，要具有科学性、可操作性，坚持相对完备性原则、相对独立性原则、主成分原则、针对性原则。

依据现有的研究，绿色制造的系统评价体系大致可以分为三类：绿色制造系统总体评价、绿色制造的产品评价以及绿色制造的过程评价。

对绿色系统进行总体评价时，首先要通过系统工程思想来确定绿色制造系统相关评价方法和指标，最终完成总体评价。黄敏纯（2000）建立了包含 7 大类指标的系统的绿色制造的评价体系，并且结合合肥化肥厂的案例研究就该评价系统的可行性以及实用性进行了论证。沈德聪（2001）构建了绿色制造系统一般指标体系的层次结构，包含层次结构模型以及功能集概念模型。张绪美（2016）借助生态文明的理论，将绿色制造的对象进行了重新划分，使得绿色制造评价流程体系更加明确，提出了绿色制造评价与优化的相关阶段理论，建立了绿色制造评价及其优化的相关框架体系。

绿色制造产品评价主要以产品的生命周期理论为基础。曹华军（2000）在国内外产品生命周期评估研究现状的基础上，建立了产品生命周期评估的体系结构及其与绿色制造的集成关系。曹杰（2002）从资源利用属性、能源利用属性、环境负担和经济性等方面建立了绿色产品制造工艺评价体系的层次结构图，并应用加性加权法确定绿色产品制造工艺的最优解。刘华（2005）针对粉末冶金产品，以建立粉末冶金绿色产品评价指标体系及评价方法为目标，在国内外环境材料、绿色产品评价研究成果的基础上，针对机械产品建立了统一的绿色产品评价体系结构。祝爱民（2006）利用过程模型建立了绿色产品多层次闭环递阶评价过程，在评价过程中形成了一次检查、分级评价的评价机制，有效地解决了在综合评价过程和结果处理中起决定性作用的某一水平对评价结果影响不大的问题。薄振一（2019）对于面向绿色再制造的模块化设计方法不能得到唯一划分方案的问题，提出一种考虑模块耦合的模块划分方案作为评价方法。

在绿色制造过程评价方面：曹华军（2005）对工艺过程的资源消耗和环境影响状况进行描述和数据采集，提出了一种基于工艺IPO过程模型和列昂波特相互作用矩阵的制造过程环境影响方法；江志刚（2008）针对制造过程资源环境属性的多样性和复杂性，分析基于物能资源转化的制造过程绿色特性，提出一种基于BP神经网络的制造过程绿色属性评价方法，该方法利用BP神经网络的非线性映射能力减少评价过程中的人为因素，增强评价结果客观性；鄢威（2008）以产品的制造过程为对象，通过制造过程工艺链图，用一系列工艺IPO过程组成的工艺过程链把制造过程一步步进行分解，进而建立起一种具有制造过程资源环境的评价指标体系，同时结合制造过程资源环境属性评价指标体系，对评价制造过程绿色度的BP神经网络参数和网络结构进行了研究；丁韩（2019）以变压器为研究对象，研究其制造过程，深入分析其每个部件的加工特性，通过多个因素并结合国家制定的相关标准（GB/T28613）构建了一种绿色性的评价指标体系。

此外，还有一些学者从产业视角构建了评价指标体系。钢铁行业中，马珊珊（2007）选取环境负担、资源消耗、能源消耗以及经济性构建了钢铁行业评价指标体系，并利用选取数据包络（DEA）分析方法进行评价并测度钢铁行业的绿色度。赵刚（2019）提出在钢铁企业的绿色评价体系加入雷达图法的因素，通过图形与数值相互作用的雷达图法来对大量绿色指标进行系统全面的评价，以此判断对钢铁行业是否节约了能源和保护了环境。在绿色产业方面，石宝峰（2014）利用变异系数求解指标的信息含量，筛选出信息量最大的一组指标，建立了一种含有三个准则层的（绿色生产，绿色消费，绿色环境）绿色产业系统评价体系。

3.1.6　绿色制造补贴

目前，有关绿色制造补贴的研究主要着重于以下两个领域：（1）把政府补贴视为前提条件的相关研究，该领域包括两个方面：一个是基于不同的决策者的研究（林志炳等，2019；曹裕等，2019；刘朋，周可迪等，2016；朱庆华等，2014），另一个是基于政府补贴的系统优化研究（尚文芳，2020；梁晓蓓，2020；傅端香，2019；田一辉，2016；Aryanpur & Shafiei，2015），主要关注供应链管理领域。（2）以政府补贴为研究对象的相关研究，该领域也包括两个方面：一是从不同角度研究政府补贴策略（刘名武等，2019；Tscharakt schiew，2013；石薛桥等，2019），另一个是关于政府补贴效果的实证研究（江世英等，2019；温兴琦等，2018；Trappey et al.，2012）。

在第一个领域，研究主要集中在有政府补贴的企业，消费者和政府等不同主体的战略选择上。例如，林志炳等（2018）不仅指出最低参照价格策略或者最高参照价格策略都有可能使制造商的收益最大化，还给出了选择的条件。最后，用数值分析比较了不同策略下的供应链系统收益，指出在最高参照价格策略下的系统收益是最优的。张子元等（2020）运用博弈理论结合数值仿真方法对 4 种决策情形下的绿色供应链成员最优策略进行了研究。结果表明，制造商或零售商单方面的互惠利他偏好均会降低自身利润，提高产品绿色度、对方利润及供应链整体利润，且当双方互惠利他程度相同时，零售商的互惠利他偏好更能有效提高产品绿色度；无论是制造商或零售商具有互惠利他偏好，政府增加补贴均会在一定程度上增强其互惠利他偏好对产品绿色度、对方利润及供应链整体利润的提升作用。许建等（2018）比较了不同的政府补贴和税收行为，并分析了政府补贴和税收对绿色产品和非绿色产品决策的影响。朱庆华等（2014 年）比较了两种补贴形式（给予企业和消费者的补贴），并分析了政府补贴对绿色产品制造商、普通产品制造商和零售商的决策变量的影响。陆和邵（Lu & Shao，2016）提出了能源服务公司（ESCO）的问题价格和选择 EPC 具有政府补贴的绩效水平。Yu 等（2016 年）重点关注制造商面临的决策问题，以确定生产每个绿色级别的绿色产品的水平。刘（Liu，2015）研究了如何在碳排放目标下为政府制定碳税和补贴宏观经济法规，以及政府政策对制造业生产决策的影响。程发新、邵汉青（2019）讨论了单级和多级绿色供应链与地方政府补贴协调的效率和公平性。肖（Xiao，2016）从供应链的角度构建了由制造商、零售商和单一时期产品组成的两阶段供应链系统，并研究了如何在碳税下制定决策和建立绿色供应链的问题和博弈论中的补贴。雅利安普尔和沙菲伊（Aryanpur & Shafiei，2015）建立了一个优化模型，以评估成本最低的技术选择，以及各种因素对可再生能源利用率的影响，对可再生资源进行了评估，例如化石燃料价格、碳税和政府激励措施。从以上情况可以看出，目前的研究主要从微观层面研究个体行为，缺乏宏观层面的分析和讨论。

第二个领域主要集中在如何制定更有效的政府补贴政策以及在特定领域的效果如何。例如，李义猛等（2014）建立了供应链减排合作中政府补贴政策下的博弈模型，并分析了纳什均衡条件下的政府最优补贴政策和企业最优减排投入和利润。赫特等（Hirte & Tscharaktschiew，2013）用空间城市模型研究了德国大都市地区电动汽车的最佳补贴。久安等（Jeon et al.，2015 年）提出了一种优

化可再生能源技术的财政补贴和公共研发投资的方法，而不是仅优化
财政补贴。在实证研究方面，目前的研究主要考虑对政府补贴效果的
实证研究。例如，辛普森和克利夫顿（Simpson & Clifton, 2016）研
究了西澳大利亚州居民太阳能光伏能源系统补贴的分配程序和结果的
公正性。文献（Lieven, 2015; Silvia & Krause, 2016; Langbroek et al.,
2016）分析了政府补贴对包括纯电动汽车在内的新能源汽车推广的
影响。Liu 等（2015）使用进化博弈分析框架研究煤矿安全监管资
本市场的历史演变和利益成本解释的周期波动。从以上情况可以看
出，即使在宏观层面上相关的实证研究是对政府补贴实施的静态分
析，但从发展和动态的角度来看，很少有关于政府补贴是否必要以
及何时需要的研究。因此，有必要研究与微观和宏观水平动态相结
合的政府补贴策略的选择。

3.2　经济效率研究综述

3.2.1　经济效率的测算

继艾格纳等（Aigner & Lovell, 1977; Meeusen & van Den Broeck,
1977）的开创性工作（他们首先提出了使用横断面数据的随机生产
前沿框架）之后，技术无效率的度量在以下两个一般方向上得到了
扩展。

（1）以更灵活的方式对技术前沿进行建模。例如，范、李、韦
尔辛克（Fan, Li, Weersink, 1996）和昆巴卡尔、帕克、西马尔、
齐奥纳斯（Kumbhakar, Park, Simar, Tsionas, 2007）放宽了生产
前沿函数的函数形式假设，提出了具有低效率和噪声项的非参数随

机前沿（SF）分析。科埃利和佩雷尔曼（Coelli & Perelman，1999）使用线性规划、校正普通最小二乘（OLS）和数据包络分析（DEA）来估计距离函数。孙和昆巴卡尔（Sun & Kumbhakar，2013）；昆巴卡尔（2019）提出了半参数平滑系数（SPSC）随机生产边界模型，输入的弹性（即记录输入系数）是未知的光滑函数，一些非传统输入可以被视为公司的特点，政策变量或描述生产环境和低效率的任何变量也被建模为这些非传统投入的函数。

（2）用不同的方法对 SF 模型的误差分量进行建模。例如，噪声和低效，在面板数据的帮助下，科伦比、昆巴卡尔和维特江尼（Colombi，Kumbhakar & Vittadini，2014），昆巴卡尔和哈克达（Kumbhakar & Hardaker，2014），齐奥纳斯·昆巴卡尔（Tsionas Kumbhakar，2014）认为四分量随机生产边界模型中有 4 个错误的组件，即噪声、随机的公司效应、持续的（即时不变的或长期的）低效，以及瞬变的（即时可变的或短期的）低效。为克服指标体系的主观性和传统的投入产出模型在测量过程中出现的偏误，有学者选择包含非期望产出的 SBM 模型（Slacks–Based Model）来对区域经济发展效率进行测算。

托马斯·巴莱森蒂斯（Tomas Baležentis，2020）提出了一种四分量随机前沿模型，该模型的前沿函数由一个未知的光滑输入距离函数表示，并将无效率分解为持续的和暂态的无效率。此外，暂态低效的截尾前均值和方差是环境变量的函数。在半参数平滑系数框架下，通过区分投入距离边界对时间趋势的影响，估计全要素生产率（TFP）增长，并将其分解为技术变化、规模变化、分配变化、外部变化、效率变化 5 个分量。

针对传统数据包络分析（DEA）模型的不足，提出了 SBM 模型。传统的 DEA 模型主要采用径向和角度两种测量方法，但没有考虑输入过多或输出不足的问题，导致测量结果出现偏差。为此，

2001 年和 2004 年，tone 提出了基于非径向、非角度的 SBM 模型和非期望输出的 SBM 模型。前者考虑投入产出变量的松弛，后者在前者的基础上考虑非预期产出。

乔根森（Jorgenson，1987）等人提出了著名的 KLEM 投入产出全生产关系模型，即将投入分解为资本、劳动力、能源和中间投入四类，产出采用具有经济价值的预期产出。李汝资等（2017）运用 DEA - BCC 模型、Malmquist 生产率指数分析中国三次产业静态综合效率与动态全要素生产率（TFP）的部门与区域变动情况，并基于 DEA - Tobit 两阶段分析框架构建面板计量模型，探究中国不同地区三次产业经济效率变动影响因素。研究表明：中国三次产业具备一定的静态规模效率，但有待优化；1978 ~ 2014 年，中国三次产业 TFP 均有提升，但三次产业 TFP 增长对其部门经济贡献率依次递减，经济增长粗放型特征仍很明显；TFP 增长主要源于技术进步，技术效率改进开始由以纯技术效率为主转向以规模效率为主。

钱争鸣、刘晓晨（2014）运用 SBM/超效率 SBM 模型，对我国各省区绿色经济效率静态水平和动态变动进行测度，深入分析省区差异、收敛性以及影响因素。研究发现：全国绿色经济效率年均值为 0.706，整体上呈现先降后升的倒"U"型演化过程。虽然三大区域绿色经济效率水平东部最高，西部次之，中部最低，但省区间的差异性有所下降，绿色经济效率具有条件 β 收敛性。研究期内效率水平改善的主要动力是技术进步，经济增长对绿色经济效率的影响逐渐减弱，1996 ~ 2010 年全国范围内绿色经济效率和经济增长之间存在显著的倒"U"型关系。

3.2.2　经济效率的影响因素

国内外对经济效率的影响因素研究成果较为丰富。鲁皮卡·卡纳（Rupika Khanna，2021）检验了公共基础设施对印度制造业全要素生产率（TFP）的影响。研究者利用1980~2012年印度制造业生产率数据库，以及一系列基础设施公开数据进行实证分析。通过基于bootstrap的检验，初步发现了基础设施与各制造业部门TFP之间的协整关系。通过控制不同部门基础设施的部门依赖性、内生性和异质性效应，对基础设施的生产率效应进行估计，结果证实了基础设施对制造业生产率的积极和可观的影响，且不同类型的基础设施（如公路、铁路、能源、港口和电信）对生产率的影响存在巨大差异。

沈永昌（Yongchang Shen et al.，2020）采用基于超越对数生产函数的随机前沿分析方法，计算了2006~2016年中国30个省份全要素生产率的可持续增长。结果如下：①2006~2016年，中国整体可持续全要素生产率增长缓慢，可持续发展乏力；②劳动生产率、环境规制等因素对可持续技术效率具有正向促进作用，而资本深化、经济开放度、产业结构对可持续技术效率具有负向促进作用；③中国区域全要素生产率可持续增长呈现出西部、中部、东部由高到低的不同上升趋势；④各省间全要素生产率可持续增长的差异性表现为经济失衡发生率高，并伴随马修效应，从而揭示了中国可持续发展进程中尚未解决的失衡问题。因此，要提高中国全要素生产率的可持续增长，必须注重环境治理、产业结构升级、缩小区域发展差距等措施。

哈维尔·森德拉-加尔法（Javier Sendra-García，2019）建立了一个新的时变生产函数模型来衡量小微企业的全要素生产率，以及相应的技术进步和效率提高。研究结果表明，全要素生产率主要是由技术进步推动的，而技术进步主要是由劳动力驱动的。人力资源管理可能是低效率的主要原因。作为此项研究结果的政策含义，研究者设计了一种利用延迟纳税和合理的税收政策配置方案，以平衡企业的经济效益和社会效益，提高全要素生产率。

徐小鹰、陈宓等（2021）利用空间自相关、空间分布和空间面板模型，以1999～2018年数据为样本，研究了在资源环境约束条件下经济增长效率的空间效应。研究认为，大部分省份与邻省经济增长效率存在空间一致性，即存在空间集聚效应，但少部分省份也存在着空间异质性。同时，技术创新、对外开放、人力资本、产业结构因素表现出明显的空间溢出正向效应，环境治理和金融发展对经济增长的影响表现并不显著，但政府干预会在一定程度上减缓经济增长效率的提升。

孙根紧、丁志帆（2015）利用随机前沿分析框架，分析探讨了我国经济增长效率的影响因素。研究结果表明，制度改革、产业结构、对外开放、基础设施等都能促进我国经济效率提升，而科技进步的促进作用并不明显；东部地区的结果与全国样本基本相同，但中、西部地区却呈现出较大的异质性，表现在中部产业结构优化并没有改善技术效率，而科技进步却能明显地提高经济增长效率。研究结果也表明，中、西部地区所有制改革在短期内也无法助推经济效率提高。

3.2.3 区域经济效率的研究

现阶段我国各省份的经济效率存在一定的差异化，经济效率的排列从高到低依次是东部、中部、西部。究其原因是我国对不同地区实行了不同的经济政策。实行不平衡发展战略，大量的资金和优惠政策同时向东部倾斜，依托有利优势优先发展东部，随后带动中部和西部地区发展。这使得短期内大量人才流向东部，致使中西部地区缺乏人才支撑，缺少资金和技术基础，经济基础薄弱，基础设施建设滞后，市场分割也较为严重。从文献检索可知，我国对经济效率的研究主要集中在区域经济效率的测度，以及区域间纵横向的比较、区域经济效率增长的影响因素及机制等。

1）区域经济效率的分解及纵向和横向比较

相关文献更多的是将区域经济效率分解为技术效率和规模效率进行研究，并在时间上和地域上进行比较。章泉（2009），钱争鸣、刘晓晨（2014），章贵军、刘润芳（2015），迈耶，迪斯特尔坎普（B Meyer，M Distelkamp，2007），莫罗，鲁伊斯（P Moreau，L Ruiz，2012），库内塔斯（Kounetas K，2015），拉尔森，王和阿迪诺·安达雷吉（M Larsson，C Wang，2016），涂正革（2008），根据环境技术效率的高低考察了地区环境、资源与工业增长的协调性，发现区域间环境工业协调性极不平衡。

AdinoAndaregie 等（2020）使用柯布—道格拉斯方法研究埃塞俄比亚西北部木炭产业的经济效率，发现其影响因素是多方面的，包括耕地面积、苗木，劳动力家庭的性别、年龄、数量和劳动时间等。政府应对该行业扩大干预，促进木炭行业向适应可持续的生产方式和生产力方向转变，由此可缓解能源短缺问题并提高当地的经济效率。

FDI 与外贸易对区域经济效率的改善存在明显的促进作用。朱承亮、岳宏志、师萍（2011）认为中国并没有通过引进外资和发展对外贸易成为"环境污染天堂"；效率改善离不开工业化的进程，但是在环境的约束下这种效率的促进显著地受到制约；环境污染治理强度越高对效率改善的程度也就越大，但如果不考虑环境约束，对效率改善则具有一定的抑制作用。

我国各地的创新产出率虽然有所提高，但是这种创新的产出率存在地区差异，即不同的地区之间创新产出率的速度存在较大差异。金祥荣、余冬筠（2010）采用柯布—道格拉斯生产函数，通过计量发现，我国的创新能够显著促进经济增长的地区只有东部，其

绿色制造背景下的产业经济效率和环境效率

他地区均尚不存在。中部地区创新产出入不敷出，西部地区的创新投入与产出反而呈现负相关关系。对东部地区而言，之所以其创新产出能够带动经济增长，主要由于该地有着大量的高新技术企业且对于研发创新投入也较多、大量外商直接投资的技术外溢以及该地区多样化的产业类型带来的技术溢出和传递，但这种地区的优势并没有为其提高经济增长发挥显著的作用。

2）区域经济效率的影响因素及增长机制

环境库兹涅茨曲线（the environmental kuznets curve，EKC）是指经济增长对于碳排放影响的"U"型关系。钱志权、杨来科（2015）认为，在初期阶段，经济的增长可能会导致环境的持续恶化，但随着恶化程度的加深，经济的增长伴随着环保意识和技术的提升，会对环境的改善起到积极的作用。

李大元、孙妍等（2015）通过研究发现企业环境效益之间经济绩效有着显而易见的负向关系，可以通过提升能源效率来提升经济绩效。企业对于提升经济效率的态度是积极的，但是对环境效益的进一步改善后劲不足，因此，相关政府部门的政策方向与重点应是提升企业环境保护的意愿与能力。

钱争鸣、刘晓晨（2014）通过研究发现环境筛选效应、内部技术溢出和外部技术溢出可以通过环境管制来体现，并促使绿色经济效率产生扩散效应和极化效应，促进产业升级和发展。实证研究表明，绿色经济效率具有显著的空间正相关，环境管制对绿色经济效率的时滞性是很明显的，长期的治污投资对绿色经济效率的提高效果是显著的；从长期来看，环境管制能显著提高东、中、西部的技术进步，但扩散效应和极化效应在不同地区的效果各异。

近年来，中国经济的 TFP 呈现出了稳定的上升趋势，这也代表着中国经济增长的效率在逐步提高。李树、陈刚（2013）认为，环保产业对中国的经济 TFP 的增长凸显出促进效用，环保产业占 GDP

的百分比每增加1%，大约可以提高全要素生产率增长率0.14个百分点。此外，环保产业对中国经济全要素生产率的提高主要是通过技术的进步而实现，然而在技术的改善效率上的作用效果并不明显。

李小胜、宋马林、安庆贤（2013）研究认为在环境管制的情况下，通过依靠方向性距离函数估计的技术非效率项小于依靠环境生产函数估计的技术非效率项，2009年全国的环境管制成本在两种情况下分别达到1.410058万亿和0.062103万亿。钱争鸣、刘晓晨（2015）研究表明，环境管制对绿色经济效率的影响不仅具有时滞性而且具有非线性性，随着环境管制的加强，绿色经济效率呈先降后升趋势。环境管制在长期内对提高绿色经济效率具有促进作用，但它的影响体现在对不同地区和时期具有不同的效应，东部地区环境管制对绿色经济效率也具有先负后正的效应，而目前加强环境管制对提高中西部地区的绿色经济效率仍具有抑制作用。

由于全球生态恶化的压力，经济增长与生态保护的协调已引起政策制定者和实践者的关注。绿色经济效率（GEE）是衡量经济、社会和环境发展的综合指标。詹鹏军等（Peng-jun Zhao et al., 2020）采用Super-SBM（slacks-based measure）模型计算了2008~2017年中国30个省份的绿色经济效率，并综合运用空间杜宾模型（SDM）对其影响因素进行了研究。结果表明：研究期间中国总体GEE处于较低水平，区域差异显著：中国区域间绿色经济效率总体上呈现"东—中—西"梯度下降的格局，表现为由东向西逐渐下降的趋势。在研究期间，国家绿色经济效率的趋势先是下降，然后逐渐稳定下来。对外贸易依存度和直接投资对区域经济增长量具有显著的正向影响，而第二产业和城市化水平对区域经济增长量具有显著的负向影响。

为研究各国如何在绿色经济中展现出蓬勃发展的生产能力，调整其现有的工业结构，以便在一个环境友好型世界中更具竞争力，佩妮·米利（Penny Mealy et al.，2020）通过构建一个新的贸易绿色产品的综合数据集，并借鉴经济复杂性方法，对各国出口复杂的绿色产品竞争力进行排名。结果表明，排名较高的国家更可能有较高的环境专利率、较低的二氧化碳排放量，即使在控制人均 GDP 后实行更严格的环境政策情况下。他们还研究了各国在未来向绿色产品转型的潜力，发现绿色能力的积累中存在很强的路径依赖。其研究结果为绿色工业化提供了新的思路，并对绿色工业政策产生了一些影响。

3.2.4　单一产业背景下经济效率的增长研究

很多学者还对单一产业（如钢铁业、电信业、环保产业等）背景下经济效率的增长进行了深入研究（杨树旺、张康光，2011；陈黎明、王文平，2015；YT Chang，Carboni，2014；JD Jenkins，2014；Tönissen S，2015）。

杜春丽、成金华（2009）认为我国钢铁产业生态效率虽然不高，但始终呈现上升趋势；虽然在规模上一定程度影响钢铁产业循环的经济效率的变化，但是为了提高我国钢铁产业循环经济效率，提高纯技术效率是必然的举措；我国钢铁产业还存在着较严重的投入拥挤和产出不足现象；虽然一定程度上有关钢铁产业的一些政策促进了产业规模效率的提升，但从根本上来讲对我国钢铁行业所处的现实并没产生本质的改变，只有勇于创新，提升自我竞争力，我国钢铁产业循环经济效率才能真正呈现质的飞跃。

王俊岭、戴淑芬（2014）认为自 2006 年以来我国钢铁行业循环经济综合效率在平稳中有所上升，其中规模效率的贡献大于纯技术效率的贡献。影响我国钢铁行业循环经济效率变迁的主要因素在于技术进步的变动。

马丁（Martin，2012）等通过对英国190家制造企业管理者访谈，认为能源强度越低的企业环境友好型的实践力越强，也因此拥有更高的生产效率。

多拉哈基（Dorahaki et al.，2018）研究后表明，智能电力系统被认为是解决日益增长的能源消耗问题的有效策略，包括经济和环境问题。可再生能源也被认为是智能电网实施的另一个有趣的优势，既提高了能源效率，也减少了电力损失。

内森等（Nathan L et al.，2019）在使用双引导数据包络分析（DEA）的方法研究英国和爱尔兰的13个水务公司和污水处理公司的样本发现，对他们进行经济和环境效率的偏差修正分别改变了9家和8家公司的排名。结果表明，如果企业在效率边界表现良好，它们可以减少19%的经济投入和16%的碳排放。

西尔维娅·冯辛（SilviaVonsien，2019）将自行开发的经济模型与电池老化技术模型相结合，为评价锂离子电池储能的经济效率提供了新的途径。

3.3　环境效率研究综述

3.3.1　环境管制对环境效率的影响

"管制"又名"规制"，施蒂格勒（1996）认为规制是"产业所需并主要为其利益所设计和操作的一种法规"。依据这一概念，环境管制是政府环境保护的重要工具，即政府部门对经济活动主体强制采取约束行为来保护生态环境。李创（2016）给环境管制定义的含义是：国家政府出台一系列环境保护法律、法规以保护环境。

李胜文（2010）在随机前沿生产函数基础上估算了我国 1986～2007 年省级水平的环境效率，同时发现目前的环境管制方式对环境效率所产生的影响具有区域差异：在东部较为有效，对中西部的影响则不显著。

还有一些学者从环境管制成本的视角切入。李小胜（2012）通过利用方向性距离函数和 Malmquist‐Luenberger 指数来研究行业间环境管制成本以及环境效率，得出了我国环境管制成本高但效率很低的结论。李小胜等（2013）利用一定环境效率基础上的环境生产函数和环境方向性距离函数对省际管制成本进行了分析，阐述了环境管制成本与环境效率两者的关系，并对管制成本进行了一定程度的估算。杨骞等（2013）研究了环境效率与环境管制成本的关系，认为二者存在负相关关系，且存在区域性差异：中国环境效率较高的东部地区具有较低的环境管制成本，而环境效率较低的中西部地区则具有较高的环境管制成本。

整体来看，绝大多数学者都在单独研究环境管制或环境效率，对二者之间的关系研究较少。

3.3.2　环境效率的区域差异和影响因素

在研究环境效率的区域差异时，众学者主要采用 DEA 模型探讨基于省级数据面板，重点研究了我国省际区域或京津冀、长三角、珠三角、东中西部的差异，进而利用 Tobit 模型研究影响因素。

李静（2009）测算了 1990～2006 年我国各省区环境效率。结果显示环境变量的引入对我国区域的平均效率水平有降低作用，中西部地区对环境变量的引入跟东部地区相比显得更加敏感。我国环境效率受经济规模、对外开放程度、人口密度以及地理位置等多种因素影响，环境效率与工业比重、排污费收入呈显著的负相关关系。工业比重一定程度上的提高会引起环境效率下降。杨俊（2010）测算了1998～2007年中国省际环境效率，结果显示全国环境效率总体水平较低，省际、区域间差距较大，同时发现人均GDP对提高环境效率起到了积极的作用，但随着工业比重逐渐上升、财政分权度提高以及贸易自由化，对环境效率会产生一定程度的负面作用。曾贤刚（2011）运用2000～2008年省级面板数据计算了我国30个省市的环境效率，研究表明：在效率水平方面东部发达地区明显好于中西部地区，而在环境效率的敏感性方面西部地区更高。我国环境效率产生受到诸如经济水平、外贸依存度、人口密度的影响，其中人均GDP和进出口贸易额是影响较大的两个因素，而工业污染治理投资占GDP比重对环境效率影响并不显著。胡达沙（2012）运用2000～2009年省级面板数据测算了我国各省区环境效率，结果表明：全国环境效率整体水平呈现下降的趋势，各区域环境效率差异较大；经济规模、产业结构、对外开放程度、政府管制和地区因素对我国环境效率均有显著影响。沈能（2014）通过空间面板模型分析中国工业集聚外部性对环境效率影响的非线性特征及存在的空间效应问题，得到东部环境效率最高，其次是中部，西部最低，我国区域工业环境效率存在一定的梯度差异的结论。苑清敏（2015）选取京津冀、长三角和珠三角35个城市2005～2012年的面板数据，结果显示，我国三大城市群环境效率平均值的区域分布为：珠三角＞长三角＞京津冀；环境效率区域差异明显，经济发展水平、能源效率、产业结构、外资依存度、环境治理能力等因素会影响环境效率。

基于以上学者的研究，对影响环境效率的因素进行整理汇总，见表3.4。

表 3.4 　　　　　　　　不同学者对环境效率的影响因素研究

环境效率影响因素	组成部分（正向）	组成部分（负向）
杨俊（2010）	人均 GDP	工业比重、财政分权度、贸易自由化
曾贤刚（2011）	经济水平、外贸依存度、人口密度	工业污染治理投资占 GDP 比重
李静（2009）	经济规模、对外开放程度、人口密度、地理位置因素	工业比值、排污费收入
胡达沙（2012）	地区生产总值比重、人均 GDP、工业发展水平、外资利用水平、人口密度	外贸易依存度、环境保护力度
苑清敏（2015）	经济发展水平、能源效率	产业结构、外资依存度

3.3.3　环境效率的评价

关于环境效率的评价主要包括评价方法和相关的评价指标体系。首先，目前用于环境效率评价的方法可以概括为以下几种。

1）生命周期法

生命周期法（LCA）最早在 20 世纪 60 年代被用于环境领域，1997 年被列入 ISO 14010，成为环境管理的重要工具。克里克帕特里克（Krikpatrick，1993）认为它是对某一个具体的产品（而非企业），分析其整个生命周期（包括资源开采、能源消耗、生产、分配、使用到最终处理）对环境所产生的一系列影响并清晰地进行量化。尽管这种方法便于理解，但它无法整合多个产品的环境影响，也就无法应用到企业级别的评价。

2）数据包络分析法

数据包络分析法（DEA）是运筹学、管理学与数理经济学交叉研究的一个领域，最早由查恩斯和库珀等人（Charnes & Cooper et al.，）在 1978 年创建，其目的是评价决策单元的相对效率，用线性规划模型来评价具有相同类型的多投入和多产出的决策单位是否具有技术有效和规模有效的非参数统计方法。近年来，越来越多的研究者使用数据包络分析法来对环境绩效评价和环境管制的政策来进行研究，因为其可以有效减少环境指标主观赋权对效率值的影响而受到学界重视。根据现有的文献研究，具体的关于环境效率度量的6种数据包络分析法有：非期望产出投入法（Hailu & Veeman，2001）、倒数转换法（Zhu，2003）（Scheel，2001）、双曲线法（Fare et al.，1989）、转换向量法（Seiford，Zhu，2002）、方向性距离函数法（Fare 等，2003）、SBM 模型法（Tone，2003）。

3）多准则决策方法

决策理论和现代决策科学的重要内容均包含多准则决策。由于在对环境效率评价时不仅要考虑成本、收益等经济因素，还要涉及各种指标，包括大气环境、水环境、噪声等。为了较全面地评价各个对象的环境效率，把多准则决策加入到环境效率评价中是个不错的选择。

在以上关于环境效率评价的方法中，数据包络分析法是最为常用的。但在运用该方法进行评价之前，需要建立一套合理的评价指标体系。不同的评价目的导致不同的评价指标。即使是出于同样的目的，选择不同的评价指标，结果也不尽相同。在选择指标时应注意以下原则：指标数量要适当，所选指标能真实反映生产过程，并便于获取数据。在具体操作中，可以采用主成分分析法、因子分析法来辅助选择。在已有的研究中，童继英、关军（2016）将碳排放、耕地投资、科教投资等因素纳入环境经济系统结构，构建了较为完善的环境经济效率评价指标体系。邓霞（2019）从经济、资源和环境的角度，共选取9个指标构建环境效率评价指标体系。周东生（2020）引入非期望产出理论构建改进的 DEA 模型，分别选取了投入（人力、物力、财力以及能源使用情况）和产出的指标，对我国金属行业的环境效率进行评价。

本 章 小 结

通过对以上文献的梳理，我们发现：（1）自 1996 年以来，学术界对绿色制造的相关问题展开讨论并取得了一定的成果，综合来看，主要体现在以下几个方面：第一，绿色制造的概念界定和内涵。国内外学者有从生命周期的角度出发进行定义，也有基于经济效益与社会效益的关系进行定义。关于绿色制造的内涵，学者们强调要注重资源效率和对环境的保护。第二，绿色制造的技术与工艺研究。学者们以产品生命周期为基础，划分了绿色制造的各个阶段，构建了多层次的绿色制造技术体系，同时随着绿色制造的不断发展，该体系也在不断扩充中。第三，绿色制造的实践。绿色制造理论经过一段时间的发展，学者们的研究也逐渐从概念、内涵等方面进展到实践应用中来，并针对钢铁、机电等行业完善绿色制造体系。第四，绿色体系评价。学者们在这方面取得了丰硕的成果，将绿色系统的评价分为绿色制造系统总体评价、绿色制造产品评价和绿色制造过程评价三大类。由以上可知，尽管有关绿色制造的概念、内容方面已经得到了部分学者的关注，但对绿色制造深层次问题，如绿色制造动力演进、绿色制造扩散机制等还缺乏探讨。（2）专家学者对经济效率的研究主要集中在经济效率的测度方法、经济效率的影响因素以及区域间经济效率的纵横向比较、区域经济效率增长的影响因素及机制等。（3）学者们对环境效率的关注由来已久。一是研究环境管制变量对环境效率的影响。一些学者从环境管制成本的视角切入并分区域进行比较，但整体来看，对这方面的研究还有待深入。二是环境效率的区域差异和影响因素。国内学者基于省级数据面板重点研究了我国省际区域或京津冀、长三角、珠三角、东中西部的区域差异，国外的研究主要以州为单位进行比较研究。三是关于环境效率的评价。主要包括以数据包络分析为主的评价方法以及对一些产业环境效率评价指标体系的构建。很明显，相关文献很少从产业层面研究绿色制造对环境效率的影响，而产业层面上的环境效率信息对政府制定产业发展政策、规划产业结构调整尤为重要。

| 第 4 章 |

我国制造业绿色制造驱动因素

4.1 引　言

制造业是我国经济发展的重要支柱，在创造就业机会、消除贫困、满足人民生产和生活需求、提高人民生活水平等方面发挥着支撑性作用，对实现我国经济和社会发展目标起着重要的促进作用。所以，制造业是立国之本、强国之本、富民之本。

从改革开放到现在，我国制造业经过 40 多年发展，取得了举世瞩目的成绩。截至 2021 年，我国工业增加值总量达 37.3 万亿元（见图 4.1），占国内生产总值的比重达 32.6%。根据世界银行数据，2020 年我国制造业增加值占世界的份额达 28.5%，连续十年占据全球第一位置，是全世界唯一一个建有 41 个工业大类、207 个工业中类、666 个工业小类的国家。

制造业取得巨大成就的同时，环境污染问题也日趋严重。2005 年我国城镇污水排放量为 281.4 亿吨，2021 年我国城镇污水排放量为 625.1 亿吨，废水排放量增长明显；2005 年我国二氧化硫排放量为 2549.40 万吨，2021 年我国二氧化硫排放量为 2267.8 万吨，我国废气排放呈现连年减少趋势。但从全世界角度来看，包括中国在内的发展中国家依然是环境治理的重点。

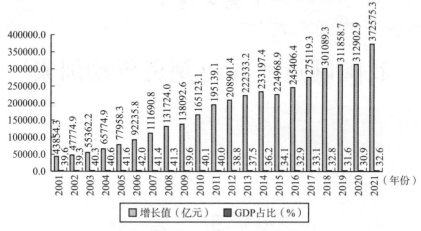

图 4.1　2001~2021 年我国工业增加值

制造业取得巨大成就的同时，环境污染问题也日趋严重。2005 年我国废水排放总量为 5245089.00 万吨，2016 年我国废水排放总量为 7110953.88 万吨，废水排放量增长明显（见图 4.2）；2005 年我国二氧化硫排放量为 2549.40 万吨，2016 年我国二氧化硫排放量为 1102.86 万吨，我国废气排放呈现连年减少趋势（见图 4.3）。但从全世界角度来看，包括中国在内的发展中国家依然是环境治理的重点。

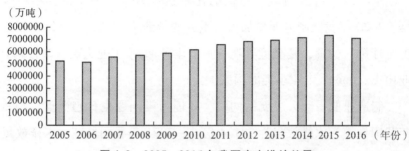

图 4.2　2005~2016 年我国废水排放总量

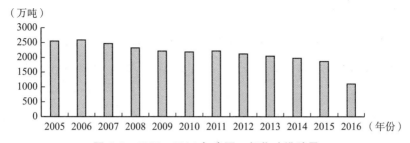

图 4.3　2005～2016 年我国二氧化硫排放量

随着经济的快速发展，在全球化和产业结构调整升级的多重压力下，环境污染、环境保护等问题日益得到学界的关注。学者亚当斯扩大了这一争论，并认为环境退化问题不仅限于发展中国家，而且与可持续性和绿色制造相关产业的发展直接相关。《商业生态学》的出版引起了全世界对环境恶化的关注，并将责任归咎于企业领导人，这本书明确指出，企业领导人和行业专业人员必须承认他们对环境退化的责任，社会期望他们在应对环境危机方面发挥主导作用，因为企业拥有扭转全球环境问题所需的资源、能力、权力、专门知识和机会。随着时间的推移，虽然企业与环境之间的联系已得到承认，但在全球机制和可持续性方面仍有许多工作要做。温室气体排放、自然资源匮乏、对可持续和清洁能源的压力越来越大、有毒物质和废物的释放等问题的日益关切导致了一种新的模式——绿色制造的发展，因为绿色制造模式对环境破坏和环境退化的影响较小。

根据 Deif（2011 年）的解释，绿色制造反映了一种新的制造模式，其中包括各种绿色战略（目标和原则）、驱动因素（激励因素和关键成功因素）和技术（技术和创新），目标是提高生态效率。绿色制造包括制造或制造消耗更少材料、更少能源的产品/系统，减少不必要的产出、废物排放等，并将产出转化为投入（回收过程）。绿色制造被理解为积极影响环境、社会或经济绩效的行动、举措和技术的结合。

Rehman（2013）认为，绿色制造确保产品的生产以良性、无害的方式进行，并通过最佳资源利用方式对环境造成最小的危害影响。

绿色制造涉及产品的绿色设计，使用环保原材料进行包装、分销，以及产品寿命结束后的再利用。它涵盖了制造和利用的整个过程，包括6R：研究（Research）、保护（Reserve）、减量化（Reduce）、回收（Recycling）、重复使用（Reuse）、可再生（Regeneration）等六个过程。

从这些不同的观点和解释来看，很明显，绿色制造已经成为现代制造业发展的一种趋势和必然选择。中国制造业也面临着巨大的压力，因为制造业产业不仅要遵守严格的绿色法规、污染排放标准、减少废物的要求和更严格的管制，而且要通过提高绿色制造的绩效来实现财务收益和维持更好的企业形象。

本章的重点是绿色制造（GM）及其在中国背景下的驱动因素。因此，本章将聚焦于绿色制造的内涵，并深入研究涵盖中国中小型企业和大型企业的绿色制造驱动因素，通过建立解释结构模型，对绿色制造驱动因素构成体系进行界定，并深入研究影响因素之间的相互关系。

《中国制造2025》计划的基本方针就是坚持绿色发展。坚持把可持续发展作为建设制造强国的重要着力点，加强节能环保技术、工艺、装备推广应用，全面推行清洁生产。发展循环经济，提高资源回收利用效率，构建绿色制造体系，走生态文明的发展道路。战略任务之一就是全面推行绿色制造，加大先进节能环保技术、工艺和装备的研发力度，加快制造业绿色改造升级；积极推行低碳化、循环化和集约化，提高制造业资源利用效率；强化产品全生命周期绿色管理，努力构建高效、清洁、低碳、循环的绿色制造体系。

所以，从宏观政策层面上来讲，实施绿色制造已经具备外部环境的有利条件，但从产业或企业角度，深入研究企业实施绿色制造的其他驱动因素，包括一些关键因素的研究就具有特殊的意义。

4.2　行业背景

学者们（Sarkis，2001；Anderson & White，2009 年）的研究表明，无论生产组织的规模、地点、性质如何，受环境和绿色压力都会影响生产组织的战略和业务变化。进入 21 世纪以来，盈利能力、生产能力和环境意识越来越被视为制造业的整体目标，同时，环境监管压力的存在将变得更加严格、规范。因此，无论是中小企业还是大型企业，都必须对整个制造业采取发展的战略观点，以便各利益相关方能够获得竞争优势和更好的社会形象。森等（Sen et al.，2015）的研究表明，无论是中小企业还是大型制造业都会对温室气体排放和环境产生影响，能源、供应链管理和制造业的效率低下也导致排放和废物增加，影响环境和财务业绩。因此，为了减少对环境的不利影响，绿色制造应广泛应用于中小企业和大型企业。竞争环境迫使公司加强业务和提高绿色绩效，这有助于增强企业的竞争优势。因此，无论是中小企业还是大型制造业企业，都必须保持绿色发展理念，进行绿色技术创新，采用绿色制造模式。

我国工业结构完善，企业数量众多，截至 2019 年底，企业总量达到 4000 万家左右，其中，中小企业总量达到 3000 万家，贡献了全国 50% 以上的税收，60% 以上的 GDP 和 80% 以上的劳动力就业。据统计，来自发达国家和发展中国家的中小企业排放的有害气体占 60% ~ 70%，而我国的中小企业有害气体排放相对略低，这和我国的中小企业数量有关。所以中小企业在环境保护和环境改善方面也承担着重要的责任。中小企业环境绩效的提高对于整体制造业的环境绩效具有较大影响。在影响中小企业"绿色"和"非绿色"发展的因素、障碍，以及驱动因素、技术创新和全球机制指标方面，中小企业缺乏必要的知识和专门知识，更需要以工具、方法和框架的形式得到支持，以改善其环境绩效。林志炳等（2020）认为，中小企业在一个国家的经济增长中起着至关重要的作用，并且更关键的是要找出激励和阻碍中小企业实施绿色制造的驱动因素和障碍。

中外多名学者研究了中小企业与绿色制造的相关问题。亨利克斯和卡塔里诺研究了葡萄牙中小企业，深入分析了中小企业采用能源效率和绿色改进的必要条件。Studer 等人的研究表明，中小企业对环境影响的认识不断提高，导致香港地区越来越多的绿色制造企业开始出现。刘飞等（2000）认为中国迫切需要有效的环境政策来区分中小企业和大型企业的利益关注点。曹华军等（2020）对中国北方的制造业中小企业进行了研究，研究的主要目的是探讨造成污染的因素和绿色制造的措施，以了解不同污染水平的中小企业的环境管理与经济绩效之间的相关性。朱庆华等（2009）认为，中国中小企业存在的主要障碍是企业基础薄弱、资本融资难度较大、管理职能集中、技术相对落后、缺乏专业精神、绿色制造的复杂性等。

学者研究认为，只有在绿色技术得到广泛传播和深入实施情况下，才能实现环境效益。所以，较大的公司一般比较小的公司更有可能对污染进行管控，具有更强的环境保护和环境改善的能力。阿拉姆等考察中国、印度尼西亚和巴西在1970～2012年的排放，研究收入、能源消费和人口增长对 CO_2 排放的影响，强调了 CO_2 随着这些国家收入和能源消耗的增加，排放量显著增加。所以，从制造业角度来说，需要在绿色制造的方面做更多的努力。就大型企业而言，日本、美国、瑞典和英国等发达国家自21世纪初以来一直在绿色发展方面处于领先地位。

我国的绿色制造与发达国家相比还比较落后。王能民（2005）根据中国公司的数据，提出清洁技术战略（CTS）及其重要影响因素，以获得持续竞争优势。根据夏绪辉等人的研究，整个中国制造业正在努力提高生产力和产品质量，同时保持和维护可持续发展的环境。赵晓敏等（2007）报告了大型制造业企业绿色能源与产品和工艺的整合策略。

随着《环境保护法》《中国制造 2025》等相关法律、文件的颁布，我国很多大型企业已经开始改变企业的增长战略，以匹配和适应企业发展的可持续性模式和绿色制造战略。国家政策鼓励全面推行绿色制造，加大先进节能环保技术、工艺和装备的研发力度，加快制造业绿色改造升级；积极推行低碳化、循环化和集约化，提高制造业资源利用效率；强化产品全生命周期绿色管理，努力构建高效、清洁、低碳、循环的绿色制造体系。

从这些研究中可以明显看出，中小企业和大型企业都在努力地开始转向绿色制造，以减少对环境的负面影响，包括污染、能源消耗、二氧化碳等的排放和其他废物。在现实中，中小企业和大型制造业相互依赖和影响，因此有必要通过了解驱动因素和它们之间的关系来比较基于中小企业的绿色制造和基于大型企业的绿色制造的区别和联系，从而为制定相应的宏观政策提供决策支持。

绿色制造被广泛认为是一种竞争工具，可以塑造积极的企业责任形象、降低成本、提高市场观念，包括在流程和产品质量方面的新改进，影响财务业绩。但研究中小企业和大型企业的绿色制造驱动因素以及它们之间的关系是实施绿色制造的基础和前提，所以本书试图回答两个问题：对于中小企业和大型企业来说，绿色制造及其驱动因素是相同的还是不同的？这些驱动因素如何在中国背景下影响绿色制造？

4.3 研究方法

从相关文献中可以看出，对于影响大型企业和中小企业实施绿色制造的驱动因素，不同的专家、学者有不同的看法和观点。这些看法和观点所包含的内容异质性也较强，所以为了识别影响我国中小企业和大型企业的绿色制造驱动因素，我们利用解释性结构模型（ISM）方法对两类企业的绿色制造驱动因素进行了优先排序和比较。图4.4表述整个研究方法的逻辑递进层次。

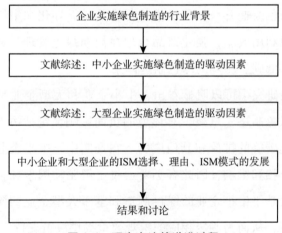

图4.4 研究方法的递进过程

4.3.1 解释结构建模（ISM）方法

解释结构模型法（interpretative structural modeling method，简称 ISM 法）是一种使用广泛的系统科学方法。它源于结构建模（structural modeling）。ISM 法是先把要分析的系统，通过梳理拆分成各种子系统（因素、要素），然后分析因素以及因素之间的直接二元关

绿色制造背景下的产业经济效率和环境效率

系，并把这种概念模型映射成有向图，通过布尔逻辑运算，最后揭示系统的结构，在不损失系统整体功能前提下，以最简的层次化的有向拓扑图的方式呈现出来。相较于表格、文字、数学公式等方式描述系统的本质，ISM 法具有极大的优势。因为它是以层级拓扑图的方式展示结论，这种展示效果有直观性，通过层级图可以一目了然地了解系统因素的因果层次和阶梯结构。

ISM 法是系统科学里的一种研究方法，是处于自然科学与社会科学之间的一种有效的研究方法。ISM 建模需要运用布尔矩阵运算或者相对复杂的拓扑分析，这种方法属于典型的系统科学的研究方法。但是将具体的结点、有向边释意，这些分析过程都归属于社会科学的范围。

ISM 法的应用面十分广泛，从能源问题等国际性问题到地区经济开发、企事业甚至个人范围的问题等。它在揭示系统结构，尤其是教学资源内容结构分析、学习资源设计与开发研究、教学过程模式探索等方面具有十分重要的作用，它也是教育技术学研究中的一种专门研究方法。

ISM 法是一种经过时间检验的方法，有助于揭示影响复杂现象的各种驱动因素之间的系统和逻辑关系。它通过强加秩序和方向来做到这一点，并有助于减少影响系统或现象的要素之间关系的复杂性；它是解释性的，因为群体判断决定变量是否相关以及如何相关；它是结构性的，就像在关系的基础上，从复杂的变量中集中提取一个整体结构；它是一种建模技术，因为特定的关系和整体结构可以在图形模型中表示。

1）ISM 的主要步骤

（1）通过调查或文献审查确定与问题或问题相关的要素。

（2）在要素之间建立上下文关系，确定对哪些要素进行审查。

（3）开发邻接矩阵，它表示系统元素之间的成对关系。

（4）计算可达性矩阵，并检查矩阵的传递性和上下文的传递性。

（5）将可达性矩阵划分为不同的层次。

（6）基于上述可达性矩阵中给出的关系，绘制有向图，并删除传递链接。

（7）将得到的有向图转换为基于 ISM 的模型，方法是用语句替换元素节点。

（8）审查模型，以检查概念是否一致，并作出必要的修改。

图 4.5 以流程图的形式表示 ISM 建模的主要步骤。

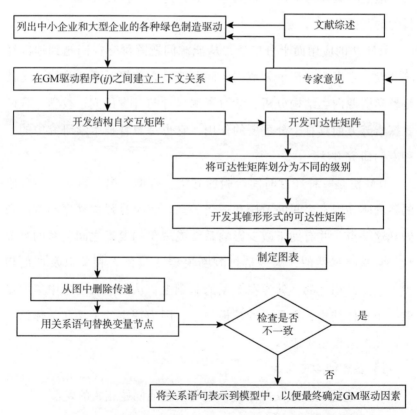

图 4.5 中小企业和大型企业绿色制造驱动因素 ISM 模型流程图

绿色制造背景下的产业经济效率和环境效率

2）构建邻接矩阵

首先，我们建立了专家组，专家组由 12 名决策者组成，包括 8 名高级管理人员、2 名顾问和 2 名经验丰富的大学教授。我们根据前述文献研究，以所总结出来的影响因素为基础，在尊重专家组共识的情况下，请专家确定绿色制造驱动因素之间的背景关系。根据小组协商一致的原则，构建邻接矩阵。表 4.1 和表 4.2 分别表示中小企业和大型企业影响绿色制造的驱动要素关系的邻接矩阵。A 代表驱动因素 i 对驱动程序 j 有影响；B 代表驱动因素 j 对驱动程序 i 有影响；X 代表驱动因素 i 和驱动程序 j 有相互影响；O 代表驱动因素 i 和驱动程序 j 没有影响。

由于驱动因素 i 和本身的影响关系无需确定，所以邻接矩阵横向驱动因素从 2 开始。

表 4.1　　　　中小企业绿色制造驱动因素的邻接矩阵

编号	驱动	15	14	13	12	11	10	9	8	7	6	5	4	3	2
1	环境监管和严格执行，并辅以立法			X	A	X	B	X	A	B	B	A	A	B	A
2	对不遵守法规和标准的处罚			B	A	X	B	X	A	O	B	A	A	X	
3	财政奖励/补贴				A	A	A	A	A	A	O	X	A	A	
4	清洁生产技术的使用及其不断更新				A	A	A	X	X	X	B	B	B		
5	战略和组织变革以提高竞争力				A	A	A	A	A	X	B				
6	最高管理层领导/承诺				A	A	A	A	A	X					
7	利益相关者的参与及其绿色关切				A	A	A	A	X	X					
8	减少资源消耗，强调减少废物/排放				A	X	A	X	A						
9	客户满意度和质量感知				A	B	O	B							

编号	驱动	15	14	13	12	11	10	9	8	7	6	5	4	3	2
10	绿色产品设计/工艺，包装和3Rs（减少，重复使用，回收）使用技术			A	B	A									
11	能源消耗和替代能源的使用			A	B										
12	环境意识，教育培训			A											
13	升级创新管控措施			X											

表 4.2　　　　　　大型企业绿色制造驱动因素的邻接矩阵

编号	驱动	15	14	13	12	11	10	9	8	7	6	5	4	3	2
1	绿色工艺/产品设计，包装和3Rs（减少，再利用，回收）使用技术	A	A	B	B	A	X	B	B	B	B	B	A	A	X
2	绿色供应链支持逆向物流，物料管理以生命周期结束考虑	A	A	B	B	A	X	B	B	B	B	B	A	A	
3	资源的有效优化利用	A	A	B	B	A		B	B	B	B	B	A	A	
4	减少废物、公用事业消耗和（温室气体）排放	A	A	B	B	A	X	B	B	B	X	A			
5	环境监管和严格执行，并辅以立法	A	A	B	A	A	X	X	B	X	A				
6	政府和工业界之间的合作，包括奖励和支助	A	X	B	A	B	X	X	X	A					
7	征收高碳排放税、罚款及其严格执行	A	A	B	A	A	A	O	A						
8	最高管理层领导/承诺	A	A	X	A	A	A	A							
9	通过培训和赋权，员工的全面参与和承诺	A	A	X	A	A	X								
10	利益相关者的参与和他们的绿色关注及尊重客户的满意度	A	A	X	A	A									
11	以降低成本和市场领先地位保持绿色竞争力	A	A	B	B										

编号	驱动	15	14	13	12	11	10	9	8	7	6	5	4	3	2
12	环境意识，教育培训	A	A	B											
13	由于政府、竞争、社区和供应链的需要而造成的压力	A	A												
14	鼓励使用替代能源的高效节能	A													
15	维护公司绿色形象	X													

4.3.2　计算可达矩阵

编制可达矩阵的主要步骤如下。

将邻接矩阵转换为二进制矩阵，称为初始可达性矩阵（见表 4.3 和表 4.4），将 A、B、X 和 O 替换为 1 和 0。替换 1 和 0 的规则如下。

如果邻接矩阵中的 (i, j) 项为 A，则可达性矩阵中的 (i, j) 项变为 1，(j, i) 项变为 0；如果邻接矩阵中的 (i, j) 项为 B，则可达性矩阵中的 (i, j) 项变为 0，(j, i) 项变为 1；如果邻接矩阵中的 (i, j) 项为 X，则可达性矩阵中的 (i, j) 项变为 1，(j, i) 项也变为 1；如果邻接矩阵中的 (i, j) 项为 O，则可达性矩阵中的 (i, j) 项变为 0，(j, i) 项也变为 0。

由于在这种情况下没有传递性，因此初始可达矩阵将用于进一步计算，驱动力和每个驱动因素的依赖性显示在表 4.5 和表 4.6。

表 4.3　　　　　　中小企业初步可达性矩阵

编号	驱动	1	2	3	4	5	6	7	8	9	10	11	12	13
1	环境监管和严格执行，并辅以立法	1	1	0	1	1	0	0	1	1	0	1	1	1

编号	驱动	1	2	3	4	5	6	7	8	9	10	11	12	13
2	对不遵守法规和标准的处罚	0	1	1	1	1	0	0	1	1	0	1	1	0
3	财政奖励/补贴	1	1	1	1	1	1	0	1	1	1	1	1	1
4	清洁生产技术的使用及其不断更新	0	0	0	1	0	0	0	1	1	1	1	1	1
5	战略和组织变革以提高竞争力	0	0	0	1	1	0	1	1	1	1	1	1	1
6	最高管理层领导/承诺	1	1	1	1	1	1	1	1	1	1	1	1	1
7	利益相关者的参与及其绿色关切	1	0	0	1	1	1	1	1	1	1	1	1	1
8	减少资源消耗，强调减少废物/排放	0	0	0	1	0	0	1	1	1	1	1	1	1
9	客户满意度和质量感知	1	1	0	1	0	0	1	1	1	0	0	0	1
10	绿色产品设计/工艺，包装和3Rs（减少，重复使用，回收）使用技术	1	1	0	1	0	0	0	1	1	1	1	0	1
11	能源消耗和替代能源的使用	1	1	0	0	0	0	0	0	0	0	1	0	1
12	环境意识，教育培训	0	0	0	0	0	0	0	1	1	1	1	1	1
13	升级创新管控措施	1	1	0	0	0	0	0	0	0	0	0	0	1

表 4.4　　　　　　　　中小企业的最终可达性矩阵

编号	驱动	1	2	3	4	5	6	7	8	9	10	11	12	13	驱动
1	环境监管和严格执行，并辅以立法	1	1	0	1	1	0	0	1	1	0	1	1	1	9
2	对不遵守法规和标准的处罚	0	1	1	1	1	0	0	1	1	0	1	1	0	8
3	财政奖励/补贴	1	1	1	1	1	1	0	1	1	1	1	1	1	12
4	清洁生产技术的使用及其不断更新	0	0	0	1	0	0	0	1	1	1	1	1	1	7
5	战略和组织变革以提高竞争力	0	0	0	1	1	0	1	1	1	1	1	1	1	9
6	最高管理层领导/承诺	1	1	1	1	1	1	1	1	1	1	1	1	1	13

续表

编号	驱动	1	2	3	4	5	6	7	8	9	10	11	12	13	驱动
7	利益相关者的参与及其绿色关切	1	0	0	1	1	1	1	1	1	1	1	1	1	11
8	减少资源消耗，强调减少废物/排放	0	0	0	1	0	0	1	1	1	1	1	1	1	8
9	客户满意度和质量感知	1	1	0	1	0	0	1	1	1	0	0	0	1	6
10	绿色产品设计/工艺，包装和3Rs（减少，重复使用，回收）使用技术	1	1	0	1	0	0	0	0	1	1	1	0	1	8
11	能源消耗和替代能源的使用	1	1	0	1	0	0	0	0	0	0	1	0	1	4
12	环境意识，教育培训	0	0	0	0	0	0	0	1	1	1	1	1	1	6
13	升级创新管控措施	1	1	0	0	0	0	0	0	0	0	0	0	1	3
	合计	8	8	3	10	6	3	5	10	11	8	10	9	12	104

表 4.5　　　　　　　　　　大型企业的初始可达性矩阵

编号	驱动	1	2	3	4	5	6	7	8	9	10	11	12	13	14	15
1	绿色工艺/产品设计，包装和3Rs（减少，再利用，回收）使用技术	1	1	1	1	0	0	0	0	0	0	1	1	0	0	1
2	绿色供应链支持逆向物流，物料管理以生命周期结束考虑	1	1	1	1	0	0	0	0	0	0	1	1	0	0	1
3	资源的有效优化利用	0	0	1	1	1	0	0	0	0	0	1	1	0	0	1
4	减少废物、公用事业消耗和（温室气体）排放	0	0	0	1	1	1	0	0	0	1	1	1	0	0	1
5	环境监管和严格执行，并辅以立法	1	1	0	0	1	1	1	0	1	1	1	1	0	1	1
6	政府和工业界之间的合作，包括奖励和支助	1	1	1	1	0	1	1	1	1	1	0	1	0	1	1

编号	驱动	1	2	3	4	5	6	7	8	9	10	11	12	13	14	15
7	征收高碳排放税、罚款及其严格执行	1	1	1	1	1	0	1	1	0	1	1	1	0	1	1
8	最高管理层领导/承诺	1	1	1	1	1	1	0	1	1	1	1	1	1	1	1
9	通过培训和赋权，员工的全面参与和承诺	1	1	1	1	1	0	0	1	1	1	1	1	1	1	1
10	利益相关者的参与和他们的绿色关注及尊重客户的满意度	1	1	1	1	1	1	1	0	1	1	1	1	1	1	1
11	以降低成本和市场领先地位保持绿色竞争力	0	0	1	0	1	1	1	0	0	1	1	0	0	1	1
12	环境意识，教育培训	1	1	1	1	1	0	1	0	0	1	1	1	0	1	1
13	由于政府、竞争、社区和供应链的需要而造成的压力	1	1	1	1	1	1	1	1	1	1	1	1	1	1	1
14	鼓励使用替代能源的高效节能	0	0	0	0	0	1	0	0	0	0	0	0	0	0	1
15	维护公司绿色形象	0	0	0	0	0	1	0	0	0	0	0	0	0	0	1

表 4.6　　　　　　　大型企业的最终可达性矩阵

编号	驱动	1	2	3	4	5	6	7	8	9	10	11	12	13	14	15	驱动
1	绿色工艺/产品设计，包装和3Rs（减少，再利用，回收）使用技术	1	1	1	1	0	0	0	0	0	1	1	0	0	1	1	8
2	绿色供应链支持逆向物流，物料管理以生命周期结束考虑	1	1	1	1	0	0	0	0	0	1	1	0	0	1	1	8
3	资源的有效优化利用	0	0	1	1	1	0	0	0	0	1	1	0	0	1	1	7
4	减少废物、公用事业消耗和（温室气体）排放	0	0	0	1	1	1	0	0	0	1	1	0	0	1	1	7
5	环境监管和严格执行，并辅以立法	1	1	0	0	1	1	1	1	0	1	1	1	1	0	1	11

续表

编号	驱动	1	2	3	4	5	6	7	8	9	10	11	12	13	14	15	驱动
6	政府和工业界之间的合作，包括奖励和支助	1	1	1	1	0	1	1	1	1	1	0	1	0	1	1	12
7	征收高碳排放税、罚款及其严格执行	1	1	1	1	1	0	1	1	0	1	1	1	0	1	1	12
8	最高管理层领导/承诺	1	1	1	1	1	1	1	0	1	1	1	1	1	1	1	14
9	通过培训和赋权，员工的全面参与和承诺	1	1	1	1	1	1	0	0	1	1	1	1	1	1	1	13
10	利益相关者的参与和他们的绿色关注及尊重客户的满意度	1	1	1	1	1	1	1	0	1	1	1	1	1	1	1	14
11	以降低成本和市场领先地位保持绿色竞争力	0	0	1	0	1	1	1	0	0	1	1	0	0	1	1	8
12	环境意识，教育培训	1	1	1	1	1	0	1	0	0	1	1	1	0	1	1	11
13	由于政府、竞争、社区和供应链的需要而造成的压力	1	1	1	1	1	1	1	1	1	1	1	1	1	1	1	15
14	鼓励使用替代能源的高效节能	0	0	0	0	0	1	0	0	0	0	0	0	0	1	1	3
15	维护公司绿色形象	0	0	0	0	0	1	0	0	0	0	0	0	0	0	1	2
	合计	10	10	11	11	10	10	7	4	6	13	12	8	4	14	15	145

4.3.3 绿色制造驱动因素层级划分

利用最终可达性矩阵，根据建议，计算出每个驱动因素的可达性和先行集。可达性集合由元素本身和它可能帮助实现的其他元素组成，而先行集合由元素本身和可能帮助实现它的其他元素组成。此后，这两个集合共有的元素为交集。可达性集、先行集和交集见表 4.7。设可达矩阵 M 的可达集 $R(f_i)$ 和先行集 $Q(f_i)$，层次划分步骤。第一步，求出最高层次集合 L_1，其中 L_1 需满足：L_1 中的元素会被其他元素直接或间接地影响，而其他集合中的元素却不受 L_1

中的元素影响，且一个集合中的元素同属于一个层次；根据前面的定义，可得到最高层次集合 $L_1 = \{1, 13\}$。第二步，将 M 中 1 和 13 对应的行和列删除，即可取得可达矩阵 M_1，再将上述步骤重复使用于 M_1，则取得层次集合 L_2、$L_3 \cdots L_n$，最终对所有元素都完成层次划分即可，层次划分集合见表 4.15 和表 4.16。表 4.8 ~ 表 4.14 为迭代过程。

表 4.7　中小企业绿色制造驱动因素的可达性集、先行集和交集

驱动	可达性集	先行集	交集	层次
1	1, 2, 4, 5, 8, 9, 11, 12, 13	1, 3, 6, 7, 9, 10, 13	1, 9, 13	
2	2, 3, 4, 5, 8, 9, 11, 12	2, 3, 4, 6, 9, 10, 11, 13	2, 3, 4, 9, 11	
3	1, 2, 3, 4, 5, 6, 8, 9, 10, 11, 12, 13	2, 3, 6	2, 3, 6	
4	4, 8, 9, 10, 11, 12, 13	1, 2, 3, 4, 5, 6, 7, 8, 9, 10	4, 8, 9, 10	
5	4, 5, 7, 8, 9, 10, 11, 12, 13	1, 2, 3, 5, 6, 7	5, 7	
6	1, 2, 3, 4, 5, 6, 7, 8, 9, 10, 11, 12, 13	3, 6, 7	3, 6, 7	
7	1, 4, 5, 6, 7, 8, 9, 10, 11, 12, 13	5, 6, 7, 8, 9	5, 6, 7, 8, 9	
8	4, 7, 8, 9, 10, 11, 12, 13	1, 2, 3, 4, 5, 6, 7, 8, 10, 12	4, 7, 8, 10, 12	
9	1, 2, 4, 7, 9, 13	1, 2, 3, 4, 5, 6, 7, 8, 9, 10, 12	1, 2, 4, 7, 9	
10	1, 2, 4, 8, 9, 10, 11, 13	3, 4, 5, 6, 7, 8, 10, 12	4, 8, 10	
11	1, 2, 11, 13	1, 2, 3, 4, 5, 6, 7, 8, 10, 11, 12	1, 2, 11	

驱动	可达性集	先行集	交集	层次
12	8，9，10，11，12，13	1，2，3，4，5，6，7，8，12	8，12	
13	1，2，13	1，3，4，5，6，7，8，9，10，11，12，13	1，13	1

表 4.8　　　　　　　　　　　　迭代过程（1）

驱动	可达性集	先行集	交集	层次
1	1，2，4，5，8，9，11，12，13	1，3，6，7，9，10，13	1，9，13	
2	2，3，4，5，8，9，11，12	2，3，4，6，9，10，11，13	2，3，4，9，11	
3	1，2，3，4，5，6，8，9，10，11，12，13	2，3，6	2，3，6	
4	4，8，9，10，11，12，13	1，2，3，4，5，6，7，8，9，10	4，8，9，10	
5	4，5，7，8，9，10，11，12，13	1，2，3，5，6，7	5，7	
6	1，2，3，4，5，6，7，8，9，10，11，12，13	3，6，7	3，6，7	
7	1，4，5，6，7，8，9，10，11，12，13	5，6，7，8，9	5，6，7，8，9	
8	4，7，8，9，10，11，12，13	1，2，3，4，5，6，7，8，10，12	4，7，8，10，12	
9	1，2，4，7，9，13	1，2，3，4，5，6，7，8，9，10，12	1，2，4，7，9	2
10	1，2，4，8，9，10，11，13	3，4，5，6，7，8，10，12	4，8，10	
11	1，2，11，13	1，2，3，4，5，6，7，8，10，11，12	1，2，11	2
12	8，9，10，11，12，13	1，2，3，4，5，6，7，8，12	8，12	

表 4.9 迭代过程（2）

驱动	可达性集	先行集	交集	层次
1	1, 2, 4, 5, 8, 9, 11, 12, 13	1, 3, 6, 7, 9, 10, 13	1, 9, 13	
2	2, 3, 4, 5, 8, 9, 11, 12	2, 3, 4, 6, 9, 10, 11, 13	2, 3, 4, 9, 11	
3	1, 2, 3, 4, 5, 6, 8, 9, 10, 11, 12, 13	2, 3, 6	2, 3, 6	
4	4, 8, 9, 10, 11, 12, 13	1, 2, 3, 4, 5, 6, 7, 8, 9, 10	4, 8, 9, 10	3
5	4, 5, 7, 8, 9, 10, 11, 12, 13	1, 2, 3, 5, 6, 7	5, 7	
6	1, 2, 3, 4, 5, 6, 7, 8, 9, 10, 11, 12, 13	3, 6, 7	3, 6, 7	
7	1, 4, 5, 6, 7, 8, 9, 10, 11, 12, 13	5, 6, 7, 8, 9	5, 6, 7, 8, 9	
8	4, 7, 8, 9, 10, 11, 12, 13	1, 2, 3, 4, 5, 6, 7, 8, 10, 12	4, 7, 8, 10, 12	3
10	8, 9, 10, 11, 12, 13	1, 2, 3, 4, 5, 6, 7, 8, 12	8, 12	
12	2, 3, 4, 5, 8, 9, 11, 12	2, 3, 4, 6, 9, 10, 11, 13	2, 3, 4, 9, 11	

表 4.10 迭代过程（3）

驱动	可达性集	先行集	交集	层次
1	1, 2, 4, 5, 8, 9, 11, 12, 13	1, 3, 6, 7, 9, 10, 13	1, 9, 13	
2	2, 3, 4, 5, 8, 9, 11, 12	2, 3, 4, 6, 9, 10, 11, 13	2, 3, 4, 9, 11	
3	1, 2, 3, 4, 5, 6, 8, 9, 10, 11, 12, 13	2, 3, 6	2, 3, 6	
5	4, 5, 7, 8, 9, 10, 11, 12, 13	1, 2, 3, 5, 6, 7	5, 7	
6	1, 2, 3, 4, 5, 6, 7, 8, 9, 10, 11, 12, 13	3, 6, 7	3, 6, 7	

驱动	可达性集	先行集	交集	层次
7	1, 4, 5, 6, 7, 8, 9, 10, 11, 12, 13	5, 6, 7, 8, 9	5, 6, 7, 8, 9	
10	1, 2, 4, 8, 9, 10, 11, 13	3, 4, 5, 6, 7, 8, 10, 12	4, 8, 10	
12	8, 9, 10, 11, 12, 13	1, 2, 3, 4, 5, 6, 7, 8, 12	8, 12	4

表 4.11　　　　　迭代过程（4）

驱动	可达性集	先行集	交集	层次
1	1, 2, 4, 5, 8, 9, 11, 12, 13	1, 3, 6, 7, 9, 10, 13	1, 9, 13	5
2	2, 3, 4, 5, 8, 9, 11, 12	2, 3, 4, 6, 9, 10, 11, 13	2, 3, 4, 9, 11	5
3	1, 2, 3, 4, 5, 6, 8, 9, 10, 11, 12, 13	2, 3, 6	2, 3, 6	
5	4, 5, 7, 8, 9, 10, 11, 12, 13	1, 2, 3, 5, 6, 7	5, 7	
6	1, 2, 3, 4, 5, 6, 7, 8, 9, 10, 11, 12, 13	3, 6, 7	3, 6, 7	
7	1, 4, 5, 6, 7, 8, 9, 10, 11, 12, 13	5, 6, 7, 8, 9	5, 6, 7, 8, 9	
10	1, 2, 4, 8, 9, 10, 11, 13	3, 4, 5, 6, 7, 8, 10, 12	4, 8, 10	5

表 4.12　　　　　迭代过程（5）

驱动	可达性集	先行集	交集	层次
3	1, 2, 3, 4, 5, 6, 8, 9, 10, 11, 12, 13	2, 3, 6	2, 3, 6	
5	4, 5, 7, 8, 9, 10, 11, 12, 13	1, 2, 3, 5, 6, 7	5, 7	6
6	1, 2, 3, 4, 5, 6, 7, 8, 9, 10, 11, 12, 13	3, 6, 7	3, 6, 7	
7	1, 4, 5, 6, 7, 8, 9, 10, 11, 12, 13	5, 6, 7, 8, 9	5, 6, 7, 8, 9	

表 4.13 迭代过程（6）

驱动	可达性集	先行集	交集	层次
3	1，2，3，4，5，6，8，9，10，11，12，13	2，3，6	2，3，6	
6	1，2，3，4，5，6，7，8，9，10，11，12，13	3，6，7	3，6，7	
7	1，4，5，6，7，8，9，10，11，12，13	5，6，7，8，9	5，6，7，8，9	7

表 4.14 迭代过程（7）

驱动	可达性集	先行集	交集	层次
3	1，2，3，4，5，6，8，9，10，11，12，13	2，3，6	2，3，6	8
6	1，2，3，4，5，6，7，8，9，10，11，12，13	3，6，7	3，6，7	8

表 4.15 中小企业绿色制造驱动因素层次划分表

驱动	可达性集	先行集	交集	层次
1	1，2，4，5，8，9，11，12，13	1，3，6，7，9，10，13	1，9，13	5
2	2，3，4，5，8，9，11，12	2，3，4，6，9，10，11，13	2，3，4，9，11	5
3	1，2，3，4，5，6，8，9，10，11，12，13	2，3，6	2，3，6	8
4	4，8，9，10，11，12，13	1，2，3，4，5，6，7，8，9，10	4，8，9，10	3
5	4，5，7，8，9，10，11，12，13	1，2，3，5，6，7	5，7	6
6	1，2，3，4，5，6，7，8，9，10，11，12，13	3，6，7	3，6，7	8
7	1，4，5，6，7，8，9，10，11，12，13	5，6，7，8，9	5，6，7，8，9	7

驱动	可达性集	先行集	交集	层次
8	4，7，8，9，10，11，12，13	1，2，3，4，5，6，7，8，10，12	4，7，8，10，12	3
9	1，2，4，7，9，13	1，2，3，4，5，6，7，8，9，10，12	1，2，4，7，9	2
10	1，2，4，8，9，10，11，13	3，4，5，6，7，8，10，12	4，8，10	5
11	1，2，11，13	1，2，3，4，5，6，7，8，10，11，12	1，2，11	2
12	8，9，10，11，12，13	1，2，3，4，5，6，7，8，12	8，12	4
13	1，2，13	1，3，4，5，6，7，8，9，10，11，12，13	1，13	1

表 4.16　　　　　大型企业绿色制造驱动因素层次划分表

驱动	可达性集	先行集	交集	层次
1	1，2，10	1，2，5，6，7，8，9，10，12，13	1，2，10	6
2	1，2，10	1，2，5，6，7，8，9，10，12，13	1，2，10	6
3	3，10，11	1，2，3，6，7，8，9，10，11，12，13	3，10，11	5
4	4，6，10	1，2，3，4，6，7，8，9，10，12，13	4，6，10	5
5	5，7，9，10，11，12	3，4，5，7，8，9，10，11，12，13	5，7，9，10，11，12	6
6	4，6，7，8，9，10，14，15	4，5，6，7，8，9，10，11，13，14，15	4，6，7，8，9，10，14，15	6
7	5，7，10，11，12	5，6，7，10，11，12，13	5，7，10，11，12	8
8	6，8，13	6，7，8，13	6，8，13	10

驱动	可达性集	先行集	交集	层次
9	5, 6, 9, 10, 13	5, 6, 8, 9, 10, 13	5, 6, 9, 10, 13	9
10	1, 2, 3, 4, 5, 6, 7, 9, 10, 11, 12, 13	1, 2, 3, 4, 5, 6, 7, 8, 9, 10, 11, 12, 13	1, 2, 3, 4, 5, 6, 7, 9, 10, 11, 12, 13	3
11	3, 5, 7, 10, 11	1, 2, 3, 4, 5, 7, 8, 9, 10, 11, 12, 13	3, 5, 7, 10, 11	4
12	5, 7, 10, 12	5, 6, 7, 8, 9, 10, 12, 13	5, 7, 10, 12	7
13	8, 9, 10, 13	8, 9, 10, 13	8, 9, 10, 13	10
14	5, 14	1, 2, 3, 4, 5, 6, 7, 8, 9, 10, 11, 12, 13, 14	5, 14	2
15	5, 15	1, 2, 3, 4, 5, 6, 7, 8, 9, 10, 11, 12, 13, 14, 15	5, 15	1

4.3.4 基于驱动能力和依赖程度的交叉影响矩阵分类方法

交叉影响矩阵分类方法由两个指标构成的象限图组成。横坐标代表绿色制造驱动因素的依赖程度，纵坐标代表绿色制造驱动因素的驱动力。根据驱动能力和依赖程度两个指标，可以将驱动分为四类：自主驱动、依赖驱动、联动驱动和独立驱动（Kumar et al.，2007）。如表4.4中，最右边一列数字代表每个驱动因素的驱动能力，数字越大，表明它对其他因素的影响越大；最下边一行代表每个驱动因素的依赖程度，即数字越大，表明它对其他因素的依赖程度越高。

根据表4.4和表4.6可以看出，中小企业驱动因素1和驱动因素2的驱动能力分别为9和8，而其依赖程度均为8，所以驱动因素1和驱动因素 2 在交叉影响矩阵中的位置分别如图 4.6（中小企业交叉影响矩阵）所示；大型企业驱动因素 1 和驱动因素 2 的驱动能力分别为 8 和 8，而其依赖程度均为 10，所以驱动因素 1 和驱动因素 2 在交叉影响矩阵中的位置分别如图 4.7（大型企业交叉影响矩阵）所示。从该矩阵可以清楚地看出驱动因素在系统中的驱动力、依赖程度的强弱。

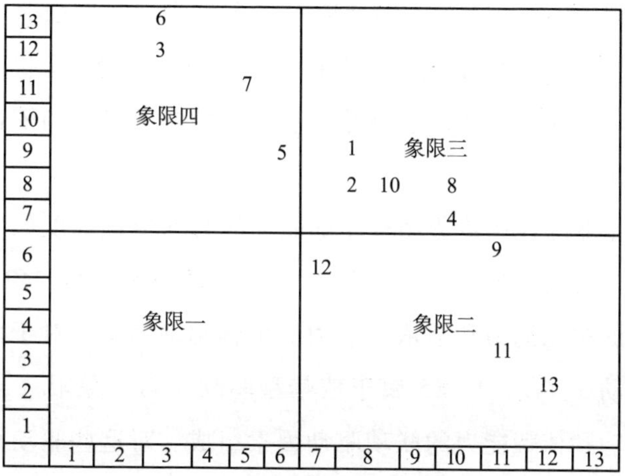

图 4.6　中小型企业相互依赖关系图

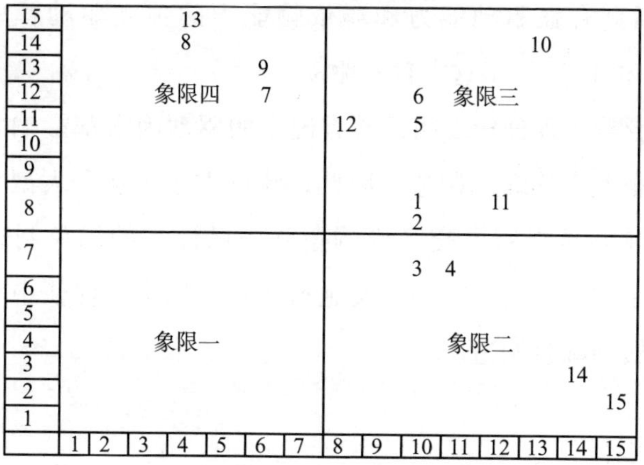

图 4.7　大型企业相互依赖关系图

第一象限（Ⅰ）表示具有弱驱动力和弱依赖能力的自主驱动因素。自主驱动因素与系统关系较弱。从图4.6可以看出，对于中小企业来说，没有自主驱动因素。第二象限（Ⅱ）表示依赖驱动因素具有较弱的驱动能力和较强的依赖能力。就中小企业而言，驱动因素9、11、12、13属于依赖类别驱动。第三象限（Ⅲ）包括具有强大驱动和依赖能力的联动驱动因素。对这些驱动有任何行动会对其他驱动产生影响，也会对它们产生反馈效应。在这种情况下，有1、2、4、8、10等驱动因素。第四象限（Ⅳ）表示具有强驱动能力和弱依赖能力的独立驱动因素。在这种情况下，3、5、6和7驱动属于独立驱动。中小企业绿色制造驱动因素的驱动能力和依赖程度如图4.6所示。

大型企业绿色制造驱动程序的驱动能力和依赖程度如图4.7所示。我们发现第一象限（Ⅰ）没有自主驱动因素。第二象限（Ⅱ）包括具有弱驱动能力和强依赖能力的依赖驱动因素。对于大型企业来说，驱动3、4、14、15属于依赖型驱动。第三象限（Ⅲ）由具有较强驱动和依赖能力的联动驱动因素组成。对这些驱动程序的任何操作都会对另一个驱动程序产生影响，也会对自己产生反馈效应。在这里，1、2、5、6、10、11、12驱动属于这一类。第四象限（Ⅳ）包括具有强驱动能力和弱依赖能力的独立驱动程序。驱动（7、8、9和13）属于这类独立驱动。

交叉影响矩阵分析表明，所有确定的驱动因素都影响了中小企业和大型企业实施绿色制造。因此，建议中小企业和大型企业的管理层应关注并重视所有交叉影响矩阵中已证实的绿色制造驱动因素，通过了解、分析、贯彻、实施这些影响因素，促使中小企业或大型企业转向绿色制造。

4.3.5　中小企业和大型企业的 ISM 有向图和模型的形成

由戈文丹等（Govindan et al. ,）的研究可知，结构模型是由初始可达性矩阵生成的。如果驱动因素 i 和 j 之间存在关系，那么它由指向 i 到 j 的箭头表示，这个图被称为初始有向图。初始有向图去除传递性后（请参阅 ISM 方法的步骤 4）形成最终有向图（如图 4.8 和图 4.9 所示）。最后的有向图被转换为基于 ISM 的模型（如图 4.10 和图 4.11 所示）。

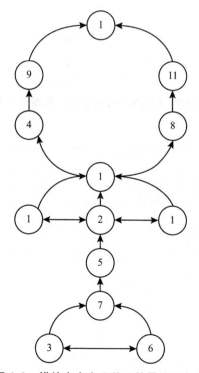

图 4.8　描绘中小企业关系的最终有向图

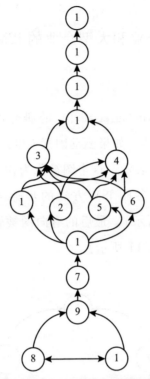

图 4.9　描绘大型企业关系的最终有向图

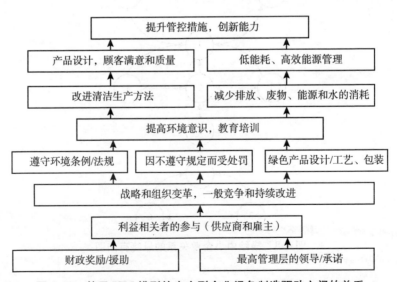

图 4.10　基于 ISM 模型的中小型企业绿色制造驱动之间的关系

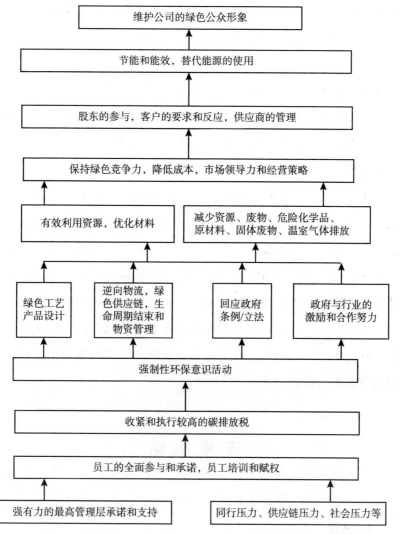

图 4.11　基于 ISM 模型的大型企业绿色制造驱动之间的关系

　　绿色制造驱动因素的层次高低对于了解中小企业和大型企业成功实施绿色制造十分重要。对我国中小企业来说，政府和最高管理层的财政激励/补贴是最重要的驱动因素，因为它具有很强的驱动力，而且在所有已确定的绿色制造驱动因素中依赖程度较低。

　　可以看出，创新能力在 ISM 模型中处于最高水平，这是因为它具有高依赖程度和低驱动能力。然而，对于大型企业来说，两个驱动因素，即最高管理层的承诺/支持，以及由于政府、竞争、社会和供应链需求而产生的压力是最重要的，因为它具有较高的驱动能力和所有已确定的绿色制造驱动因素之间的低依赖性，这些驱动因素位于基于 ISM 模型的层次结构中的最低层次。而在基于 ISM 的模型中，保持企业绿色公共形象的驱动由于其高依赖能力和低驱动能力而处于最高水平，如图 4.10 和图 4.11 所示。

在模型第三层次和第四层次驱动因素中，驱动能力较高的驱动因素是"战略性驱动"，该类别驱动因素在确保中小企业和大型企业的绿色制造方面发挥关键作用。所以，董事会或公司的首席执行官应该更关注这些驱动因素。驱动能力和依赖程度图给出了关于驱动因素的相对重要性和相互依赖性，交叉影响矩阵分析（如图 4.6 和图 4.7 所示）表明在中小型和大型企业中，绿色制造的成功过程中没有自主的驱动因素，自主驱动是弱驱动，这些驱动因素对绿色制造没有太大影响。

本 章 小 结

1. 结论

（1）通过行业背景分析和文献研究可知，中小企业和大型企业实施绿色制造的影响因素较多，既存在一致性，也存在差异性。一致性因素和差异性因素的确定有利于企业在实施绿色制造过程中采取差异化的措施来实施自己的绿色制造战略。

（2）中小企业实施绿色制造战略，驱动因素中更主要的是要考虑顾客满意和对质量的看法、低能耗和使用替代来源、对环境的认识、教育和培训以及升级和创新的控制措施。这些因素可以直接影响企业产品的销售、企业的成本和产品的质量，对于中小企业来讲，短期内就会影响到企业的生存和发展。所以中小企业更应注重现有环境和条件下直接影响企业实施绿色制造的因素，这些因素都是能够直接影响企业竞争力的重要方面，如顾客对产品的满意度、产品的质量、产品的创新度等。对这些属性的认识都会直接影响到产品的市场，最终影响企业的生存。

（3）中小企业实施绿色制造战略，还要考虑环境监管和严格执行法规、对不遵守法规和标准的行为进行处罚、使用清洁生产技术及其不断更新、财政激励/补贴、战略和组织变革等驱动因素。从资本的角度来看中小企业，其经济实力不很强，更看重企业财务对企业发展的影响，而环境监管和严格执行法规、对不遵守法规和标准的行为进行处罚、使用清洁生产技术及其不断更新、财政激励/补贴等因素都会直接影响到中小企业的财务状况。

（4）大型企业实施绿色制造战略，影响因素主要包括资源的有效和优化利用、减少废物、能源消耗和（温室气体）排放、鼓励使用有效的节能替代能源技术，以及保持公司的绿色形象。这些都是企业作为可持续性发展的主要影响因素，所以大型企业考虑实施绿色制造，主要是从战略角度、长期性、可持续性角度出发。

（5）大型企业实施绿色制造战略，影响因素还包括支持逆向物流的绿色供应链、具有生命周期思想的材料管理、环境监管和由立法支持的严格执行、政府和行业之间的合作（包括奖励和支持）、利益相关方的参与及其尊重客户满意度的绿色关切、最高管理层领导/承诺、通过培训和赋权的员工全面参与和承诺、来自政府、竞争、社区和供应链需求的压力等因素。这些因素很明显是在企业一定规模和实力下考虑的影响因素，所以大型企业更注重企业发展环境的宏观因素，协调社会、政府、企业之间的关系，从而从整个社会角度得到认可。

（6）中小型企业和大型企业实施绿色制造战略存在一些一致性的影响因素，这些共同的因素集中在资源的有效利用、绿色质量观念和公司形象方面、绿色产品设计/工艺，包装和3Rs（减少，再使用，回收）使用技术、客户满意度的绿色关切、通过降低成本保持绿色竞争力。这些影响因素无论是对于大型企业还是中小型企业来讲，都是企业发展的关键因素，所以大型企业和中小型企业都非常重视资源的利用、产品的设计、产品的回收以及客户的满意度。

2. 管理启示

（1）绿色制造驱动因素和相关问题在战略决策中起着关键作用。通过绿色制造驱动因素提供有重点和有意义的指导，可以向中小企业和大型企业在实施绿色发展战略决策中提供有针对性的和目标明确的要素指导，为战略的实施提供要素保证。

（2）中小型企业和大型企业应该正确认识自己实施绿色制造的驱动因素差异。中小型企业和大型企业在实施绿色制造过程中影响因素虽然具有一致性，但更具有差异性。正确认识绿色制造驱动因素的差异性有助于不同类型企业在发展过程中正确地认识自己、合理定位、科学决策。

（3）绿色制造是企业未来的发展方向。无论是中小型企业还是大型企业，未来的发展必须满足消费者的需要，必须以消费者的需求为主导生产相应产品并提供服务。随着绿色消费观念深入人心，无论大企业的产品还是中小企业的产品都应该更加注重节能技术的使用、绿色质量、公司绿色形象、绿色产品设计/工艺，包装和3Rs（减少，再使用，回收）使用技术。

第 5 章

政府补贴视角下的绿色制造
扩散机理

5.1 引　言

近年来，环境问题越来越受到关注，它也是学术界研究的重点。因此，企业有必要将环境保护和可持续发展纳入其成长过程。但是对于相应的大量投资和技术革新、市场不确定性以及无法收回的成本的风险，企业总是必须在自身利益最大化和环境保护之间做出选择。同时，消费者对环境问题越来越敏感，给社会和政府带来了前所未有的压力，但绿色制造产品的高价格也阻碍了消费者的选择。

在早期阶段，为了促进绿色制造扩散，补贴是政府的常见手段之一。有效的政策不仅可以规范指导市场行为和人的行为，而且可以促进社会的可持续发展。但是在实践中，政府补贴的力度并未为我们带来促进绿色制造扩散的预期成果，也就是说，政府补贴尚未得到充分利用。因此，对于政府而言，存在以下问题：（1）如何根据异质主体的行为选择合适的补贴形式？（2）作为主要的指导方式，补贴能否真正达到预期的效果？（3）在不同阶段以不同的补贴形式促进绿色制造扩散有什么作用？

目前，大多数研究都认为政府补贴可以促进绿色制造扩散（乔等，2016；Nicolini & Tavoni，2017）。例如，Nicolini 和 Tavoni（2017）测试了政府补贴等政策在促进可再生能源方面是否有效。2000～2010 年，欧洲五个最大的国家/地区使用可再生能源发电，并分析了政府补贴在短期和长期内都能有效促进可再生能源。同时，对于企业集群，一些研究人员提出政府补贴对绿色制造扩散的影响程度取决于企业集群的规模和发展阶段（曹中秋等，2019）。但是，上述研究很少考虑政府补贴额度如何影响绿色制造扩散的问题。

目前关于绿色制造和政府补贴的研究方法主要包括博弈模型、空间模型（Hirte & Tscharaktschiew，2013），主体模型（Silvia & Krause，2016）以及系统动力学等（Trappey et al.，2012）。从相关文献中可以看出，博弈论在具有政府补贴的绿色制造问题中得到了广泛的应用，但是很少有人将这种理论应用于政府补贴策略的动态分析。而且在大多数模型中，政府补贴被简化为补贴率，不能直接反映绿色制造扩散和政府补贴之间的关系。即使考虑政府补贴，其金额也未被量化（朱庆华等，2014）。

基于以上分析，有必要对政府补贴如何促进企业实现绿色制造扩散进行深入的研究。绿色制造扩散不仅包括企业中绿色制造战略的扩散，还包括消费者绿色消费的扩散以及绿色消费产品的扩散。绿色战略不等于绿色技术，后者更关注技术水平，而前者涉及从底层到顶层的各种层次，如概念层次的分析。因此，绿色制造扩散的内容要比绿色技术内容更丰富，范围更广。本章基于扩散理论，运用演化博弈理论分析了相关的绿色制造扩散和政府补贴战略问题。同时，根据实践中相关的政府补贴政策，对政府补贴的数量进行分

绿色制造背景下的产业经济效率和环境效率

类和量化，为进一步研究其对绿色制造扩散的影响以及是否需要政府补贴策略奠定基础。

5.2　绿色制造扩散的进化博弈模型

5.2.1　变量定义

p_c：代表对应于绿色产品的价格（绿色制造战略）。

p_n：代表对应于非绿色产品的价格（非绿色制造策略），且 $p_c > p_n > 0$。

c_c：代表企业绿色产品的单位成本（绿色制造战略）。

c_n：代表企业非绿色产品的单位成本（非绿色制造策略），且 $c_c \geqslant c_n \geqslant 0$。

x：代表采用绿色制造战略的企业百分比。

$1 - x$：表示非绿色制造战略企业的百分比。

y：代表绿色消费的消费者百分比。

$1 - y$：代表非绿色消费的消费者百分比。

w_1：代表企业的补贴额。

ε：表示调整因子。

w_2：代表对消费者的补贴额。

a_1：代表价格补贴的数量。

a_2：代表购置税的补贴额，并且 $a_2 = \dfrac{p_c}{1 + 13\%} \times 10\%$。

U_{cc}：代表绿色消费者用完一台低碳产品的消费者剩余。

U_{nn}：代表非绿色国家使用一种非低碳产品的消费者剩余。

σ_c：代表绿色消费者的环境偏好因素。

σ_n：代表非绿色消费者环境偏好因素。

η_c：表示绿色产品的环保用途。

η_n：代表非绿色产品的环保用途，且 $\eta_c > \eta_n > 0$。

τ_c：代表绿色消费者的价格敏感因素。

τ_n：代表非绿色消费者的价格敏感因素。

5.2.2　条件假设

（1）一旦一个消费者选择了一种消费模式，它就不再与另一个兼容。

（2）绿色产品的市场需求取决于消费者剩余。

（3）有政府补贴的，对企业的补贴额不能超过其成本，对企业的补贴额不能超过消费者不能接受的价格。

为了促进绿色制造扩散，政府通常需要采取并制定适当的补贴政策。通常，补贴对象有两种。第一种是企业，其相应金额的计算如式（5.1）所示。另一种是消费者，它包括两部分：价格补贴和其他形式的补贴，而对于后者，购置税占主要部分，因此本章考虑购置税，相应的金额计算如式（5.2）所示。

$$w_1 = \varepsilon (c_c - c_n) \qquad (5.1)$$

$$w_2 = a_1 + a_2 \qquad (5.2)$$

5.2.3　消费者剩余

因为有随机特征供消费者选择产品，在实践中很难准确地获得每个产品的实际效用。因此，根据参考文献（Xu et al.，2016），并基于上述参数和假设，可以得到式（5.3）和式（5.4）中所示的消费者剩余。

$$U_{cc} = \sigma_c \eta_c - \tau_c p_c \qquad (5.3)$$

$$U_{nn} = \sigma_n \eta_n - \tau_n p_n \qquad (5.4)$$

此外，当有对消费者的补贴时，式（5.5）中显示了消费者剩余。

$$U'_{cc} = \sigma_c \eta c - \tau_c (p_c - w_2) \qquad (5.5)$$

5.2.4　演化博弈模型

基于以上分析，建立了演化博弈模型，如表 5.1 所示。基于表 5.1，有四个根据不同的 w_1 和 w_2 的补贴形式：

（1）当 $w_1 = 0$，$w_2 = 0$ 时，两个代理都没有补贴，相应的进化博弈模型如表 5.2 所示。

（2）当 $w_1 > 0$，$w_2 = 0$ 时，仅对企业提供补贴，相应的进化博弈模型如表 5.3 所示。

（3）当 $w_1 = 0$，$w_2 > 0$ 时，仅补贴给消费者，相应的进化博弈模型如表 5.4 所示。

（4）当 $w_1 > 0$，$w_2 > 0$ 时，两个代理都有补贴，相应的演化博弈模型与表 5.1 相同。

表 5.1　　考虑政府补贴的企业和消费者的博弈模型

项目类型		消费者行为	
		绿色消费	非绿色消费
企业行为	绿色消费	$p_c - c_c + w_1$, U'_{cc}	$-c_c + w_1$, 0
	非绿色消费	$-c_n$, 0	$p_n - c_n$, U_{nn}

表 5.1 显示了考虑政府补贴的企业和消费者的博弈模型。

值得一提的是，在考虑不同形式的政府补贴时，演化博弈模型可以看作由三个利益相关者组成的博弈，包括企业、政府和消费者，并且在博弈过程中，每个利益相关者根据其他利益相关者的选择来选择自己的策略，也就是说，政府将在下一轮中依靠市场表现来确定其补贴政策，而企业将在下一轮中根据政府和消费者的行为选择策略，消费者也将根据下一轮的市场行为来选择策略。但是，我们的目的是讨论绿色制造扩散中政府补贴策略的动态选择，换言之，基于包括企业绿色制造策略扩散和消费者绿色消费扩散在内的市场绩效，政府是否会选择补贴策略，企业和消费者如何根据政府补贴政策选择策略。因此，我们建立四种补贴形式的消费者、企业演化博弈模型。

在实践中，两个利益相关者都很难判断他人的行为，因此两个利益相关者采取混合策略是很常见的。换句话说，他们将以一定的概率采取行动，并达到混合策略的平衡。因此，可以根据表5.1至表5.4获得重复的动态函数，并计算四种补贴形式的混合策略均衡解，如表5.5所示。

表5.2　　　　　　　　没有补贴的企业和消费者的博弈模型

项目类型		消费者行为	
		绿色消费	非绿色消费
企业行为	绿色消费	$p_c - c_c$, U_{cc}	$-c_c$, 0
	非绿色消费	$-c_n$, 0	$p_n - c_n$, U_{nn}

表5.3　　　　　　　　只有企业补贴的企业和消费者的博弈模型

项目类型		消费者行为	
		绿色消费	非绿色消费
企业行为	绿色消费	$p_c - c_c + w_1$, U_{cc}	$-c_c + w_1$, 0
	非绿色消费	$-c_n$, 0	$p_n - c_n$, U_{nn}

表 5.4　企业和消费者之间只有当有消费者补贴时的博弈模型

项目类型		消费者行为	
		绿色消费	非绿色消费
企业行为	绿色消费	$p_c - c_c$，U'_{cc}	$-c_c$，0
	非绿色消费	$-c_n$，0	$p_n - c_n$，U_{nn}

表 5.5　四种补贴形式的混合策略均衡解

补助形式	x_i^*	y_i^*
没有补助	$x_1^* = u_{nn}/(u_{nn} + u_{cc})$	$y_1^* = (p_n - c_n + c_c)/(p_n + p_c)$
只有企业有补助	$x_2^* = u_{nn}/(u_{nn} + u_{cc})$	$y_2^* = (p_n - c_n + c_c - w_1)/(p_n + p_c)$
只有消费者有补助	$x_3^* = u_{nn}/(u_{nn} + u'_{cc})$	$y_3^* = (p_n - c_n + c_c)/(p_n + p_c)$
两者都有补助	$x_4^* = u_{nn}/(u_{nn} + u'_{cc})$	$y_4^* = (p_n - c_n + c_c - w_1)/(p_n + p_c)$

5.3　基于混合策略的不同补贴形式下绿色制造扩散的动态平衡分析

以上混合策略只能用于静态分析策略下，企业和消费者选择不同的补贴形式，但是无法解决以下两个问题：一个是无法获得初始状态（即 x，y）对绿色制造扩散的影响；另一个是它不能解释政府补贴对绿色制造扩散的影响。下面将讨论这两个问题。x 代表采用绿色制造战略的企业百分比，y 代表采用绿色产品的消费者百分比。首先，定义有效扩散。

定义：仅当 x 和 y 都能在扩散中达到 1，绿色制造战略的传播与绿色消费被认为是有效的。

根据定义，扩散效果可以在两个不同初始状态的情况下动态分析，即当有波动和没有波动时进行分析。

5.3.1　无波动时初始值对绿色制造扩散的影响

为了在没有波动的情况下分析更多可见度，异构代理形式的好处体现在图 5.1 至图 5.4 中。

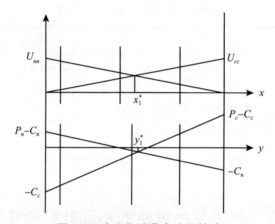

图 5.1　企业和消费者均无补贴

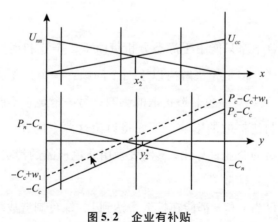

图 5.2　企业有补贴

　绿色制造背景下的产业经济效率和环境效率

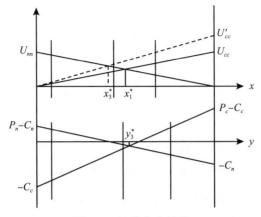

图 5.3 消费者有补贴

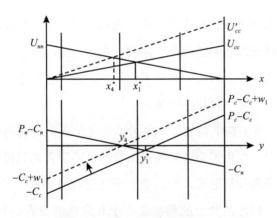

图 5.4 企业、消费者均有补贴

从表 5.5 可以看出：$x_1^* = x_2^* > x_3^* = x_4^*$，$y_1^* = y_2^* > y_3^* = y_4^*$，该表显示，当最初对两种利益相关者都有补贴时，在没有补贴的情况下实现有效扩散的条件是：采用绿色制造战略的企业百分比大于 x_4^*，并且增加到 x_1^* 或更大，并且采用绿色产品决策的消费者百分比大于 y_4^*，并增加到 y_1^* 或更大。增加的百分比 $\Delta x_1 = x_1^* - x_4^* = [u_{nn}(u'_{cc} - u_{cc})]/[(u_{nn} + u'_{cc})(u_{nn} + u_{cc})]$，$\Delta y_1 = y_1^* - y_4^* = w_1/(p_n + p_c)$。因此设置了三种情况：①$x < x_3^*$，$y < x_3^*$；②$x_1^* > x > x_3^*$；③$x > x_1^*$，$y > y_1^*$，然

后分析以下七个方案。

方案1：当 x 和 y 都在①位置时。无论补贴形式是什么，绿色产品消费者的利益总是大于绿色制造企业的收益，非绿色制造企业的收益大于绿色制造企业的收益。因此，绿色产品消费和绿色制造战略都无法在消费者和企业中有效传播。

方案2：当 x 在①位置，y 在②位置时。对于消费者而言，无论补贴形式是什么，低碳消费者的利益总是大于低碳政府利益，所以绿色消费不会在消费者中有效扩散。至于企业，在有补贴的时候，企业和两个代理商都有补贴，绿色制造企业的利益大于非绿色制造企业的利益，这表明政府补贴促进了企业的绿色制造扩散。但是，政府和企业没有考虑市场需求，目前市场还不成熟。因此，一旦没有补贴，企业最终将选择非绿色制造战略。同时，在这种情况下，也容易造成市场快速发展的假象，政府补贴效率低下。而且，有些企业可能依靠政府补贴来生存，而不是依靠市场。

方案3：当 x 在②位置，y 在①位置时。当消费者没有补贴，而企业有补贴时，绿色消费者的利益比非绿色消费者的利益更大。因此绿色消费在这两种补贴形式的消费者中无法有效传播。同时，当有消费者补贴时，绿色消费者的利益要小于非绿色消费者的利益。但是，由于目前没有企业补贴，绿色制造企业的成本要高于非绿色制造企业的成本，而绿色制造企业的消费者比例远大于绿色制造企业。因此，当只有消费者补贴时，企业最终会选择非绿色制造战略，而且绿色制造战略不能在企业中有效传播。

方案4：当 x 和 y 都位于位置②时。对于消费者来说，当两个代理商都没有补贴时，非绿色消费者的利益仍然大于绿色消费者的，所以绿色消费不会通过这种补贴形式有效地在消费者中传播。当存在对企业的补贴，这种形式类似于方案中的情况3。当只有消费者补贴时，非绿色消费者的利益要比绿色消费者的利益小，因此绿色消费可以通过这种补贴形式在消费者中有效传播。对于企业而言，尽管存在市场需求，但绿色制造战略在具有这种补贴形式的企业中并未有效传播，主要是因为成本。而且，当两种代理都有补贴时，绿色代理的收益大于非绿色代理的收益，绿色消费和绿色制造策略都可以有效传播。

方案 5：当 x 在②位置，y 在③位置时。对于消费者来说，当对两个代理商都没有补贴或者只对企业有补贴时，非绿色消费者的利益大于绿色消费者的利益，因此绿色消费无法在具有这两种补贴形式的消费者中有效传播，另外两种补贴形式可以导致有效扩散。对于企业而言，无论补贴形式如何，绿色制造战略都可以有效传播。

方案 6：当 x 在③位置，y 在②位置时。对于消费者而言，无论补贴形式如何，绿色消费都能有效传播。对于企业来说，当对两个代理商没有补贴以及只对消费者有补贴时，绿色制造企业的收益要小于非绿色制造企业的收益，因此绿色制造战略不能有效传播，但其他两种补贴形式却可以。

值得一提的是，以下结果在实践中几乎不存在：一种是方案 5 中无补贴只对企业补贴的结果，另一种是方案 6 中无补贴只对消费者补贴的结果，是市场失灵的表现。

方案 7：当 x 在③位置，y 在③位置时。不论补贴形式如何，绿色消费和绿色制造战略都能分别有效地在消费者和企业中传播。

5.3.2　当有波动存在时，初始状态对绿色制造扩散的影响

根据上面的分析，当 x 和 y 增加到一定程度，绿色制造战略和绿色消费可以有效地传播，如方案 7 所示。但是，在实践中，扩散过程中经常会出现波动，然后，根据上述七个场景，讨论存在波动时初始状态对绿色制造扩散的影响。

为了解决这个问题，引入周期性波动参考文献（刘德海等，2015）。根据博弈模型，式（5.6）和式（5.7）中显示了没有补贴的重复动力学方程：

$$\frac{dx}{dt} = x(1-x)\left[(p_c + p_n)y - c_c - p_n + c_n\right] \qquad (5.6)$$

$$\frac{dy}{dt} = y(1-y)\left[(u_{cc} + u_{nn})x - u_{nn}\right] \qquad (5.7)$$

然后获得相应的雅可比矩阵：

$$\phi = \begin{bmatrix} 0 & c_1 \\ c_2 & 0 \end{bmatrix}$$

$$c_1 = \frac{u_{nn}u_{cc}(p_c + p_n)}{(u_{nn} + u_{cc})^2} > 0,$$

$$c_2 = \frac{(u_{nn} + u_{cc})(p_n - c_n + c_c)(p_n + c_n - c_c)}{(p_n + c_n)^2} > 0,$$ 对应的特征值是：

$$\lambda_{1,2} = \pm i\sqrt{c_1 c_2} = \pm i\sqrt{\frac{u_{nn}u_{cc}(p_n - c_n + c_c)(p_n + c_n - c_c)}{(u_{nn} + u_{cc})(p_n + c_n)}}$$

接下来，在平衡点的重复动力学方程用式（5.8）和式（5.9）表示，调整后的式（5.10）和式（5.11）能够准确解决以上问题。

$$x_1 = x^* + A\cos(wt + \phi) \qquad (5.8)$$

$$y_1 = y^* + A\sin(wt + \phi) \qquad (5.9)$$

假定 $X = x_0 - x^*$，$Y = y_0 - y^*$，则

$$x_1 = x_0 + A\cos(wt + \phi) \qquad (5.10)$$

$$y_1 = y_0 + A\sin(wt + \phi) \qquad (5.11)$$

且 $w = \sqrt{c_1 c_2}$，$A = \sqrt{(x_0 - x^*)^2 + (y_0 - y^*)^2}$，

$$\phi = \begin{cases} \arctan(Y/X) & Y/X > 0 \\ \pi + \arctan(Y/X) & Y/X \leq 0 \end{cases}$$

因此，基于以上分析和有效扩散的定义，给定初始值，只要 x 和 y 的轨迹扩散在波动过程中达到 1，可以认为没有补贴就可以实

现有效的扩散。在这种情况下，所有企业都采用绿色制造战略，所有消费者都采用绿色消费。

本 章 小 结

1. 结论

（1）当实施绿色制造战略的企业和具有绿色消费理念的消费者百分比都较小时，绿色制造成功扩散将不能仅仅依靠政府补贴来实现，除非结合其他措施。

（2）当实施绿色制造战略的企业和具有绿色消费理念的消费者都增加到一定程度时，即使没有政府补贴，相关的扩散也是有效的，当周期性波动时也是如此。

（3）关于企业实施绿色制造战略和消费者进行绿色消费规模的扩大，通过需求侧拉动市场比通过供给侧拉动市场更有效。

2. 政策建议

（1）在绿色制造扩散的初期，绿色观念应通过广告等多种方式提高企业和消费者的意识，最好通过银行贷款或其他优惠措施刺激企业采取绿色制造战略，并通过降低绿色产品相应的税费来提高消费者的效用。在这个阶段，政府的宏观调控至关重要，政府在推动企业采取绿色制造战略和消费者采取绿色消费方面的作用甚至可以大于市场。必须与市场相比较，宏观调控应更加关注市场环境的改善，否则市场可能会出现不好的现象。

（2）随着百分比的提高，市场及相关技术日趋成熟，政府宏观调控应逐步弱化，市场逐步发挥有效实现目标的关键作用。

| 第 6 章 |

产业绿色制造绿色度评价
方法和应用

6.1 引　　言

　　制造业的快速发展加大了资源的低效消耗和污染物的排放，随着环境的日益恶化，全球开始日益关注经济和社会的可持续发展。以机器大规模生产为特征的工业革命，带来了生产效率的极大提高，推动了经济社会的进步，促进了人类的发展。但当人类的需求与环境的供给出现矛盾时，人类开始重新审视产业的发展方式。

　　绿色制造也称为环境意识制造、面向环境的制造等，是一个综合考虑环境影响和资源效益的现代化制造模式。其目标是使产品在设计、制造、包装、运输、使用到报废处理的整个产品全寿命周期中，对环境的影响（负作用）最小，资源利用率最高，并使企业经济效益和社会效益协调优化。绿色制造反映了一种新的制造范式，该范式实施了各种绿色战略（目标和原则）和技术（技术和创新），以变得更加生态高效（Deif，2011）。政府、企业和消费者都有强大的压力，要求他们实施绿色制造生产方式和生活方式。这导致了多种研究和实践尝试的发展，以解释和指导绿色制造转型的途径和方法。然而，在以前大多数的制造转换范式中（如精益制造和敏捷制造），新技术开发和新技术应用是这些努力的重要方向，而对产业绿色制造评估方法的关注却很少。

传统的制造业认为，无法衡量的指标是无法改善的。对于我国制造业来讲，衡量制造系统的绿色水平所面临的挑战包括：哪些变量可以定义制造业的绿色？如何获取或测量这些变量或参数？作为测量工具，可以使用什么方法来量化评估过程？本章通过开发一个一般化的不同行业绿色度评价方法来解决这些问题。该方法是基于一种综合评价方法，在战略层采用几何平均法（GMM）进行产业间绿色度相对评估。

6.2　产业绿色度评价模型

绿色度评价模型是通过一个集成的多阶段过程以及两个层次实现的。第一层是根据一个理想的状态来评价一个产业的相对绿色水平。这种相对无量纲的评估有助于通过比较它们的得分来定位被评估产业相对于其他产业的绿色水平。因此，这一层称为跨产业级别（CIL）。第二层是评估一个产业内相对于不同企业的绿色水平。这种评估可以方便竞争对手之间更具体、更直观的比较，称为行业内层（IIL）。下面具体说明评估标准及其技术，产业绿色度评价概念模型如图 6.1 所示。

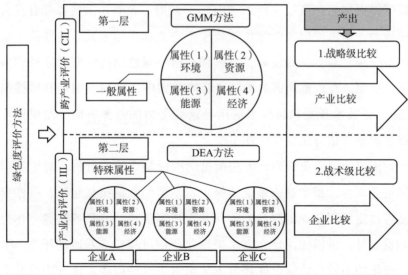

图 6.1　产业绿色度评价概念模型

该概念模型中，第一层为跨产业评价（CIL），第二层为产业内评价（IIL）。根据本书的研究目标，我们重点研究基于产业差异的绿色度评价，即第一层跨产业评价（CIL）。

6.3　跨产业层评价方法（CIL）

6.3.1　属性和指标的选择

在跨产业层中，绿色评价是基于被评价的行业相对于理想最优状态的评价得分。根据 ISO 14000 环境管理系统（EMS）和《中国制造 2025》计划中绿色制造工程等对绿色指标的界定，同时借鉴 Yang 等（2003）、Ziout 等（2013）对于绿色属性的选择，使用四个一般属性进行比较，每个属性都包含一般环境指标。表 6.1 概述了

　■　绿色制造背景下的产业经济效率和环境效率

这些属性及其指标。数据来源于 2008 ~ 2018 年《中国统计年鉴》、各省份统计年鉴、《中国环境统计年鉴》、EPS 数据平台、国研网等并进行手工整理。表中指标是以最优状态的百分比计算的，这种标准化有利于消除行业间在这些指标上的幅度差异。

表 6.1　　　　　　　　　跨产业评价属性和指标

属性	指标
环境（A1）	一般工业固体废物产生量（A11）；工业废水排放量（A12）；CO_2 排放量（A13）
资源（A2）	原煤消耗量（A21）；原油消耗量（A22）
能源（A3）	能源效率（A31）；电力效率（A32）
经济（A4）	工业总产值（A41）；废水治理设施套数（A42）；废气治理设施运行费用（A43）；一般工业固体废物综合利用量（A44）

6.3.2　GMM 评价方法

GMM（几何平均法）是一种有效的工具，可以将选择的不同属性与其可变的数据水平相结合（Mittal et al., 2016; Ziout et al., 2013）。利用 GMM 排序方法，对所考虑的产业和基准虚拟最优状态产业的四个主要属性进行比较，得到每个产业相对于另一个产业的最终排序权重。GMM 是一种参与式多标准决策（MCDM）过程，它是层次分析法（AHP）的一种扩展和改进技术，通过层次分析法的特征值技术，让决策者对备选方案和准则进行两两比较，从而得到 GMM 的标准权重。根据诺斯特姆（Nordstrom et al., 2012）的研究，由式（6.1）计算出所有利益相关者对配对比较矩阵中各元素判断的几何均值：

$$\left(\prod_{t=1}^{k} m_{ij}^{t} \right) \forall i, j \qquad (6.1)$$

对于利益相关者 t，当准则 i（$i = 1, 2, \cdots, q$）与准则 j 比较

时，m_{ij}^t 是成对比较矩阵中的元素。同样地，根据式（6.1），可以计算所有利益相关者的几何平均值。但是，如果比较每一个准则层，则使用方程（6.2）：

$$\left(\prod_{t=1}^{k} m_{sv}^{ti} \right) \ \forall \ s, \ v \tag{6.2}$$

其中，m_{sv}^{ti} 为准则 i 将备选方案 s 与备选方案 v 进行比较时，利益相关者 t 的两两比较矩阵中的元素。这将产生一个标准的聚合偏好矩阵和 q 个对每个标准的备选方案的聚合偏好矩阵。

改进的层次分析法一般步骤如下。

（1）构造递进式层次结构模型。通过整体分析研究对象，确定研究对象的层次性，每一层次按目标及现实要求包含的属性、指标。

（2）构造每一层次的判断矩阵。对于每一层次中所有的元素，其重要性程度可以根据一定方法进行数字化体现，如 1 ~ 9 分进行分级评判，从而构造判断矩阵。

（3）计算权向量并进行一致性检验。一致性检验需要计算判断矩阵的最大特征值，然后按式（6.3）进行计算一致性指标 CI。

$$CI = \frac{\lambda_{\max} - n}{n - 1} \tag{6.3}$$

其中，$\lambda_{\max}$ 为判断矩阵的最大特征值。

通过一致性比例来检验一致性，如式（6.4）所示：

$$CR = \frac{CI}{RI} \tag{6.4}$$

6.3.3 GMM 评价过程

1）专家打分规则

从 10 位工业和制造业环境专家（利益相关者）征集选取 4 个属

性的权重值（判断）。虽然需要考虑专家意见的主观性，但采用来自不同领域的多位专家意见和一致性分析可以有效降低评估的主观性。

　　每位专家打分时，每人给出一个较最优状态的比率，如专家认为某个产业的某个属性达到了最优状态的70%，根据专家评分转换规则（见表6.2），且该指标是一个正向指标（值越高越能够给社会带来正向福利效应，如经济属性值），则该专家打分相对值计为5；如果考虑另一个属性，如环境，是一个负指标，即该属性值越大，对社会带来的正向福利效应越小，则被定义为反向指标，如专家认为该属性达到了最优状态的70%，根据专家评分转换规则，此时专家打分相对值计为1/5。

表6.2　　　　　　　　　　　　　**专家评分转换规则**

专家评分转换规则										
GMM 分值										
+ 正向指标%										
100	90	80	70	60	50	40	30	20	10	0
GMM Value										
	9	7	5	3	1	1/3	1/5	1/7	1/9	
− 反向指标%										
100	90	80	70	60	50	40	30	20	10	0
GMM Value										
	1/9	1/7	1/5	1/3	1	3	5	7	9	

　　2）权重计算过程

　　首先，专家组根据环境、资源、能源和经济四个属性的相对重要性程度，结合专业认知和表6.2的专家评分转换规则，对四种属性进行打分，并将分数依次填入表6.3中。分数填写完整后，按照几何平均法计算不同属性的权重值，通过一致性分析，确认计算出的权重具有一致性。

表 6.3   属性权重计算表

属性	环境 A1	资源 A2	能源 A3	经济 A4	权重（W）	排序
环境 A1	1					
资源 A2		1				
能源 A3			1			
经济 A4				1		

其次，对各个属性下的指标权重进行计算（计算结果见表6.4）。方法同上一步。

表 6.4   指标权重计算表

	环境 A1					资源 A2		
	A11	A12	A13	Weight		A21	A22	Weight
A11	1				A21	1		
A12		1			A22		1	
A13			1					

	能源 A3				经济 A4				
	A31	A32	Weight		A41	A42	A43	A44	Weight
A31	1			A41	1				
A32		1		A42		1			
				A43			1		
				A44				1	

最后，计算综合权重。将表6.3和表6.4计算的权重结果写入表6.5，计算综合权重结果。

表 6.5   综合权重计算表

一级指标	权重（W1）	二级指标	权重（W2）	综合权重（W）	排序
环境 A1		A11			
		A12			
		A13			

续表

一级指标	权重（W1）	二级指标	权重（W2）	综合权重（W）	排序
资源 A2		A21			
		A22			
能源 A3		A31			
		A32			
经济 A4		A41			
		A42			
		A43			
		A44			

3）权重计算样例（见表6.6、表6.7）

表 6.6　　　　　　　　属性权重计算样例

属性权重计算（样例）

属性	A1	A2	A3	A4
A1	1	3.00	0.33	7.00
A2	1/3	1	0.33	3.00
A3	3	3	1	5.00
A4	1/7	1/3	1/5	1
Sum	4.48	7.33	1.87	16.00

属性	A1	A2	A3	A4	Avg Wt	Rank
A1	0.22	0.41	0.18	0.44	0.31	2
A2	0.07	0.14	0.18	0.19	0.14	3
A3	0.67	0.41	0.54	0.31	0.48	1
A4	0.03	0.05	0.11	0.06	0.06	4
Verification					1	

表 6.7 一致性检验

A1	0.31	0.43	0.16	0.43	1.34	4.29
A2	0.10	0.14	0.16	0.19	0.59	4.12
A3	0.94	0.43	0.48	0.31	2.16	4.48
A4	0.04	0.05	0.10	0.06	0.25	4.06
Y（max）（Eigen Value）						4.24
Consistency Index						0.07904
Consistency Ratio						0.0878

4）绿色度计算过程

绿色度是通过无量纲的各指标数据和相应的权重成绩最后加总得到的，公式为：

$$S = \sum w_{ij} \times x'_{ij} \qquad (6.5)$$

首先对各指标的原始数据进行无量纲化处理。无量纲化处理能够很好地解决因不同数据单位不同、数量级不同从而无法进行直接比较的问题。这里采用极值法进行数据无量纲化处理，即

$$x'_{ij} = \frac{x_{ij}}{\max(x_{ij})} \qquad (6.6)$$

6.3.4 产业内部企业的绿色度评价

由于同一产业内部不同企业的数据不能从统计年鉴上获取，所以我们如果对同一产业的不同企业进行绿色度评价，需要进行问卷设计、问卷调研（样卷见表 6.8），从而获取所需指标的原始数据。获得不同企业的原始数据后，可以按照 6.4.3 部分步骤进行专家打分、计算属性权重、指标权重、综合权重，并将原始数据进行无量纲化处理，利用式（6.5）即可计算出不同企业的绿色度。

表6.8 公司绿色制造相关指标调研表

_____公司绿色制造相关指标调研表　　　　　年度　　　　　调研日期

序号	题项	数量	单位
1	本年度一般工业固体废物产生量有多少？	（　　　）	吨
2	本年度工业废水排放量有多少？	（　　　）	吨
3	本年度 SO_2 排放量有多少？	（　　　）	吨
4	本年度原煤消耗量有多少？	（　　　）	吨
5	本年度原油消耗量有多少？	（　　　）	吨
6	本年度综合能源消耗量有多少？	（　　　）	吨
7	本年度电力消耗量有多少？	（　　　）	千瓦时
8	本年度主营业务收入是多少？	（　　　）	万元
9	本年度废水治理设施运行费用是多少？	（　　　）	万元
10	本年度废气治理设施运行费用是多少？	（　　　）	万元
11	本年度一般工业固体废物综合利用量是多少？	（　　　）	吨

调研对象：　　　　　　　　　调研人：

6.4　绿色度评价实例分析

本节通过三个实例分析，验证产业绿色度评价模型的应用。根据2017年国民经济行业分类标准，我国制造业共包括31个产业。本节选取三个具有代表性的产业，即造纸和纸制品业、纺织业、汽车制造业进行实例分析。

6.4.1　造纸和纸制品业绿色度评估

造纸和纸制品业是制造各种纸张及纸板的工业部门。它包括用木材、芦苇、甘蔗渣、稻草、麦秸、棉秸、麻秆、棉花等原料制造纸浆的纸浆制造业，制造纸和纸板业以及生产涂层、上光、上胶、层压等加工纸及字型用纸版的加工纸制造业几个方面。造纸工业使用木材、稻草、芦苇、破布等为原料，经高温高压蒸煮而分离出纤维素，制成纸浆。在生产过程中，最后排出原料中的非纤维素部分成为造纸黑液。黑液中含有木质素、纤维素、挥发性有机酸等，有臭味，污染性很强。制浆产生的造纸废水，污染最为严重。漂白工序排出的造纸废水也含有大量的酸碱物质。一般认为造纸和纸制品业污染性较强。

接着对各个属性下的指标权重进行计算（计算结果见表 6.9 和表 6.10）。方法同上一步。

表 6.9 造纸和纸制品业属性权重计算表

项目属性	环境 A1	资源 A2	能源 A3	经济 A4	权重（W）
环境 A1	1	3	5	1/3	0.291
资源 A2	1/3	1	1/3	1/5	0.075
能源 A3	1/5	3	1	1/3	0.130
经济 A4	3	5	3	1	0.504

表 6.10 造纸和纸制品业指标权重计算表

指标	环境 A1					资源 A2			
	A11	A12	A13	Weight		A21	A22	Weight	
A11	1	1/5	1/3	0.111	A21	1	1/5	0.167	
A12	5	1	1/3	0.323	A22	5	1	0.833	
A13	3	3	1	0.566					

指标	能源 A3				经济 A4				
	A31	A32	Weight		A41	A42	A43	A44	Weight
A31	1	1/3	0.250	A41	1	5	3	3	0.524
A32	3	1	0.750	A42	1/5	1	3	3	0.234
				A43	1/3	1/3	1	3	0.154
				A44	1/3	1/3	1/3	1	0.089

最后，计算综合权重。将表 6.9 和表 6.10 计算的权重结果写入表 6.11，计算综合权重结果。

表 6.11　　　　　　　　　　造纸和纸制品业综合权重计算表

一级指标	权重（W1）	二级指标	权重（W2）	综合权重（W）
环境 A1	0.291	A11	0.111	0.032
		A12	0.323	0.094
		A13	0.566	0.165
资源 A2	0.075	A21	0.167	0.013
		A22	0.833	0.063
能源 A3	0.130	A31	0.250	0.033
		A32	0.750	0.098
经济 A4	0.504	A41	0.524	0.264
		A42	0.234	0.118
		A43	0.154	0.077
		A44	0.089	0.045

造纸和纸制品业绿色度计算：

$$S = \sum w_{ij} \times x'_{ij} \qquad (6.7)$$

6.4.2　纺织业绿色度评估

纺织业在我国是一个劳动密集程度高和对外依存度较大的产业。2007 年 5 月，国务院下发了《第一次全国污染源普查方案》，纺织业被列为重点污染行业。据国家环保总局统计，印染行业污水排放总量居全国制造业排放量的第 5 位。60% 的行业污水排放来自印染行业，且污染重、处理难度高，废水的回用率低。化纤行业在生产过程中，有些产品大量使用酸和碱，最终产生硫磺、硫酸、硫酸盐等有害物质，对环境造成严重污染；有些则是所用溶剂、介质对环境污染较为严重。化纤生产污染环境的另一种表现是化纤产品本身的不可降解性，特别是合成纤维，其废弃物回收成本高，燃烧后污染空气；废弃后不易降解，造成土壤环境恶化（计算结果见表6.12）。

表 6.12   纺织业属性权重计算表

项目属性	环境 A1	资源 A2	能源 A3	经济 A4	权重（W）
环境 A1	1	3	3	1/3	0.267
资源 A2	1/3	1	1	1/3	0.117
能源 A3	1/3	1	1	1/3	0.154
经济 A4	3	3	3	1	0.462

其次，对各个属性下的指标权重进行计算（计算结果见表6.13）。方法同上一步。

表 6.13   纺织业指标权重计算表

指标	环境 A1				指标	资源 A2		
	A11	A12	A13	Weight		A21	A22	Weight
A11	1	1/5	1/3	0.105	A21	1	1/3	0.250
A12	5	1	3	0.637	A22	3	1	0.750
A13	3	1/3	1	0.258				

指标	能源 A3			指标	经济 A4				
	A31	A32	Weight		A41	A42	A43	A44	Weight
A31	1	1/3	0.250	A41	1	3	3	3	0.475
A32	3	1	0.750	A42	1/3	1	3	3	0.275
				A43	1/3	1/3	1	3	0.158
				A44	1/3	1/3	1/3	1	0.092

绿色制造背景下的产业经济效率和环境效率

最后，计算综合权重。将表 6.12 和表 6.13 计算的权重结果写入表 6.14，计算综合权重结果。

表 6.14 纺织业综合权重计算表

一级指标	权重（W1）	二级指标	权重（W2）	综合权重（W）
环境 A1	0.267	A11	0.105	0.028
		A12	0.637	0.170
		A13	0.258	0.069
资源 A2	0.117	A21	0.250	0.029
		A22	0.750	0.088
能源 A3	0.154	A31	0.250	0.039
		A32	0.750	0.116
经济 A4	0.462	A41	0.475	0.220
		A42	0.275	0.127
		A43	0.158	0.073
		A44	0.092	0.042

纺织业绿色度计算：

$$S = \sum w_{ij} \times x'_{ij} \tag{6.8}$$

6.4.3 汽车制造业绿色度评估

我国是世界上最大的汽车销售市场和最大的汽车生产国，汽车制造业在我国发展越来越迅速。汽车生产一般需要经过冲压、焊接、涂装、总装等工序，由于制造过程中需要磷化、喷漆等工艺，也存在着一定的环境污染。汽车制造产业链较长，能够有效拉动产业发展，对于经济增长有较大的推动作用。

表 6.15   汽车制造业属性权重计算表

项目属性	环境 A1	资源 A2	能源 A3	经济 A4	权重（W）
环境 A1	1	1/3	1/3	1/5	0.076
资源 A2	3	1	3	1/3	0.261
能源 A3	3	1/3	1	1/3	0.150
经济 A4	5	3	3	1	0.513

其次，对各个属性下的指标权重进行计算（计算结果见表 6.16）。方法同上一步。

表 6.16   汽车制造业指标权重计算表

指标	环境 A1					资源 A2		
	A11	A12	A13	Weight		A21	A22	Weight
A11	1	1/3	1/3	0.135	A21	1	1/3	0.250
A12	3	1	3	0.584	A22	3	1	0.750
A13	3	1/3	1	0.281				

指标	能源 A3				经济 A4				
	A31	A32	Weight		A41	A42	A43	A44	Weight
A31	1	1/5	0.167	A41	1	5	3	5	0.565
A32	5	1	0.833	A42	1/5	1	3	1/3	0.128
				A43	1/3	1/3	1	1/3	0.084
				A44	1/5	3	3	1	0.222

最后，计算综合权重。将表 6.15 和表 6.16 计算的权重结果写入表 6.17，计算综合权重结果。

表 6.17 汽车制造业综合权重计算表

一级指标	权重（W1）	二级指标	权重（W2）	综合权重（W）
环境 A1	0.076	A11	0.135	0.010
		A12	0.584	0.045
		A13	0.281	0.021
资源 A2	0.261	A21	0.250	0.065
		A22	0.750	0.195
能源 A3	0.150	A31	0.167	0.025
		A32	0.833	0.125
经济 A4	0.513	A41	0.565	0.290
		A42	0.128	0.066
		A43	0.084	0.043
		A44	0.222	0.114

汽车制造业绿色度计算：

$$S = \sum w_{ij} \times x'_{ij} \tag{6.9}$$

6.4.4　制造业绿色度评估结果

制造业是我国工业的重要组成部分，在整个国民经济运行中具有重要的作用，直接关系到物质资料和生活消费品的生产和供应。根据 2017 年国民经济行业分类方法，制造业共包括农副食品加工业、食品制造业、造纸和纸制品业、烟草制品业、纺织业、化学原料和化学制品制造业、医药制造业、金属制品业、通用设备制造业、专用设备制造业、汽车制造业等 31 个产业。由于其他制造业（代码 41）、废气资源综合利用业（代码 42）、金属制品、机械和设备修理业（代码 43）的产业数据不完备，我们对其他 28 个产业进行了绿色度的测量，由于测量产业众多、工作量巨大、过程复杂，具体测量过程忽略。根据数据的可获得性及数据的完整性,我们选取 2011～2018 年不同产业的原始数据进行不同产业的绿色度评价。数据来源于 2011～2018 年各年度统计年鉴、各省份统计年鉴、中国环境统计年鉴及各年度国民经济和社会发展统计公报。

28 个产业绿色度评价结果见表 6.18。

表 6.18　　　　　　　　　28 个产业绿色度评价结果

行业代码	行业	2011 年	2012 年	2013 年	2014 年	2015 年	2016 年	2017 年
H13	农副食品加工业	60.2	62.1	62.6	62.7	66.8	69.4	72.1
H14	食品制造业	59.1	59.8	63.3	62.8	66.4	68.7	71.5
H15	酒、饮料和精制茶制造业	63.3	63.4	65.7	65.3	68.4	70.8	73.7
H16	烟草制品业	55.8	57.7	56.6	58.3	62.9	64.4	67.2
H17	纺织业	45.8	48.2	48.7	48.8	52.1	53.8	56.6
H18	纺织服装、服饰业	50.1	52	52.7	53.2	56.7	58.3	61.5
H19	皮革、毛皮、羽毛及其制品和制鞋业	45.2	47.8	49.7	46.9	51.6	53.1	55.3
H20	木材加工和木、竹、藤、棕、草制品业	60.2	62.1	62.3	63.2	67.1	67.8	70.7
H21	家具制造业	54.3	56.7	58.2	56.1	60.3	62.4	64.1
H22	造纸和纸制品业	44.1	46.2	47.7	47.5	50.8	52.4	55.1
H23	印刷和记录媒介复制业	60.1	62.2	62.3	63.1	66.2	68.7	68.8
H24	文教、工美、体育和娱乐用品制造业	70.1	71.7	73.2	71.8	76.1	76.8	78.6

续表

行业代码	行业	2011 年	2012 年	2013 年	2014 年	2015 年	2016 年	2017 年
H25	石油加工、炼焦和核燃料加工业	42.6	44.8	45.3	45.7	49.1	51.7	53.8
H26	化学原料和化学制品制造业	50.3	51.7	53.2	51.5	54.8	56.1	58.2
H27	医药制造业	55.8	57.2	59.4	58.7	61.7	63.2	65.1
H28	化学纤维制造业	47.3	49.2	49.9	50.3	53.1	55.2	57.3
H29	橡胶和塑料制品业	47.7	49.8	49.9	48.3	51.7	53.3	56.1
H30	非金属矿物制品业	52.2	54.1	54.8	55.3	59.1	59.8	61.2
H31	黑色金属冶炼和压延加工业	43.2	45.1	47.5	45.3	49.4	51.1	53.2
H32	有色金属冶炼和压延加工业	42.8	44.3	45.9	45.7	48.2	50.8	52.6
H33	金属制品业	47.8	49.4	51.1	49.8	52.6	54.1	56.2
H34	通用设备制造业	52.1	54.2	55.7	53.9	57.1	58.6	60.4
H35	专用设备制造业	51.2	53.3	55.1	53.2	56.8	58.4	59.9
H36	汽车制造业	54.3	55.7	57.6	55.9	59.8	61.1	63.3
H37	铁路、船舶、航空航天和其他运输设备制造业	56.8	58.2	60.3	58.1	62.2	64.1	66.3
H38	电气机械和器材制造业	58.2	59.8	61.1	59.7	63.6	65.2	67.1
H39	计算机、通信和其他电子设备制造业	59.6	61.1	62.9	60.8	64.4	66.1	67.8
H40	仪器仪表制造业	60.3	62.2	64.3	63.5	66.7	68.1	69.7

从图6.2和图6.3我们可以看出：

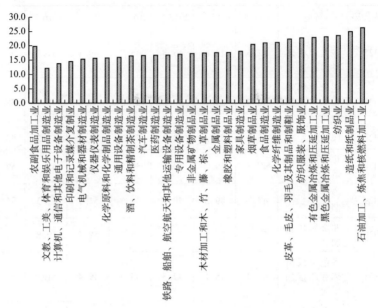

图6.2　2011～2017年28个产业绿色度增长率比较图

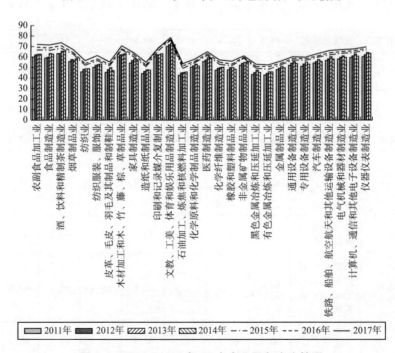

图6.3　2011～2017年28个产业绿色度比较图

绿色制造背景下的产业经济效率和环境效率

（1）28 个产业总体 2011～2017 年绿色度均是增长趋势，其中烟草制品业、食品制造业、化学纤维制造业、皮革、毛皮、羽毛及其制品和制鞋业、纺织服装服饰业、有色金属冶炼和压延加工业、黑色金属冶炼和压延加工业、纺织业、造纸和纸制品业、石油加工、炼焦和核燃料加工业等 10 个行业绿色度增长超过 20%，其中，有色金属冶炼和压延加工业、黑色金属冶炼和压延加工业、造纸和纸制品业、石油加工、炼焦和核燃料加工业在我国环境保护日益增强的约束下，主动进行技术创新和改革，从原材料采购、工艺设计、产品生产、供应链选择等多方面实施绿色发展理念，提高产业的绿色度水平。

（2）28 个产业中，文教、工美、体育和娱乐用品制造业、计算机、通信和其他电子设备制造业、印刷和记录媒介复制业、电气机械和器材制造业、仪器仪表制造业、化学原料和化学制品制造业、通用设备制造业的产业绿色度增长率在 12%～16%，绿色度提高较慢。究其原因，主要是这些产业本身绿色度较高，如文教、工美、体育和娱乐用品制造业，2011 年绿色度为 70.1，在基础年份就已经较很多其他产业绿色度高很多。但也有一些传统重污染行业，如化学原料和化学制品制造业绿色度提高较慢，化学原料及化学制品制造业工业共包括基础化学原料制造、肥料制造、农药制造、涂料、油墨、颜料及类似产品制造、合成材料制造、专用化学产品制造及日用化学产品制造 7 个子行业，主要是涉农行业原肥料制造、农药制造，这可能和该行业本身技术需求有关，但在"既要金山银山，也要青山绿山"的今天，该行业需要加大投资和研发力度，在技术创新上争取有重大突破。

（3）从行业上来看，还有有色金属冶炼和压延加工业、黑色金属冶炼和压延加工业、石油加工、炼焦和核燃料加工业、造纸和纸制品业、皮革、毛皮、羽毛及其制品和制鞋业、橡胶和塑料制品业、金属制品业、纺织业、化学纤维制造业、化学原料和化学制品制造业、专用设备制造业 2017 年的绿色度水平低于 60，说明这些行业在绿色度整体水平还比较低，还需要继续加大技术创新、产品创新、供应链创新的力度。从这 11 个行业来看，基本上都是传统重污染行业，如石油加工、炼焦和核燃料加工业、造纸和纸制品业、纺织业、黑色金属冶炼和压延加工业，这些都是国际上污染指数比较高的行业。

（4）在 28 个行业中，还有计算机、通信和其他电子设备制造业、印刷和记录媒介复制业、仪器仪表制造业、木材加工和木、竹、藤、棕、草制品业、食品制造业、酒、饮料和精制茶制造业、文教、工美、体育和娱乐用品制造业的产业绿色度水平较高，这 7 个产业有以下三个特点：一是高新技术行业；二是轻工业行业；三是和人民群众消费需求密切相关的行业。如计算机、通信和其他电子设备制造业，该行业技术密集性较高，对产品的智力资本要求较高，产品重要的环节主要是产品的设计与开发，而产品的生产材料也需要高度的技术集成；文教、工美、体育和娱乐用品制造业是消费类行业，主要是艺术品、收藏品、古董、贵金属首饰、字画、体育用品等，产品的再生产率较低，所以绿色度一般比较高；另外，食品制造业、酒、饮料和精制茶制造业等属于和人民群众生活密切相关的生活物资，在 2008 年"三聚氰胺"事件后，国家对相关产品管控较为严格，所以企业在原材料的采购、生产过程质量控制、产品的储存等方面都较为重视，所以绿色度也较高。

6.4.5　典型产业绿色度比较分析

下面我们选取四个典型行业来进行具体分析，这四个行业包括食品制造业、纺织业、汽车制造业以及计算机、通信和其他电子设备制造业。这四个产业代表了产业里的高科技行业（计算机、通信和其他电子设备制造业）、当前国民经济发展支柱性行业（汽车制造业）、传统重污染行业（纺织业）以及和人民群众生活密切相关的行业（食品制造业）。表 6.19 列出了 2011～2017 年这四个行业的绿色度水平以及 2017 年较 2011 年的绿色度增长率。

表 6.19　　　　2011～2017 年四个行业的绿色度水平及增长率

行业代码	产业	2011 年	2012 年	2013 年	2014 年	2015 年	2016 年	2017 年	增长率
14	食品制造业	59.1	59.8	63.3	62.8	66.4	68.7	71.5	21.0
17	纺织业	45.8	48.2	48.7	48.8	52.1	53.8	56.6	23.6
36	汽车制造业	54.3	55.7	57.6	55.9	59.8	61.1	63.3	16.6
39	计算机、通信和其他电子设备制造业	59.6	61.1	62.9	60.8	64.4	66.1	67.8	13.8

1. 食品制造业

近年来，食品安全问题成为民生关注的热点问题，随着人们消费水平的提高和生活理念的变化，消费者更愿意得到安全、绿色、无污染、无公害的食品。我国 2004 年发布《有机食品认证管理办法》，2014 年 4 月正式实施新版《有机食品认证管理办法》。作为具有刚性消费特点的食品制造业，无论政府还是消费者对于食品质量、食品安全都极为重视。从表 6.19 可以看出，食品制造业绿色度水平总体较高，2011 年为 59.1，2017 年为 71.5，增长率为 21%，显示出我国政府在该阶段特别是"三聚氰胺"事件后，严控食品质量，保证食品安全，把老百姓的菜篮子、米袋子作为重中之重来进行监督管理。

2. 纺织业

纺织业是我国传统的工业制造行业，也是我国主要的污染性行业，主要包括棉纺织、毛纺织、丝绸、化纤、印染业等。据国家环保总局统计数据显示，纺织业污水排放总量在全国制造业污水排放量中排名第5位，被国务院列为重点污染行业。近年来，随着我国环保政策的加强以及产业新技术的开发和利用，纺织业绿色制造有了较大发展。中投顾问在《2017—2021年中国纺织业投资分析及前景预测报告》中指出，"十二五"时期，大量节能降耗减排新技术得到广泛应用，百米印染布新鲜水取水量由2.5吨下降到1.8吨以下，水回用率由15%提高到30%以上，全面完成单位增加值能耗降低、取水下降以及污染物总量减排等约束性指标。再利用纤维占纤维加工总量比重由2010年的9.6%提高到2015年的11.3%。从表6.19可以看出，纺织业绿色度从2011年的45.8增加到2017年的56.6，增长23.6%，研究结果与中投顾问研究报告结论一致。

3. 汽车制造业

根据公安部交管局统计，截至2018年底，我国汽车保有量（含三轮汽车和低速货车）已突破2亿辆，达到2.4亿辆，较2017年同期增长了10.51个百分点。私人汽车保有量2.07亿辆，较上年年末增长10.4个百分点。汽车制造过程复杂，在汽车数量迅猛增加的同时，其上游制造业也在加速发展，但其中的汽车用钢、汽车玻璃、轮胎橡胶、蓄电池等多个生产环节均会产生大量污染，包括水污染、固废污染、大气污染等，带来了供应链绿色化的问题。中央财经大学绿色金融国际研究院团队开发了"ESG评估体系"，从环境保护、社会责任、公司治理、负面行为与风险四个维度对上市公司进行绩效评分，其特点在于对企业的E、S、G三个维度都进行了定性和定量评分，同时强调了负面行为对企业绩效的影响。研究结果表明，汽车制造业的环境保护方面得分高于行业平均分，这和本节的研究结果存在一致性。2011年汽车制造业绿色度评估水平为54.3，2017年增长到63.3，增长率为16.6%，增长率在28个行业里排名第20位。我国汽车的庞大需求量意味着汽车制造业未来发展前景广阔，然而相关企业的环保意识和责任感、主动性仍较为淡薄，先污染再治理不仅提高了产品成本，也增加了社会环境负担。未来汽车制造业需要将智能化与环保化作为生产亮点，设计理念中应包括废水零排放、有毒气体完全过滤、电力自我内部循环等。

4. 计算机、通信和其他电子设备制造业

长期以来，美国一直是全球计算机及相关产品研发、制造中心，掌握产品核心技术，引领全球市场发展方向。随着美日欧等发达国家和地区计算机产品普及率的提高，PC产品市场尤其是台式机需求增速减缓。与此对应，亚太地区借助发达国家产业外移契机，迅速扩展本地市场份额，逐步形成了以中国等为代表的计算机生产和消费市场。当前，人类社会的数字信息化步伐不断加速，移动互联网、物联网正在兴起，云计算、虚拟化技术、智能控制技术、绿色环保工艺正在成为焦点，这将对计算机的计算方法、软硬件配置及产品形态产生重大而深远的影响。电子专用材料包括电子元件材料、电真空原料、半导体材料、信息化学品材料等，每一种材料都含有重金属、荧光粉、光刻胶等；生产工艺主要包括原材料清洗、焊接、切削、冷冲压、电镀等，在生产过程中会产生大量的酸碱废水、铬酸、重金属、氰化物等污染物。计算机、通信和其他电子设备制造业2011年绿色度评价为59.6，2017年绿色度增长到67.8，增长率为13.8%，增长率处于较低水平，这和近年来该产业技术相对成熟有关，生产制造材料、流程、环节、控制方法基本稳定，这需要产业加大新材料的开发与应用、加大绿色工艺的创新，促进该行业绿色制造更好的发展。

如前文所述，这四个产业代表了产业里的高科技行业（计算

机、通信和其他电子设备制造业）、当前国民经济发展支柱性行业（汽车制造业）、传统重污染行业（纺织业）以及和人民群众生活密切相关的行业（食品制造业），每一个产业绿色度表现是不同的，且随着时间的推移，绿色度增长情况也有所不同（见图6.4）。从外部环境看，产业绿色度与国家环境保护政策、消费者绿色需求、生活理念等因素有关；从内部环境看，产业绿色度与企业对于绿色产品未来的规划战略、企业投资、企业绿色技术研发、生产工艺创新、供应链绿色管理等有很大关系。

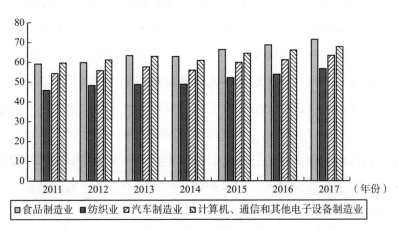

图6.4　2011～2017年四种产业绿色度评价结果比较

本 章 小 结

1. 结论

绿色发展方式是贯彻新发展理念的必然要求，处理好经济发展和生态环境保护的关系，需要坚持节约资源和保护环境的基本国策，坚持节约优先、保护优先、自然恢复为主的方针，形成节约资源和保护环境的空间格局、产业结构、生产方式、生活方式。绿色发展方式倡导构建以产业生态化和生态产业化为主体的生态经济体系，以节能、降耗、减排为目标，以管理和技术为手段，在生产过程中全面控制污染，全面降低碳排放，为社会提供更多更好的优质生态产品。

绿色制造是我国提出来的未来产业发展的重要路径和生产方式。对不同产业绿色度的综合评价，是我国在未来制定产业发展政策的依据，也是产业自身根据绿色度评价指标进行纵向横向比较，了解产业本身发展优势、不足的重要方法。对不同产业进行绿色度评价有助于产业在未来绿色转型过程中找准定位，目标明确，事半功倍。

本章根据 ISO 14000 环境管理系统（EMS）和《中国制造 2025》计划中绿色制造工程等对绿色指标的界定，同时借鉴学者对于绿色制造的研究，选取环境、资源、能源、经济四个方面作为一级指标，一般工业固体废物排放量、工业废水排放量、原煤消耗量、废水治理设施运行费用等 11 个指标作为二级评价指标，同时邀请 10 位不同行业专家对各指标进行打分，利用几何平均法（GMM）排序方法，对所考虑的产业和基准虚拟最优状态产业的四个主要属性进行比较，得到每个产业相对于另一个产业的最终排序权重。同时，对本章选取的 28 个行业所有指标的原始数据进行标准化处理，与每个指标的相应权重相乘，最后得出每个产业的绿色度综合评价水平。

2. 启示

（1）通过开发产业绿色度评价方法，使决策者能站在产业差异的视角上整体分析不同产业的绿色度水平，根据我国经济绿色发展的总体方针政策，更加有的放矢地针对不同产业制定产业结构调整政策或产业升级计划。

（2）通过产业绿色度综合评价，可以使某一产业更清楚自己在所有产业中的绿色发展水平，也可以了解到本产业在绿色发展过程中有哪些属性、因素影响了绿色度的评价，指明了产业改进和转型的领域和方向。

（3）本章所开发的绿色度评价方法，还可以对同一行业的微观企业进行绿色度评价，但这需要采集相关企业有关指标的原始数据。评价结果可以体现企业在若干个企业里面的相对地位，这将直接为企业提高竞争力提供依据。

| 第 7 章 |

基于产业差异的经济效率
水平测度

7.1 引　　言

我国从 21 世纪以来，经济保持高速增长，2001～2019 年 GDP
平均增长率达到 9.05%。从图 7.1 可以看出，2007 年我国 GDP 达
到峰值，为 14.23%，之后，经济发展速度总体开始降低，从 2012
年以后 GDP 增速总体保持在 8% 以下，说明我国经济发展已进入新
阶段。二十大报告明确了高质量发展是全面建设社会主义现代化国
家的首要任务，必须完整、准确、全面贯彻新发展理念。我们要坚
持以推动高质量发展为主题，把实施扩大内需战略同深化供给侧结
构性改革有机结合起来，增强国内大循环内生动力和可靠性，提升
国际循环质量和水平，加快建设现代化经济体系，着力提高全要素
生产率，着力提升产业链供应链韧性和安全水平，着力推进城乡融
合和区域协调发展，推动经济实现质的有效提升和量的合理增长。
在这样的时代背景下，经济高质量发展的内涵——经济效率值得我

们深入研究。我国是一个工业大国，产业门类齐全，特别是制造业近年来得到飞速发展，在我国整个经济发展过程中起到了重要作用。但在经济发展新常态下，各种要素的投入都有一定的约束条件，如资源、能源缺乏，劳动力不足，土地紧张等，都要求工业的发展要走高经济效率的路径。

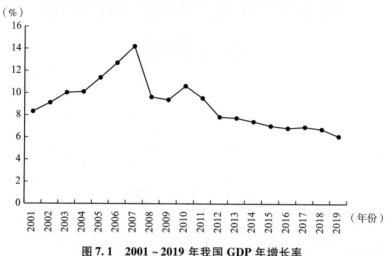

图 7.1　2001～2019 年我国 GDP 年增长率

对于产业经济效率内涵的解读和产业经济效率的计算一直是领域内理论研究和实证研究重点关注的问题。经济效率在稀缺性的前提下，其内涵是指人们运用和配置资源的效率。所以经济效率有两个层次的含义：一是资源运用效率，即在投入一定的前提下，如何提高产出，或在产出一定的前提下，如何节约投入资源；二是资源配置效率，即在不同生产部门、不同产业、不同区域对有限的资源进行分配并调整，从而达到最高效率。随着理论发展的日益成熟和实证案例的不断丰富，以索罗斯古典增长理论为基础的全要素生产率概念（total factor productivity，TFP）日益得到众多学者的认可，被广泛应用于产业经济效率的测算中。利用全

　绿色制造背景下的产业经济效率和环境效率

要素生产率来计算经济效率值，有利于对投入要素影响的综合考虑，避免重点考虑某一投入要素（如资本或劳动力）研究经济效率的弊端。全要素生产率测定方法在经济效率的估算中效果明显，但考虑到经济效率提升或改进政策的制定，需要有更具体的指标来进行分析。从研究文献来看，通过 DEA 专用分析方法和工具，我们可以对技术效率、规模效率、综合效率等方面进行具体测定，从而比较研究各要素的贡献水平，为产业调整、产业升级政策制定提供决策支持。

7.2　理论模型与方法

7.2.1　超效率 DEA

全要素生产率最早由 Hu 和 Wang（2006）提出，主要采用基于"相对效率评价"概念基础上发展起来的非参数前沿的 DEA（数据包络分析）方法进行测算。在实际测算中，DEA 所设模型不同，全要素生产率也具有不同的类型。在传统的 DEA 模型如 CRS 径向的 CCR 型和 VRS 径向的 BCC 型，经常会出现多个 DMU（决策单元）被评为有效的情况，特别是投入产出指标较多的时候，多个 DMU 的效率值都为 1，以至于无法对这些 DMU 的效率值水平进行评价和区分。Anderson 和 Petersen（1993）提出了可以区分有效程度的"超效率"模型，该方法的核心是将被评价 DMU 从参考集中剔除，也就是在评价时，被评价 DMU 的效率是通过参考其他 DMU 所构成的前沿而得到，所得效率值也通常大于 1。与标准效率模型相比，不再用统一的最大效率值 1 来表示，从而使得有效 DMU 效率值能够进行排序和区分，以更好地评价各 DMU 的效率情况。

下面以投入径向 CRS 为例，假设有 n 个独立的 DMU，每个 DMU 都有 p 种投入和 q 种产出。其中 $x_j = (x_{1j}, x_{2j}, \cdots, x_{pj})^T > 0$；$y_{ij} = (y_{1j}, y_{2j}, \cdots, y_{qj})^T > 0$（$x_{ij}$，$y_{ij}$ 分别表示第 j 个 DMU 的第 i 个投入量和产出量）。那么第 k 个 DMU 的超效率模型如式（7.1）所示：

$$S_k = \max \sum_{r=1}^{q} U_r y_{rk} \tag{7.1}$$

$$\text{s. t} \begin{cases} \sum_{r=1}^{p} V_i x_{ij} + \sum_{r=1}^{q} U_r y_{rj} \geqslant 0 \\ \sum_{i=1}^{p} V_i x_{ij} = 1 \\ j = 1, 2, \cdots, n, j \neq k \\ U_r \geqslant \varepsilon, r = 1, 2, \cdots, q \\ V_r \geqslant \varepsilon, r = 1, 2, \cdots, p \end{cases}$$

从式（7.1）可以看出，超效率模型与标准效率模型的区别就在于从参考集中剔除了被评价单元 DMU，也就是增加了 $j \neq k$ 这一约束条件。下面再用图 7.2 具体说明超效率模型的基本原理。在标准效率模型中，效率前沿是由 A、B、C、D 四个有效 DMU 所构成的。而在超效率模型中，却需要将被评价点进行剔除。假设分析 C 点的超效率，C 的超效率则是参考除 C 点以外的即 ABD 所构成的前沿，C 在该前沿上的投影点为 C'，很显然 C 的效率要比 C' 高，高出部分为 CC'，则超效率值 $\theta^* = OC'/OC$（$\theta^* \geqslant 1$）。

虽然安德森和彼得森（Anderson & Petersen，1993）提出的是基于径向的超效率模型，但其原理也同样适用于其他类型的距离函数，如 SBM 超效率模型（Tone K，2002）、方向距离函数超效率模型（Ray SC）等。

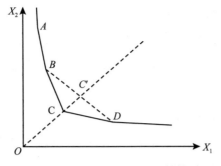

图 7.2 超效率 DEA 基本原理

7.2.2 环境生产函数和 SBM 型方向型距离函数

尽管全要素分析方法对单要素评价方法具有不可比拟的优势，但多数研究只考虑了合意的期望产出，而缺乏对非期望产出污染物的考察。在"绿色制造"背景下，将环境要素纳入全要素生产效率的分析已成为研究的热点。目前，已有多种方法可以实现同时处理能源的投入和污染物减少的问题。

为使节能和减排问题能够同时进行分析，需要构建包含环境因素的环境生产函数。假设 $f(x)$ 为生产技术，x 为投入向量，(y, b) 分别代表期望产出和非期望产出即污染物。那么，该生产技术可以通过下面形式进行描述：

$$f(x) = \{(y, b) \,|\, x\} \, x \in R_+^N \tag{7.2}$$

该环境生产函数除满足一般生产函数的特性外，为解决联合生产问题，还需要同时满足如下基本假设。

（1）零结合性（null-joint）。当 $(y, b) \in f(x)$ 时，且 $b = 0$，则 $y = 0$，也就是说，期望产出和非期望产出是伴生物，非期望产出为零，那么期望产出也必然为零。该假设是生产可能性边界通过原点的基本保证。

（2）非期望产出弱可处置性（weakly disposable）。如果 $(y, b) \in$

$f(x), 0 \leq \theta \leq 1$，则$(\theta_y, \theta_b) \in f(x)$。该假设说明如果减少非期望产出，那么期望产出也必然会减少，即在同等投入的条件下，减少污染物排放是以牺牲期望产出为代价的。同时，该假设也是生产可能性边界凸性的基本保证。

（3）期望产出强可处置性（freely/strong disposable）。如果$(y, b) \in f(x)$，则$(y - t, b) \in f(x)$，$t \geq 0$，也就是说对期望产出是没有限制的，可以自由增减。

（4）投入要素自由可处置性。如果$x' \geq x$，那么$f(x') \supseteq f(x)$，也就是说投入要素可以自由处置。

上述环境生产技术可以描述在一定投入条件下，最大期望产出和最小非期望产出的生产可能集，即包含环境因素的生产前沿面。但传统的距离函数（distance function，DF）并不能用于计算。依据龙伯格（Luenberger）所提出的短缺函数，钟等（Chung et al.,）提出了环境方向性距离函数（directional distance function）可以对上述环境生产技术进行应用。假设方向向量为g，该环境方向性距离函数可表述为：

$$\vec{D}_0(x, y, b, g) = sup\ \{\beta: (y, b) + \beta g \in f(x)\} \qquad (7.3)$$

图7.3显示了该环境方向性距离函数的具体原理。在给定投入x^t情况下，环境方向性距离函数会沿着ABC的方向使期望产出增加（y^t沿着g^t方向增加），同时减少非期望的产出（b^t沿着g^t方向减少）。

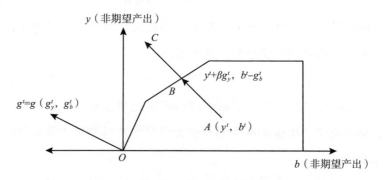

图7.3　环境方向性距离函数基本原理

　　环境方向性距离函数不仅将环境污染作为非期望产出纳入分析框架内，还考虑了期望产出的增加和非期望产出的减少，更加贴合生产实际。但在应用过程中也存在局限性，比如分段生产前沿，约束条件中包含非零的松弛变量时，往往存在效率高估的问题。福山和韦伯（Fukuyama & Weber, 2009）在方向性距离函数的基础上提出了 SBM 环境方向性距离函数。假设对第 o 个决策单元进行评价，那么在环境生产技术条件下该 SBM 方向性距离函数可具体表述为：

$$\vec{S}_0(e_o, x_{mo}, y_{ro}, u_{ko}; g_e, g_x, g_y, g_u) \tag{7.4}$$

$$= \max_{s_e, s_x, s_y, s_u} \frac{1}{2}\left[\frac{1}{M+1}\left(\frac{s_e}{g_e} + \sum_{m=1}^{M}\frac{s_{xm}}{g_{xm}}\right) + \frac{1}{R+K}\left(\sum_{r=1}^{R}\frac{s_{yr}}{g_{yr}} + \sum_{k=1}^{K}\frac{s_{uk}}{g_{uk}}\right)\right]$$

$$\text{s. t}\begin{cases} \sum_{n=1}^{N}\lambda_n e_n + s_{en} = e_o \\ \sum_{n=1}^{N}\lambda_{mn} x_{mn} + s_{xm} = x_{mo}, \forall m \\ \sum_{n=1}^{N}\lambda_m y_{rn} - s_{yr} = y_{ro}, \forall r \\ \sum_{n=1}^{N}\lambda_{kn} u_{kn} + s_{uk} = u_{ko}, \forall k \\ \sum_{n=1}^{N}\lambda_n = 1, \lambda_n \geq 0, \forall n; \\ s_{xm} \geq 0, \forall m \\ s_{yr} \geq 0, \forall r \\ s_{nk} \geq 0, \forall k \end{cases}$$

　　在式（7.4）中，（s_{en}、s_{xm}、s_{yr}、s_{uk}）代表投入产出的松弛变量。同一般松弛变量含义类似，当其大于零时，说明被评价单元并非最优，有可能存在投入冗余、期望产出不足和非期望产出过度等问题。且值越大，效率值就越低。所以，该计算所得出的值为被评价决策单元的无效率值。另外，按照库伯（Cooper, 2011）等的做法，还可将该无效率值进一步在投入和产出层面进行进一步的分解，分解为能源要素无效率、投入无效率、期望产出无效率、非期望产出无效率，从而使得结果的经济含义更加明确。

本节在进行具体测算时，将采用非参数线性规划方法对上述 SBM 环境方向性距离函数模型求解，并结合超效率 DEA 方法来获得环境约束下各产业的环境效率值。

7.2.3 曼奎斯特 – 鲁恩博格（Malmquist – Luenberger）生产率指数

为进一步反映全要素生产率变动的原因，本节采用曼奎斯特 – 鲁恩博格（Malmquist – Luenberger）生产率指数来进行表示。Malmquist 生产率指数虽是由其在 1953 年提出来，却是法勒（Fare et al.，1992）等最早采用 DEA 方法来进行计算的。Fare 将其分解为两个时期内的技术效率变化（technical efficiency change，EC）和生产技术的变化（technological change，TC），来动态反映生产前沿的变化情况。后来为了将包含非期望产出模型与 Malmquist 相结合，钟（Chung，1997）将包含非期望产出的方向距离函数应用于 Malmquist 模型，后将得出的 Malmquist 指数称之为 Malmquist – Luenberger 生产率指数。基于 SBM 环境方向性距离函数的各产业全要素生产率的 ML_t^{t+1} 指数可以用式（7.5）表示：

$$ML_t^{t+1} = \left\{ \begin{array}{c} \dfrac{1 + \overrightarrow{S_0^t}(x^t,\ y^t,\ b^t,\ g^t)}{1 + \overrightarrow{S_0^t}(x^{t+1},\ y^{t+1},\ b^{t+1},\ g^{t+1})} \times \\ \dfrac{1 + \overrightarrow{S_0^{t+1}}(x^t,\ y^t,\ b^t,\ g^t)}{1 + \overrightarrow{S_0^{t+1}}(x^{t+1},\ y^{t+1},\ b^{t+1},\ g^{t+1})} \end{array} \right\} \quad (7.5)$$

ML_t^{t+1} 还可以进一步分解为技术效率变化 EC_t^{t+1} 和生产技术变化 TC_t^{t+1} 两部分，具体见式（7.6）、式（7.7）、式（7.8）：

$$ML_t^{t+1} = EC_t^{t+1} \times TC_t^{t+1} \tag{7.6}$$

$$EC_t^{t+1} = \frac{1 + \overrightarrow{S_0^t}(x^t,\ y^t,\ b^t,\ g^t)}{1 + \overrightarrow{S_0^{t+1}}(x^{t+1},\ y^{t+1},\ b^{t+1},\ g^{t+1})} \tag{7.7}$$

$$TC_t^{t+1} = \left\{ \frac{1 + \overrightarrow{S_0^{t+1}}(x^t,\ y^t,\ b^t,\ g^t)}{1 + \overrightarrow{S_0^t}(x^t,\ y^t,\ b^t,\ g^t)} \times \right.$$

$$\left. \frac{1 + \overrightarrow{S_0^{t+1}}(x^{t+1},\ y^{t+1},\ b^{t+1},\ g^{t+1})}{1 + \overrightarrow{S_0^t}(x^{t+1},\ y^{t+1},\ b^{t+1},\ g^{t+1})} \right\}^{\frac{1}{2}} \tag{7.8}$$

7.2.4　基于熵值法的"三废"投入水平和产出水平测度

环境污染治理投入变量和污染物排放变量的选取直接关系到实证结果的差异。目前，理论界关于环境污染治理投入变量和污染物排放变量的选择主要有两种方式：单一指标和综合指标。单一指标的选取比较多样性，主要有环保支出总额、环境稽查次数、污染税、工业污染治理完成投资额、污染物排放量、SO_2 去除率、工业废水达标率等（牛丽娟，2016）。但因为各产业发展方式、产业结构和环境要素影响等因素的不同，单一指标并不能准确反映各地的实际环境污染治理投入和污染物排放。综合指标则从多角度选取两个甚至多个指标，能较为全面地反映环境污染治理投入和污染物排放状况。本节参考李泗泉（2019），李和吴（Li & Wu，2017）的做法，采用熵值法构建环境污染治理投入和污染物排放综合指标。

熵在信息论中是对不确定性程度的一种度量。如掌握的信息量越大，则不确定性就越小，相应的熵值就较大；反之，信息量越小，不确定性程度就会变大，相应的熵值就较小。所以，我们可利用熵的基本特性对指标的离散程度进行判断，若离散程度越大，则其对综合评价的影响也越大。在实际分析中，可以根据各指标的变异程度，对其进行客观赋权，为综合指标的评价提供依据。故熵值法又称为客观赋权法，其计算过程如下：

（1）根据样本和评价指标构建决策矩阵。设有 m 个决策单元，n 项评价指标，可构造如下形式的决策矩阵，X_{ij} 为第 i 个评价指标第 j 个决策单元的样本数据。

$$S = \begin{bmatrix} X_{11} & \cdots & X_{1n} \\ \vdots & \ddots & \vdots \\ X_{m1} & \cdots & X_{mn} \end{bmatrix} \quad (7.9)$$

（2）非负数化处理。通常情况下，熵值法不存在统一量纲的问题，因为其在计算时通常用该样本数据占该指标下所有数据综合的比值来表示，但为避免样本数据中有负数及后续求熵值时对数无意义，需进行数据转换，转换公式如下：

对于越大越好的指标处理方式：

$$X'_{ij} = \frac{x_{ij} - \min(x_{1j},\ x_{2j},\ \cdots,\ x_{nj})}{\max(x_{1j},\ x_{2j},\ \cdots,\ x_{nj}) - \min\ (x_{1j},\ x_{2j},\ \cdots,\ x_{nj})} + 1$$

$$(7.10)$$

对于越小越好的指标处理方式：

$$X'_{ij} = \frac{\max(x_{1j},\ x_{2j},\ \cdots,\ x_{nj}) - x_{ij}}{\max(x_{1j},\ x_{2j},\ \cdots,\ x_{nj}) - \min(x_{1j},\ x_{2j},\ \cdots,\ x_{nj})} + 1$$

$$(7.11)$$

（3）比重计算。即计算各数据在评价方案中的贡献率，用该样本数据占该指标下所有数据综合的比值来表示，即：

$$P_{ij} = \frac{X'_{ij}}{\sum X'_{ij}} \quad (7.12)$$

（4）计算熵值和变异系数。令 e_j 和 g_j 分别代表第 j 个指标的熵值和变异系数，如果熵值越小，则变异系数越大，那么第 j 个指标对方案评价的作用就越大。具体计算公式如下所示：

$$e_j = - \left(\frac{1}{\ln S} \right) \sum P_{ij} \log P_{ij} \qquad (7.13)$$

$$g_j = 1 - e_j \qquad (7.14)$$

（5）计算各指标的权重与综合评价指标得分。基于上面的熵值和变异系数，可通过下面方式求得各指标权重和综合评价得分：

$$W_j = \frac{g_j}{\sum g_j} \qquad (7.15)$$

$$T_m = \sum (W_j \times P_{ij}) \qquad (7.16)$$

7.3 变量与数据说明

构建合理的投入和产出指标体系是进行经济效率有效评价的前提（朱帮助等，2013）。本章节主要测算 2010～2018 年制造业各产业的经济效率，考虑到相关数据的易得性和连续性，研究样本中包括农副食品加工业、食品制造业、酒、饮料和精制茶制造业、烟草制品业、纺织业、纺织服装、服饰业、皮革、毛皮、羽毛及其制品和制鞋业、木材加工和木、竹、藤、棕、草制品业、家具制造业、造纸和纸制品业、印刷和记录媒介复制业、文教、工美、体育和娱乐用品制造业、石油加工、炼焦和核燃料加工业、化学原料和化学制品制造业、医药制造业、化学纤维制造业、橡胶和塑料制品业、非金属矿物制品业、黑色金属冶炼和压延加工业、有色金属冶炼和压延加工业、金属制品业、通用设备制造业、专用设备制造业、汽车制造业、铁路、船舶、航空航天和其他运输设备制造业、电气机械和器材制造业、计算机、通信和其他电子设备制造业、仪器仪表制造业共 28 个行业。各行业代码见表 7.1。

序号	行业
H13	农副食品加工业
H14	食品制造业
H15	酒、饮料和精制茶制造业
H16	烟草制品业
H17	纺织业
H18	纺织服装、服饰业
H19	皮革、毛皮、羽毛及其制品和制鞋业
H20	木材加工和木、竹、藤、棕、草制品业
H21	家具制造业
H22	造纸和纸制品业
H23	印刷和记录媒介复制业
H24	文教、工美、体育和娱乐用品制造业
H25	石油加工、炼焦和核燃料加工业
H26	化学原料和化学制品制造业
H27	医药制造业
H28	化学纤维制造业
H29	橡胶和塑料制品业
H30	非金属矿物制品业
H31	黑色金属冶炼和压延加工业
H32	有色金属冶炼和压延加工业
H33	金属制品业
H34	通用设备制造业
H35	专用设备制造业
H36	汽车制造业

绿色制造背景下的产业经济效率和环境效率

续表

序号	行业
H37	铁路、船舶、航空航天和其他运输设备制造业
H38	电气机械和器材制造业
H39	计算机、通信和其他电子设备制造业
H40	仪器仪表制造业

　　本章节选取 2010～2018 年各产业的资产总计、平均从业人员、综合能源消费量、取水量作为投入指标，产出指标则包括主营业务收入和利润总额两个指标，通过超效率 SBM 模型来计算各个产业的经济效率。

　　下面是各指标的具体说明。

　　1）劳动力（labor）

　　该指标为投入变量。采用各产业每年平均从业人员（万人）作为评价指标。

　　2）资本（capital）

　　该指标为投入变量。由于 2010 年统计数据不公布各产业的固定资产净值，所以本章节选择每年的资产总计作为各产业的投入要素。为与国内生产总值统计口径相一致，又以 2010 年为基期，用 GDP 平减指数进行了平减，从而得到各产业的实际资本存量数据。

　　3）综合能源消费量（energy）

　　该指标为投入变量。能源消费量以各产业综合能源消耗量（主要是一次能源）表示。由于在实际生活中，各地方能源消费种类繁多，且计量单位不一致，本章节参考《中国能源统计年鉴》能源转换系数表，将不同种类的能源（如煤炭、石油、天然气等）统一折算成万吨标准煤单位，从而得到各产业的综合能源消耗量。

4）取水量（water）

该指标为投入变量。在制造业行业，各种产品的生产几乎都需要水的投入。所以本章节将水也看作一个重要的投入变量，选取各产业取水量作为评价指标。

5）主营业务收入（income）

该指标为产出变量。由于统计年鉴中，各产业的工业企业总产值指标并不完备，本章节选取各产业的主营业务收入进行替代。为了避免价格波动因素的影响，以 2010 年为基期，用 GDP 平减指数对原始数据进行平减，折算成统一的可比价格。

6）利润总额（profit）

该指标为产出变量。利润在制造业生产过程中也是一个重要的变量，用来衡量产业效益、产业未来发展及产业竞争力水平。考虑到数据的易得性和连续性，本章选取各产业利润总额作为产出指标之一。

本章节数据均来源于 2010～2019 年《中国统计年鉴》《中国人口和就业统计年鉴》《中国固定资产投资统计年鉴》《中国能源统计年鉴》《河南省统计年鉴》等，个别数据经手工整理而成。

7.4　不同产业经济效率水平与 ML 测算结果分析

7.4.1　经济效率测算结果分析

根据前文所介绍的理论模型和所选取的指标及样本数据，构建了 28 个产业 2010～2018 年的最佳生产边界，并运用考虑超效率 SBM 方法和 MaxDEA Pro 软件计算得到 28 个产业的 2010～2018 年经济效率值。具体效率水平如表 7.2 所示。

表 7.2　各行业 2010～2018 年经济效率

代码	行业	2010 年	2011 年	2012 年	2013 年	2014 年	2015 年	2016 年	2017 年	2018 年	平均值
H13	农副食品加工业	0.96	1.01	1.02	1.03	1.03	1.02	1.00	1.04	1.07	1.02
H14	食品制造业	0.78	0.81	0.80	1.00	0.91	1.00	1.00	1.00	1.03	0.93
H15	酒、饮料和精制茶制造业	0.65	0.70	0.64	0.68	0.69	0.67	0.70	0.72	0.75	0.69
H16	烟草制品业	1.42	1.59	1.47	1.48	1.53	1.43	1.17	1.15	1.21	1.38
H17	纺织业	0.77	0.79	0.70	0.76	0.77	0.78	0.67	0.69	0.81	0.75
H18	纺织服装、服饰业	1.01	1.08	0.88	1.00	1.00	0.85	0.73	0.79	1.08	0.94
H19	皮革、毛皮、羽毛及其制品和制鞋业	0.88	1.02	0.92	0.61	1.01	1.00	0.90	1.00	1.06	0.93
H20	木材加工和木、竹、藤、棕、草制品业	0.92	1.01	0.84	1.00	1.00	0.90	0.85	0.87	1.07	0.94
H21	家具制造业	1.24	1.35	1.04	1.03	1.01	1.03	1.03	1.07	1.25	1.12
H22	造纸和纸制品业	0.73	0.79	0.64	0.61	0.63	0.85	0.60	0.68	0.88	0.71
H23	印刷和记录媒介复制业	0.62	0.72	0.71	0.88	0.97	0.80	0.74	0.85	0.92	0.80
H24	文教、工美、体育和娱乐用品制造业	1.63	1.82	0.77	0.84	0.86	1.02	0.79	1.05	1.21	1.11
H25	石油加工、炼焦和核燃料加工业	0.96	1.03	1.01	0.79	1.01	1.00	1.03	1.12	1.19	1.02
H26	化学原料和化学制品制造业	0.65	0.72	0.68	0.67	0.68	0.69	0.53	0.79	0.85	0.70

代码	行业	2010年	2011年	2012年	2013年	2014年	2015年	2016年	2017年	2018年	平均值
H27	医药制造业	0.92	1.01	1.14	1.19	1.26	1.33	0.83	0.80	1.22	1.08
H28	化学纤维制造业	0.91	1.00	0.36	0.37	0.33	0.36	1.20	0.37	0.83	0.64
H29	橡胶和塑料制品业	1.05	1.13	0.74	0.87	0.86	0.75	1.36	0.89	1.21	0.98
H30	非金属矿物制品业	1.48	2.20	1.01	1.02	1.02	1.25	0.82	1.11	1.54	1.27
H31	黑色金属冶炼和压延加工业	0.52	0.56	0.87	0.83	0.87	0.75	0.52	0.70	0.86	0.72
H32	有色金属冶炼和压延加工业	0.89	1.06	0.79	0.81	0.77	0.72	0.32	0.79	0.93	0.79
H33	金属制品业	0.69	0.17	0.77	0.87	1.00	0.73	0.91	0.82	0.95	0.77
H34	通用设备制造业	0.69	1.19	0.79	0.92	1.00	1.02	0.78	1.02	1.17	0.95
H35	专用设备制造业	0.85	1.02	0.87	0.87	1.01	1.02	0.73	0.91	1.04	0.92
H36	汽车制造业	0.68	0.74	0.72	0.87	1.00	0.96	0.75	0.93	1.03	0.85
H37	铁路、船舶、航空航天和其他运输设备制造业	0.69	0.86	0.84	0.92	0.92	0.85	0.76	0.84	0.96	0.85
H38	电气机械和器材制造业	0.90	1.01	1.15	0.88	0.89	0.91	0.73	0.95	1.21	0.96
H39	计算机、通信和其他电子设备制造业	0.83	0.60	1.06	1.26	1.20	1.06	1.13	1.04	1.24	1.05
H40	仪器仪表制造业	0.82	1.00	0.57	0.70	1.02	1.06	1.01	1.02	1.12	0.92

注：表中数据使用 MAXDEA Pro 软件计算所得。

绿色制造背景下的产业经济效率和环境效率

（1）文教、工美、体育和娱乐用品制造业，医药制造业，计算机、通信和其他电子设备制造业，农副食品加工业，石油加工、炼焦和核燃料加工业等 8 个产业经济效率平均值大于 1，说明这 8 个产业投入产出比较高，各种要素的利用和分配相对合理。但也有印刷和记录媒介复制业，有色金属冶炼和压延加工业，金属制品业，纺织业，黑色金属冶炼和压延加工业，造纸和纸制品业，化学原料和化学制品制造业，酒、饮料和精制茶制造业，化学纤维制造业共 9 个产业经济效率低于 0.8，说明这 9 个行业投入产出比较低，各种资源投入要素利用和分配不科学、不合理。从这 9 个行业也可以看出，这些行业主要集中于高能耗、高污染行业。各行业平均经济效率如图 7.4 所示。

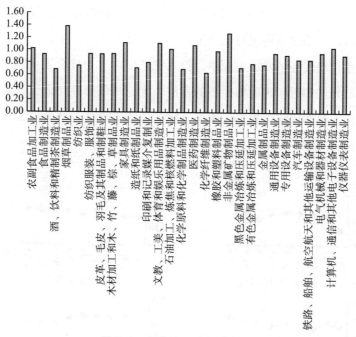

图 7.4　各行业平均经济效率

（2）从时间上来看，2010～2018 年，28 个产业大部分产业经济效率保持较快增长，化学纤维制造业，电气机械和器材制造业，金属制品业，造纸和纸制品业，橡胶和塑料制品业，通用设备制造业，化学原料和化学制品制造业，仪器仪表制造业，非金属矿物制品业，汽车制造业，黑色金属冶炼和压延加工业，计算机、通信和其他电子设备制造业，有色金属冶炼和压延加工业，石油加工、炼焦和核燃料加工业共 14 个产业经济效率增长率达到 15% 以上。说明这期间政府对于经济发展所依赖的投入要素进行了有效的调节和引导，制定的产业结构调整政策、产业结构升级政策是有效的。

（3）从具体产业发展来看，2010～2018 年 28 个产业中，传统的制造业经济效率增长明显（见图 7.5）。化学纤维制造业经济效率增长率为 23%，电气机械和器材制造业为 21%，金属制品业为 19%，造纸和纸制品业为 19%，橡胶和塑料制品业为 19%，通用设备制造业为 19%，说明从 2010 年以来，国家对传统制造业关注度更高。究其原因，一是这些传统行业所生产的产品涉及国计民生，二是这些传统行业在现代经济发展过程中，投入和产出水平与社会发展规律要求存在差异。如近年来随着经济的发展，无论是政府还是人民群众在支持经济发展的同时，更关注生态环境的改善。这样，政府就会重点调整某些行业的发展政策，使之与社会发展相适应。

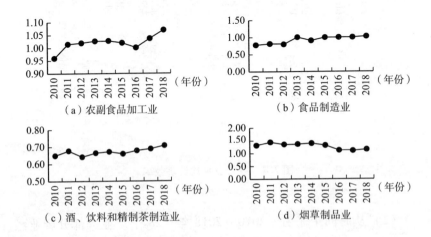

（a）农副食品加工业　　　（b）食品制造业

（c）酒、饮料和精制茶制造业　　　（d）烟草制品业

绿色制造背景下的产业经济效率和环境效率

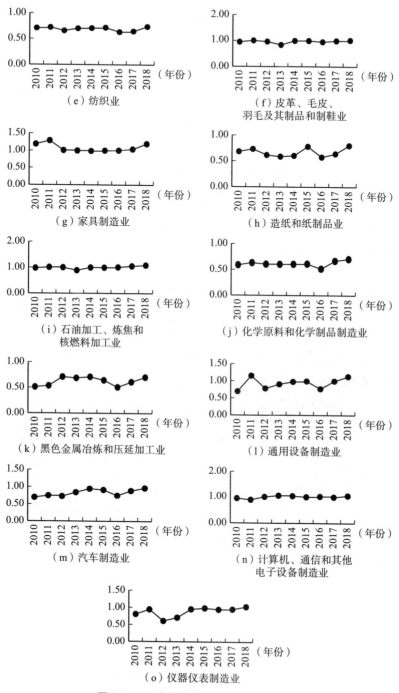

图 7.5　15 个代表性行业经济效率趋势

7.4.2　ML 测算结果分析

经济效率测度是被评价单元在特定时期与最佳生产边界相对关系的一种静态分析，而 ML 测算则可以动态衡量决策单元与生产边界的相对变动情况，包括位置变化和生产边界的移动，即效率变化（EC）和技术变化（TC）。故本节在对各个产业的经济效率分析之后，采用前文所述的 ML 方法对各个产业经济效率的变动情况进行测度，以动态反映经济效率和技术进步增长情况。具体结果如表 7.3 所示。

表 7.3　　　　　　　　各产业 ML 生产率指数

代码	行业	2010 ~ 2011 年	2011 ~ 2012 年	2012 ~ 2013 年	2013 ~ 2014 年	2014 ~ 2015 年	2015 ~ 2016 年	2016 ~ 2017 年
H13	农副食品加工业	1.00	1.01	1.00	1.00	1.00	1.09	1.02
H14	食品制造业	0.97	0.99	1.02	0.88	1.00	1.05	1.00
H15	酒、饮料和精制茶制造业	0.93	0.97	1.03	0.99	0.96	1.12	1.07
H16	烟草制品业	0.81	0.84	1.00	1.03	0.95	0.85	0.92
H17	纺织业	0.95	0.95	1.03	1.00	1.05	1.03	0.98
H18	纺织服装、服饰业	0.85	0.87	0.99	0.96	0.97	1.04	1.05
H19	皮革、毛皮、羽毛及其制品和制鞋业	1.01	1.03	0.60	1.57	1.00	0.95	1.12
H20	木材加工和木、竹、藤、棕、草制品业	0.91	0.94	1.00	0.95	1.02	1.08	1.02
H21	家具制造业	0.58	0.60	0.99	0.97	1.04	1.00	1.03
H22	造纸和纸制品业	0.83	0.84	0.94	1.00	1.47	0.68	1.10
H23	印刷和记录媒介复制业	1.04	1.10	1.10	1.01	0.92	1.10	1.10

续表

代码	行业	2010~2011 年	2011~2012 年	2012~2013 年	2013~2014 年	2014~2015 年	2015~2016 年	2016~2017 年
H24	文教、工美、体育和娱乐用品制造业	0.23	0.28	0.90	1.00	1.23	0.87	1.30
H25	石油加工、炼焦和核燃料加工业	0.85	0.90	0.74	1.25	0.99	2.34	0.61
H26	化学原料和化学制品制造业	0.92	0.96	1.00	1.00	1.16	0.74	1.28
H27	医药制造业	1.02	1.04	1.05	1.07	0.96	0.57	1.01
H28	化学纤维制造业	0.38	0.41	0.93	0.85	1.12	5.35	0.18
H29	橡胶和塑料制品业	0.52	0.57	0.90	0.88	0.98	2.14	0.58
H30	非金属矿物制品业	0.49	0.53	1.01	1.00	1.22	0.60	1.36
H31	黑色金属冶炼和压延加工业	1.32	1.46	0.96	1.05	0.91	1.32	0.82
H32	有色金属冶炼和压延加工业	0.71	0.78	1.03	0.96	1.02	0.59	1.76
H33	金属制品业	2.47	2.59	0.93	1.08	0.80	1.52	0.78
H34	通用设备制造业	0.59	0.63	1.07	1.04	1.07	0.89	1.14
H35	专用设备制造业	0.88	0.92	0.90	1.15	1.03	0.89	1.16
H36	汽车制造业	0.79	0.89	1.10	1.09	1.03	0.78	1.08
H37	铁路、船舶、航空航天和其他运输设备制造业	0.56	0.57	0.97	0.98	0.98	1.03	1.02
H38	电气机械和器材制造业	1.59	1.72	0.76	1.01	1.08	1.00	1.00
H39	计算机、通信和其他电子设备制造业	2.38	2.54	1.21	1.01	0.87	1.22	0.88
H40	仪器仪表制造业	0.71	0.72	1.16	1.46	1.02	0.95	1.02

（1）从表 7.3 可以看出，2010~2011 年，Malmquist 指数小于 1 的产业有 20 个；2011~2012 年，Malmquist 指数小于 1 的产业有 19

个；2012～2013年，Malmquist指数小于1的产业有13个；2013～2014年，Malmquist指数小于1的产业有9个；2014～2015年，Malmquist指数小于1的产业有11个；2015～2016年，Malmquist指数小于1的产业有12个；2016～2017年，Malmquist指数小于1的产业有8个。这说明28个产业Malmquist指数大于1的产业越来越多，整体生产效率处于增长趋势，产业经济发展处于良好势头，要素利用和分配日趋合理有效。在这一阶段，国家重大战略进行了调整，产业结构转型升级、资源能源投入方式由粗放型向集约型转化、环境保护政策落地开花、绿色制造理念开始兴起，这些都要求产业发展走低投入、高效率、生态化道路，这些和实证数据结果在逻辑上是一致的。

（2）计算机、通信和其他电子设备制造业，电气机械和器材制造业，黑色金属冶炼和压延加工业，印刷和记录媒介复制业，皮革、毛皮、羽毛及其制品和制鞋业，农副食品加工业，酒、饮料和精制茶制造业，化学原料和化学制品制造业，仪器仪表制造业共9个产业Malmquist指数平均值大于1，说明这9个行业2010～2018年动态生产效率形势较好，国家产业政策在这9个行业得到很好的落实。非金属矿物制品业，家具制造业，铁路、船舶、航空航天和其他运输设备制造业，文教、工美、体育和娱乐用品制造业共4个产业Malmquist指数平均值小于0.9，说明这4个行业2010～2018年动态生产效率改善并不乐观，需要进一步加强规模和技术效益。

为了深入考察各个产业引起Malmquist指数变化深层次的原因，我们下面来观察技术效率和技术进步效率的变化情况。

从表7.4可以看出，28个产业中，ML指数和TC指数均大于1的产业有12个，包括计算机、通信和其他电子设备制造业，家具制造业，汽车制造业，铁路、船舶、航空航天和其他运输设备制造业，仪器仪表制造业，木材加工和木、竹、藤、棕、草制品业，医

绿色制造背景下的产业经济效率和环境效率

药制造业，食品制造业，电气机械和器材制造业等，这些行业从平均情况来看，动态生产效率普遍趋于增长趋势，这主要是由于这些行业的技术进步引起的，说明这些行业在这些年中对于技术创新比较重视，研究与开发投入较大。从现实情况来看，计算机、通信和其他电子设备制造业，汽车制造业，铁路、船舶、航空航天和其他运输设备制造业，仪器仪表制造业，医药制造业，电气机械和器材制造业也是国家支柱性产业，政府、企业对于这些的产业投入是巨大的。技术进步是 ML 指数变化的最主要动力，这和表 7.3 中数据反映出来的信息是一致的。但也有另外一些行业，包括有色金属冶炼和压延加工业，化学原料和化学制品制造业，专用设备制造业，通用设备制造业，造纸和纸制品业，农副食品加工业共 6 个产业 ML 指数平均大于 1，但 TC 指数平均小于 1，说明这 6 个产业动态生产效率在这些年中表现较好，趋于增长趋势，但动态生产效率的提高其主要推动力不是技术进步，而是技术效率的改善。

表 7.4　　　　　各产业 ML、EC、TC 指数（平均数）

代码	产业名称	ML	EC	TC
H13	农副食品加工业	1.02	1.04	0.98
H14	食品制造业	1.00	1.00	1.00
H15	酒、饮料和精制茶制造业	1.07	1.02	1.05
H16	烟草制品业	0.92	0.98	0.93
H17	纺织业	0.98	1.03	0.96
H18	纺织服装、服饰业	1.05	1.09	0.96
H19	皮革、毛皮、羽毛及其制品和制鞋业	1.12	1.11	1.01
H20	木材加工和木、竹、藤、棕、草制品业	1.02	1.02	1.00
H21	家具制造业	1.03	1.04	1.00
H22	造纸和纸制品业	1.10	1.14	0.97
H23	印刷和记录媒介复制业	1.10	1.15	0.96

代码	产业名称	ML	EC	TC
H24	文教、工美、体育和娱乐用品制造业	1.30	1.33	0.97
H25	石油加工、炼焦和核燃料加工业	0.61	1.08	0.56
H26	化学原料和化学制品制造业	1.28	1.49	0.86
H27	医药制造业	1.01	0.96	1.05
H28	化学纤维制造业	0.18	0.31	0.59
H29	橡胶和塑料制品业	0.58	0.66	0.88
H30	非金属矿物制品业	1.36	1.35	1.01
H31	黑色金属冶炼和压延加工业	0.82	1.35	0.61
H32	有色金属冶炼和压延加工业	1.76	2.49	0.71
H33	金属制品业	0.78	0.90	0.87
H34	通用设备制造业	1.14	1.31	0.87
H35	专用设备制造业	1.16	1.26	0.92
H36	汽车制造业	1.03	0.96	1.08
H37	铁路、船舶、航空航天和其他运输设备制造业	1.03	0.90	1.15
H38	电气机械和器材制造业	1.00	0.81	1.24
H39	计算机、通信和其他电子设备制造业	1.22	1.07	1.14
H40	仪器仪表制造业	1.02	1.01	1.01

注：表中数据使用 MAXDEA Pro 软件计算所得。

7.4.3 经济效率的冗余分析

通过计算各种投入产出指标的冗余，我们可以得到如下结论。

在效率值大于 1 的 69 个 DMU 中，农副食品加工业，食品制造业，纺织服装、服饰业，皮革、毛皮、羽毛及其制品和制鞋业，木材加工和木、竹、藤、棕、草制品业，家具制造业，金属制品业，通用设备制造业，专用设备制造业等产业要素资本 K 投入不足；计算机、通信和其他电子设备制造业，非金属矿物制品业，文教、工美、体育和娱乐用品制造业等产业要素资本 K 和劳动力 L 投入不足；化学纤维制造业及橡胶和塑料制品业等产业要素资本 K、劳动力 L 和能源 E 均投入不足。所以，如果要使这些行业更为有效率，则要根据冗余度进行适当调整，适当增加或减少相应要素的投入。

本 章 小 结

本章以 28 个产业为研究对象，基于 2010 ~ 2018 年各产业的资产总计、平均从业人员、综合能源消费量、取水量作为投入指标，主营业务收入和利润总额两个指标作为产出指标，通过超效率 SBM 模型计算各个产业的经济效率。研究结论如下：

（1）文教、工美、体育和娱乐用品制造业，医药制造业，计算机、通信和其他电子设备制造业，农副食品加工业，石油加工、炼焦和核燃料加工业等 8 个产业经济效率平均值大于 1，说明这 8 个产业投入产出比较高，各种要素的利用和分配相对合理。

（2）从时间上来看，2010 ~ 2018 年 28 个产业大部分产业经济效率保持较快增长，化学纤维制造业、电气机械和器材制造业、金属制品业、造纸和纸制品业、橡胶和塑料制品业、通用设备制造业等 14 个产业经济效率增长率达到 15% 以上。说明 2010 ~ 2018 年，政府对于经济发展所依赖的投入要素进行了有效的调节和引导，制定的产业结构调整政策、产业结构升级政策是有效的。

（3）从具体产业发展来看，2010 ~ 2018 年 28 个产业中，传统的制造业经济效率增长明显。化学纤维制造业经济效率增长率为 23%，电气机械和器材制造业为 21%，金属制品业为 19%，造纸和纸制品业为 19%，说明从 2010 年以来，国家对传统制造业关注度更高。究其原因，一是这些传统行业所生产的产品涉及国计民生，二是这些传统行业在现代经济发展过程中，投入和产出水平与社会发展规律要求存在差异。

（4）从 Malmquist 指数分析可以看出，28 个产业中 Malmquist 指数大于 1 的产业越来越多，整体生产效率处于增长趋势，产业经济发展处于良好势头，要素利用和分配日趋合理有效。在这一阶段，国家重大战略进行了调整，产业结构转型升级、资源能源投入方式由粗放型向集约型转化，环境保护政策落地开花、绿色制造理念开始兴起，人民群众对绿色产品更新需求加速。

（5）非金属矿物制品业，家具制造业，铁路、船舶、航空航天和其他运输设备制造业，文教、工美、体育和娱乐用品制造业 4 个产业 Malmquist 指数平均值小于 0.9，说明这 4 个产业在 2010～2018 年间动态生产效率改善并不乐观，需要进一步加强规模和技术效益。

（6）28 个产业中，ML 指数和 TC 指数均大于 1 的产业有 12 个，包括计算机、通信和其他电子设备制造业，家具制造业，汽车制造业，铁路、船舶、航空航天和其他运输设备制造业，仪器仪表制造业等，表明这些行业从平均情况来看，动态生产效率普遍趋于增长趋势，这主要是由于这些行业的技术进步引起的，说明这些行业在这些年中对于技术创新比较重视，研究与开发投入较大。

| 第 8 章 |

基于产业差异的环境效率水平测度

8.1 引　言

2010～2018 年，我国经济高速发展，GDP 从 40.15 万亿元增加到 91.93 万亿元，而其中作为经济主要动力的工业制造业贡献巨大，工业总产值从 16.0 万亿元增加到 30.52 万亿元，如图 8.1 所示。工业制造业高速发展的同时，也带来了较高的能源消费量。据国家统计局数据，2010 年全年能源消费量为 32.5 亿吨标准煤，2018 年全年能源消费量为 46.4 亿吨标准煤，同时二氧化碳排放量由 2010 年的 51.92 万亿立方米增加到约 70 万亿立方米，但从图 8.2 中可以看到近年来，我国工业废气排放量保持相对稳定并有下降趋势，说明我国近年来环境保护、环境治理工作取得了较大成绩。我国经济的发展主要来源于工业制造业，而我国环境污染的主体也是工业制造业，所以，工业制造业是我国环境治理能否卓有成效的关键。"中国制造 2025"计划的基本政策就是坚持制造业绿色发展，所以为了实现经济和环境的协同发展，一方面应该加大环境治理力度，减少污染物的排放，另一方面要从生产的投入产出过程考虑，提高环境效率。

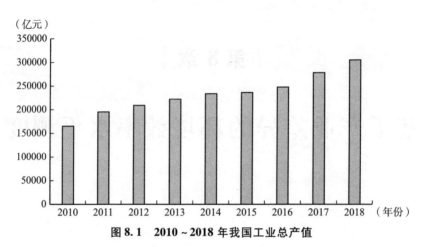

图 8.1　2010～2018 年我国工业总产值

资料来源：2011～2019《中国统计年鉴》。

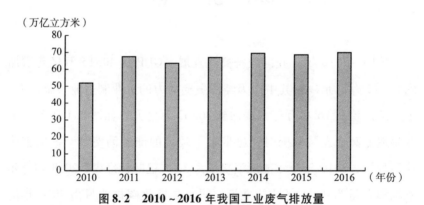

图 8.2　2010～2016 年我国工业废气排放量

资料来源：根据历年《中国统计年鉴》数据整理绘图。

环境效率内涵丰富，不同的学者对其有不同的理解和解读。该概念最早来源于生态效率的概念。德国生态领域专家沙尔特格尔和斯图姆（Schaltegger & Sturm）在环境污染和资源枯竭问题日益严重的背景下，将经济绩效和环境影响联系起来提出了生态效率的概念，该概念得到经济合作与发展组织（OECD）等国际组织的认可，并在众多

　　■　绿色制造背景下的产业经济效率和环境效率

学者的推动下逐步得到共识，受到了政策制定者、研究者和企业管理者的高度重视。现阶段一般认为环境效率是在资源环境约束下的投入产出效率，同时也出现了一些不同的表述形式，如环境全要素生产率等。但是，在早期的研究中，很多学者忽略了环境污染这一非期望产出，使得用传统方法进行环境效率研究时，不能反映在环境政策下的真实生产率，而如果考虑环境政策和环境产出变量，很明显将不是一个简单的经济指标，所以后来学者将考虑了资源约束条件和环境产出变量的全要素生产率或者效率称为环境效率。从实质上来讲，环境效率就是考虑环境、资源承载力的经济效率，即将环境污染作为非期望产出，目标是以最小的环境代价带来最大的经济效率。

"中国制造 2025"计划的基本政策就是坚持制造业绿色发展，坚持经济和环境协调发展。为了实现节能减排、污染治理和经济增长的共赢，提高环境效率成为学者和业界研究的焦点问题之一，同时也为节能减排提供了一条可行的路径。使用环境效率这一评价指标，既考虑了经济产出又考虑了环境产出，评价方法更加科学、更加贴近生产实际，同时也可以更真实地反映我国工业制造产业发展水平，检验环境政策对于工业制造业的影响。工业制造业包括的产业门类众多，具有较大的异质性，所以分产业对环境效率的差异性以及污染物减排进行分析，是形成有效的污染治理机制的关键所在，而这一关键问题的解决，离不开对各个产业的环境效率评价。从产业角度进行环境效率评价，可以更客观、全面地认识制造业环境产出现状，进而对环境污染的行业差异和治理政策进行分析，最终达到经济和环境协调发展。

学者们在环境效率研究上已经取得了较为丰富的研究成果，但在研究结论上存在较大差异，造成结论不同的原因在于环境污染物、变量选取、实证方法的不同，并且对细分行业没有进行深入研究，没有触及环境污染效率影响的深层次原因，对于不同行业而言，具有不同的行业特征，由此带来的环境效应必然存在差异。分析环境污染的行业差异和演变规律有助于较为全面和客观地认识制造业环境污染现状。

在此背景下，本章的主要目标是选取 2010～2018 年的相关数据，利用基于 slack 的非径向 SBM – DEA 模型，将工业"三废"作为非期望产出，来衡量 28 个产业的环境效率。

8.2　变量与数据说明

为了后期与经济效率能够更好地比较，本节的研究对象和经济效率的研究对象一致，研究对象同样包括了制造业里面的 28 个代表性的产业，包括农副食品加工业，食品制造业，酒、饮料和精制茶制造业，烟草制品业，纺织业，纺织服装、服饰业，皮革、毛皮、羽毛及其制品和制鞋业，木材加工和木、竹、藤、棕、草制品业，家具制造业，造纸和纸制品业，印刷和记录媒介复制业，文教、工美、体育和娱乐用品制造业，石油加工、炼焦和核燃料加工业，化学原料和化学制品制造业，医药制造业，化学纤维制造业，橡胶和塑料制品业，非金属矿物制品业，黑色金属冶炼和压延加工业，有色金属冶炼和压延加工业，金属制品业，通用设备制造业，专用设备制造业，汽车制造业，铁路、船舶、航空航天和其他运输设备制造业，电气机械和器材制造业，计算机、通信和其他电子设备制造业，仪器仪表制造业。各行业代码和表 7.1 保持一致。

本章选取 2010～2018 年各产业的资产总计、平均从业人员、综合能源消费量、取水量以及污染治理投资指数作为投入指标，产出指标则包括主营业务收入和利润总额两个期望产出指标和污染排放指数等一个非期望产出指标，通过超效率 SBM 模型来计算各个产业的环境效率。与经济效率的计算不同，投入指标增加了污染治理投资指数指标，产出指标增加了污染排放指数作为非期望产出指标。

污染治理投资指数由三个指标组成：废水治理设施套数、废气治理设施套数以及一般工业固体废物综合利用量。

污染排放指数也由三个指标组成：工业废水排放量、工业废气排放量以及一般工业固体废物产生量。

这两个指数通过前文中所分析的熵值法进行计算，由于该方法应用相对成熟，具体计算过程不再陈述。

下面是各指标的具体说明。

1）投入指标

（1）劳动力（labor）。

该指标为投入变量。采用各产业每年平均从业人员（万人）作为评价指标。

（2）资本（capital）。

该指标为投入变量。由于 2010 年统计年鉴不公布各产业的固定资产净值，所以本章节选择每年的资产总计作为各产业的投入要素，为与国内生产总值统计口径相一致，又以 2010 年为基期，用GDP 平减指数进行了平减，从而得到各产业的实际资本存量数据。

（3）综合能源消费量（energy）。

该指标为投入变量。能源消费量以各产业的综合能源消耗量（主要是一次能源）表示。由于在实际生活中，各地方能源消费种类繁多，且计量单位不一致，本章节参考中国能源统计年鉴能源转换系数表，将不同种类的能源（如煤炭、石油、天然气等）统一折算成万吨标准煤单位，从而得到各产业的综合能源消耗量。

（4）取水量（water）。

该指标为投入变量。在制造业行业，各种产品的生产几乎都需要水的投入。所以本章节将水也看作一个重要的投入变量，选取各产业取水量作为评价指标。

（5）污染治理投资指数（pollution index）。

该指标为投入变量。污染治理投资指数由三个指标组成：废水治理设施套数、废气治理设施套数以及一般工业固体废物综合利用量。该指标的选取是为了进行对比研究。当考虑该指标时，根据各产业的经济效率变化情况来阐释我国在经济发展过程中环保政策对于经济的影响。

2）产出指标

（1）主营业务收入（income）。

该指标为产出变量。由于统计年鉴中，各产业的工业企业总产值指标并不完备，本章节选取各产业的主营业务收入进行替代。为了避免价格波动因素的影响，以2010年为基期，用GDP平减指数对原始数据进行平减，折算成统一的可比价格。

（2）利润总额（profit）。

该指标为产出变量。利润在制造业生产过程中也是一个重要的变量，用来衡量产业效益、产业未来发展及产业竞争力水平。考虑到数据的易得性和连续性，本章节选取各产业利润总额作为产出指标之一。

（3）污染排放指数（PO）。

该指标为非期望产出变量。污染物产出指标是环境评价中最常用的指标，也是最能反映污染水平高低的最直接指标，在环境效率评价中，是重要的非期望产出变量。污染物一般可以分为固态、液态和气态、噪声、辐射等多种类型，彼此之间存在着差异性，但也存在一定相关性。所以文献中学者对于非期望产出指标的选择，有选一种的，如二氧化硫或二氧化碳，也有选择两种、三种的，如化学需氧量、二氧化硫和氨氮排放量等，本章节为了更客观地反映污染物的排放，选用工业废水排放量、工业废气排放量以及一般工业固体废物产生量三个指标，构建污染排放指数，同时利用熵权法计算各指标权重。

本章节数据均来源于 2010 ~ 2019 年《中国统计年鉴》《中国人口和就业统计年鉴》《中国固定资产投资统计年鉴》《中国能源统计年鉴》《中国环境统计年鉴》《河南统计年鉴》等，个别数据经手工整理而成。

经济效率和环境效率计算所用指标见表 8.1。

表 8.1　　　　经济效率和环境效率计算所用指标的区别

指标	经济效率	环境效率	指标构成
投入指标	1. 资产 2. 从业人员 3. 综合能源消费量 4. 取水量	1. 资产 2. 从业人员 3. 综合能源消费量 4. 取水量	—
		5. 污染治理投资	1. 废水治理设施套数 2. 废气治理设施套数 3. 一般工业固体废物综合利用量
产出指标	5. 主营业务收入 6. 利润总额	6. 主营业务收入 7. 利润总额	
		8. 污染排放	1. 工业废水排放量 2. 工业废气排放量 3. 一般工业固体废物产生量

8.3　不同产业环境效率水平与 ML 测算结果分析

8.3.1　环境效率测算结果分析

考虑非期望产出的超效率 SBM 模型不仅考虑了环境污染这种非期望产出，而且解决了效率为 1 的 DMU 之间不可比的总量，因此其能更加准确地描述环境效率情况。根据前文所介绍的理论模型和所选取的指标及样本数据，构建了 28 个产业 2010 ~ 2018 年的最佳生产边界，并运用考虑超效率 SBM 方法和 MaxDEA Pro 软件计算得到 28 个产业的 2010 ~ 2018 年环境效率值。具体效率水平如表 8.2 所示。

表 8.2　各行业 2010～2018 年经济效率

代码	行业	2010 年	2011 年	2012 年	2013 年	2014 年	2015 年	2016 年	2017 年	2018 年	平均值
H13	农副食品加工业	0.91	0.94	1.02	1.03	1.02	1.02	1.00	1.03	1.05	1.00
H14	食品制造业	0.69	0.71	0.75	1.00	1.00	1.00	1.00	1.00	1.03	0.91
H15	酒、饮料和精制茶制造业	0.54	0.55	0.61	0.65	0.68	0.66	0.70	0.72	0.78	0.66
H16	烟草制品业	1.69	2.23	1.52	1.43	1.42	1.37	1.19	1.16	1.23	1.47
H17	纺织业	0.64	0.67	0.66	0.76	0.81	0.76	0.82	0.79	0.84	0.75
H18	纺织服装、服饰业	0.82	1.05	0.83	1.00	1.01	0.81	1.10	1.03	1.08	0.97
H19	皮革、毛皮、羽毛及其制品和制鞋业	0.58	0.63	0.85	0.57	1.01	1.00	0.90	1.01	1.05	0.84
H20	木材加工和木、竹、藤、棕、草制品业	0.69	0.71	0.78	1.00	1.00	0.85	0.84	0.88	1.01	0.86
H21	家具制造业	0.86	0.88	0.75	0.91	0.94	1.08	1.02	1.01	1.04	0.94
H22	造纸和纸制品业	0.56	0.67	0.60	0.58	0.61	0.83	0.59	0.68	0.77	0.65
H23	印刷和记录媒介复制业	0.62	0.51	0.67	0.83	0.94	0.79	0.79	0.88	0.91	0.77
H24	文教、工美、体育和娱乐用品制造业	0.49	0.51	0.71	0.82	1.00	1.02	0.94	1.04	1.07	0.84
H25	石油加工、炼焦和核燃料加工业	0.95	1.05	1.01	0.76	1.01	1.00	1.03	1.08	1.13	1.00
H26	化学原料和化学制品制造业	0.56	0.60	0.64	0.64	0.66	0.70	0.53	0.77	0.82	0.66

绿色制造背景下的产业经济效率和环境效率

续表

代码	行业	2010 年	2011 年	2012 年	2013 年	2014 年	2015 年	2016 年	2017 年	2018 年	平均值
H27	医药制造业	0.89	1.02	1.16	1.18	1.23	1.32	0.83	0.82	1.01	1.05
H28	化学纤维制造业	0.78	1.06	0.33	0.35	0.32	0.35	1.75	0.38	0.56	0.65
H29	橡胶和塑料制品业	0.64	0.68	0.68	1.00	0.85	0.72	1.29	1.01	1.05	0.88
H30	非金属矿物制品业	0.78	0.84	1.01	1.02	1.02	1.22	0.80	1.08	1.13	0.99
H31	黑色金属冶炼和压延加工业	0.62	0.66	0.80	0.80	0.83	0.74	0.56	0.68	0.87	0.73
H32	有色金属冶炼和压延加工业	0.64	0.71	0.75	0.79	0.75	0.86	0.38	0.80	0.91	0.73
H33	金属制品业	0.65	0.53	0.71	0.90	1.00	0.73	1.09	0.86	1.02	0.83
H34	通用设备制造业	0.79	0.88	0.76	0.89	1.00	1.02	0.98	1.08	1.12	0.95
H35	专用设备制造业	0.72	0.78	0.86	1.00	1.04	1.04	0.82	0.91	1.02	0.91
H36	汽车制造业	0.83	0.88	0.70	0.84	1.00	1.00	0.81	0.92	1.01	0.89
H37	铁路、船舶、航空航天和其他运输设备制造业	0.69	1.33	0.79	1.00	0.90	0.82	0.76	0.85	0.96	0.90
H38	电气机械和器材制造业	0.93	1.01	1.17	1.02	1.02	1.01	1.05	1.01	1.02	1.03
H39	计算机、通信和其他电子设备制造业	0.87	0.43	1.14	1.23	1.17	1.07	1.45	1.03	1.15	1.06
H40	仪器仪表制造业	0.93	1.01	0.57	0.79	1.07	1.06	1.01	1.54	1.24	1.02

注：表中数据使用 MAXDEA Pro 软件计算所得。

（1）从环境效率平均值（见图8.3）来看，28个产业中有烟草制品业，计算机、通信和其他电子设备制造业，医药制造业，电气机械和器材制造业，仪器仪表制造业，石油加工、炼焦和核燃料加工业，农副食品加工业共7个产业环境效率平均值大于等于1，占所有产业的25%。环境效率值大于等于1，表示这些产业投入产出环境效率较高。但同时也发现，还有75%的产业环境效率低于1，尤其是纺织业，有色金属冶炼和压延加工业，黑色金属冶炼和压延加工业，化学原料和化学制品制造业，酒、饮料和精制茶制造业，造纸和纸制品业，化学纤维制造业共7个产业环境效率低于0.75，说明这些产业环保压力较大，这些产业应该增强环保意识，加大环保软硬件投资力度，积极进行技术革新，减少工业三废排放量，以提高这些产业的环境效率。

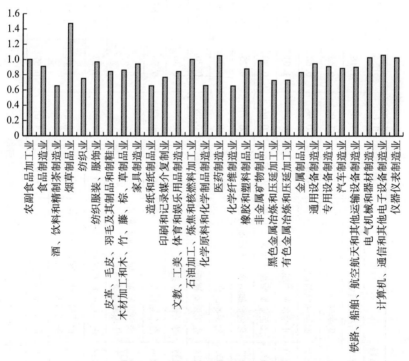

图8.3　各行业环境效率平均值

　绿色制造背景下的产业经济效率和环境效率

（2）对于环境效率，各个产业异质性较强，产业差异较大。从图 8.3 可以看出，环境效率平均值最大的是烟草制品业，环境效率平均值为 1.47，而造纸和纸制品业以及化学纤维制造业环境效率平均值为 0.65，环境效率最低，这和公众的认知基本一致。造纸和纸制品业和化学纤维制造业这两个行业位于污染最重的行业清单之中，工业废水、工业废气、工业固体一般废弃物排放量较大，技术革新持续时间长，新技术研发投入小，污染治理设备投资大，这些都是造成这两个行业环境效率低的原因。

（3）从表 8.2 可以明显看出，2010～2018 年环境效率大于等于 1 的产业逐渐增多。2010 年环境效率大于等于 1 的产业有 1 个，2011 年环境效率大于等于 1 的产业有 8 个，2012 年环境效率大于等于 1 的产业有 7 个，2016 年环境效率大于等于 1 的产业有 11 个，2017 年环境效率大于等于 1 的产业有 14 个，2018 年环境效率大于等于 1 的产业有 19 个。这说明在"十三五"期间，政府实施的环境保护政策效果显著。"十三五"期间，我国以绿色发展为根本理念，以提高环境质量为核心，以解决生态环境领域突出问题为重点，加大生态环境保护力度，提高资源利用效率，为人民提供更多优质生态产品，协同推进经济、环境协调发展，具体措施包括有效控制电力、钢铁、建材、化工等重点行业碳排放，推进工业、能源、建筑、交通等重点领域低碳发展；控制非二氧化碳温室气体排放，推动建设全国统一的碳排放交易市场，实行重点单位碳排放报告、核查、核证和配额管理制度；实施循环发展引领计划，推进生产和生活系统循环链接，加快废弃物资源化利用等，从环境效率值的趋势可以看出，国家实施这些环境保护政策的效果在数据中得到了体现。各行业环境效率趋势如图 8.4 所示。

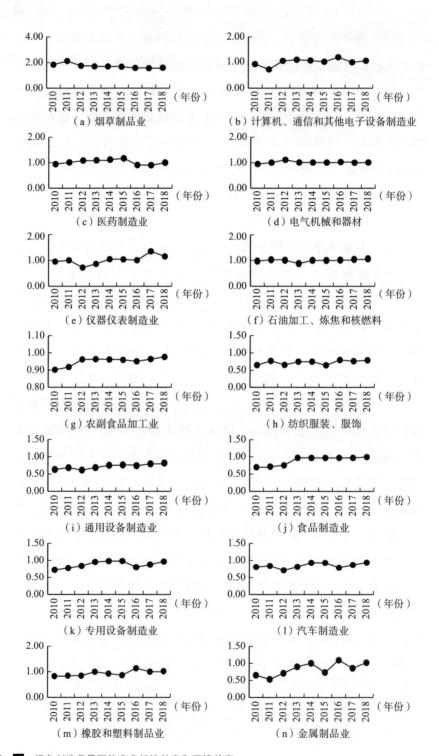

（a）烟草制品业

（b）计算机、通信和其他电子设备制造业

（c）医药制造业

（d）电气机械和器材

（e）仪器仪表制造业

（f）石油加工、炼焦和核燃料

（g）农副食品加工业

（h）纺织服装、服饰

（i）通用设备制造业

（j）食品制造业

（k）专用设备制造业

（l）汽车制造业

（m）橡胶和塑料制品业

（n）金属制品业

绿色制造背景下的产业经济效率和环境效率

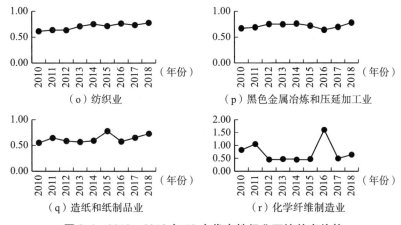

图 8.4　2010～2018 年 18 个代表性行业环境效率趋势

（4）一些典型的行业值得关注。在 28 个产业中，电子电器类高新技术产业环境效率表现较好，如计算机、通信和其他电子设备制造业、电气机械和器材制造业、仪器仪表制造业 3 个产业，环境效率值大多数年份都保持在 1 以上，说明这些产业在生产制造的过程中，以绿色制造为发展理念，大力进行技术创新，减少三废排放量，增加环境保护处理设施，提高绿色生产率。而纺织业、有色金属冶炼和压延加工业、黑色金属冶炼和压延加工业、化学原料和化学制品制造业、造纸和纸制品业、化学纤维制造业共 6 个产业环境效率几乎都在 1 以下，特别是化学纤维制造业多年份环境效率低于 0.5，说明传统产业环境治理还需进一步加大力度，同时产业自身也要积极进行技术创新，努力从产业结构升级的角度上根本解决问题。

8.3.2　ML 测算结果分析

由以上分析可知，不同产业环境效率存在较大差异。但这种差异引起的原因是什么需要进一步进行 Malmquist 指数分析，从技术效率和技术进步等方面深层次分析引起环境效率变化的原因。环境效率测度是被评价单元在特定时期与最佳生产边界相对关系的一种静态分析，而 ML 测算则可以动态衡量决策单元与生产边界的相对变动情况，包括位置变化和生产边界的移动，即效率变化（EC）和技术变化（TC）。故在对各个产业的环境效率分析之后，采用前文所述的 ML 方法对各个产业环境效率的变动情况进行测度，以动态反映技术效率变化和技术进步增长情况。具体结果如表 8.3 所示。

表 8.3   各产业 ML 指数

代码	行业	2010～2011 年	2011～2012 年	2012～2013 年	2013～2014 年	2014～2015 年	2015～2016 年	2016～2017 年
H13	农副食品加工业	0.96	0.99	1.00	1.00	0.99	1.08	1.01
H14	食品制造业	0.94	0.97	1.03	0.91	0.95	1.06	1.00
H15	酒、饮料和精制茶制造业	0.93	0.96	1.04	0.99	0.98	1.15	1.07
H16	烟草制品业	0.82	0.74	1.01	0.99	0.93	0.92	0.96
H17	纺织业	0.89	0.91	1.03	1.00	1.07	1.06	0.91
H18	纺织服装、服饰业	0.97	1.03	1.00	0.94	0.95	1.10	0.97
H19	皮革、毛皮、羽毛及其制品和制鞋业	0.93	0.98	0.59	1.61	1.00	0.95	1.07
H20	木材加工和木、竹、藤、棕、草制品业	0.91	0.88	1.00	0.92	1.03	1.11	1.02
H21	家具制造业	0.53	0.64	0.92	0.98	1.02	1.06	1.05
H22	造纸和纸制品业	0.87	0.85	0.95	1.00	1.52	0.68	1.10
H23	印刷和记录媒介复制业	0.96	1.10	1.13	1.01	0.98	0.99	1.07
H24	文教、工美、体育和娱乐用品制造业	0.72	0.43	0.89	0.99	1.18	0.95	1.11
H25	石油加工、炼焦和核燃料加工业	0.86	1.00	0.69	1.28	0.99	1.96	0.68

代码	行业	2010~2011 年	2011~2012 年	2012~2013 年	2013~2014 年	2014~2015 年	2015~2016 年	2016~2017 年
H26	化学原料和化学制品制造业	0.93	0.96	1.01	1.00	1.16	0.75	1.25
H27	医药制造业	0.97	1.03	1.04	1.13	0.96	0.58	1.00
H28	化学纤维制造业	0.82	0.43	0.95	0.84	1.13	6.19	0.17
H29	橡胶和塑料制品业	0.84	0.52	0.97	0.79	1.00	1.97	0.67
H30	非金属矿物制品业	0.63	0.52	1.01	1.00	1.19	0.60	1.38
H31	黑色金属冶炼和压延加工业	0.92	1.41	0.96	1.05	0.92	1.38	0.78
H32	有色金属冶炼和压延加工业	0.75	0.78	1.03	0.97	1.09	0.72	1.58
H33	金属制品业	0.91	2.62	0.95	0.96	0.87	1.58	0.74
H34	通用设备制造业	0.88	0.66	1.11	1.03	1.09	0.99	1.04
H35	专用设备制造业	0.92	0.96	1.10	1.08	1.01	0.80	1.14
H36	汽车制造业	0.84	0.82	1.13	1.11	1.08	0.77	0.99
H37	铁路、船舶、航空航天和其他运输设备制造业	0.79	0.63	1.02	0.88	0.99	1.02	1.07
H38	电气机械和器材制造业	0.96	1.12	0.93	1.04	0.99	1.03	0.94
H39	计算机、通信和其他电子设备制造业	0.93	1.80	1.17	0.98	0.89	1.21	0.70
H40	仪器仪表制造业	0.82	0.78	1.45	1.47	1.42	1.43	1.46

（1）从表 8.3 可以发现，2010~2011 年 28 个产业的 Malmquist 指数均小于 1，说明在该年度制造业整体三废排量较大，环境污染较为严重，这和当时的经济高速增长而环境治理、环境保护意识不足有关系，2011 年我国 GDP 增长率达到 9.3%，经济增长较快，但经济增长的同时，污染排放也较为严重；而 2011~2012 年 Malmquist 指数大于 1 的产业有 8 个，包括金属制品业、计算机、通

信和其他电子设备制造业、黑色金属冶炼和压延加工业、电气机械和器材制造业、印刷和记录媒介复制业、医药制造业、纺织服装、服饰业、石油加工、炼焦和核燃料加工业。这些产业科技含量较高、技术创新能力强,如计算机、通信和其他电子设备制造业,另外其本身属于污染较为严重的产业,如黑色金属冶炼和压延加工业、石油加工、炼焦和核燃料加工业等。可以看出,这些产业环境动态变化趋势较好,开始重视环境治理和环境保护工作。2016~2017年,有16个产业的Malmquist指数大于1,其中包括传统重污染行业,如有色金属冶炼和压延加工业、仪器仪表制造业、非金属矿物制品业、化学原料和化学制品制造业、专用设备制造业、造纸和纸制品业、皮革、毛皮、羽毛及其制品和制鞋业、医药制造业等,也包括木材加工和木、竹、藤、棕、草制品业、农副食品加工业、食品制造业、文教、工美、体育和娱乐用品制造业、酒、饮料和精制茶制造业等轻工业产业,说明从2016年开始,较多的产业开始重视环境治理、环境保护工作,努力从不同方面减少"三废"排放,并加大环保投入力度,环境动态向好变化趋势越来越明显,并且范围较广。从时间上看,2016年是"十三五"开局之年,从"十三五"时期开始,我国环境保护制度得到极大加强,对环境治理、"三废"排放都提出了严格的标准,各个产业也在环境管制下开始调整相应的发展政策,这一数据结果和我国"十三五"时期提出来的经济社会绿色发展政策是契合的。

(2)从28个产业总体来看,随着时间的推移,21个产业Malmquist指数均呈增长态势,说明工业制造业总体环境持续向好发展,符合这一期间国家的宏观经济发展政策。但从表8.3也可以看出,仍然有6个产业,即黑色金属冶炼和压延加工业、金属制品业、石油加工、炼焦和核燃料加工业、橡胶和塑料制品业、化学纤维制造业、家具制造业Malmquist指数表现不稳定,在一些年份有较大

绿色制造背景下的产业经济效率和环境效率

波动，而这些行业几乎都是重污染、高排放的行业，说明这些行业的环境治理、污染减排工作需要继续加强。

8.3.3 技术效率指数和技术进步指数分析

由于 2016～2017 年数据更能反映近期产业经济环境发展状况，我们以 2016～2017 年 Malmquist 指数分析各个产业引起 ML 指数变化深层次的原因。各产业 ML、EC、TC 指数见表 8.4。

表 8.4　　　　各产业 ML、EC、TC 指数（平均数）

代码	产业名称	ML	EC	TC
H13	农副食品加工业	1.01	1.02	0.99
H14	食品制造业	1.00	1.00	1.00
H15	酒、饮料和精制茶制造业	1.07	1.03	1.04
H16	烟草制品业	0.96	0.97	0.99
H17	纺织业	0.91	0.96	0.95
H18	纺织服装、服饰业	0.97	0.94	1.02
H19	皮革、毛皮、羽毛及其制品和制鞋业	1.07	1.11	0.96
H20	木材加工和木、竹、藤、棕、草制品业	1.02	1.05	0.97
H21	家具制造业			
H22	造纸和纸制品业	1.10	1.15	0.96
H23	印刷和记录媒介复制业	1.07	1.12	0.95
H24	文教、工美、体育和娱乐用品制造业	1.11	1.11	1.00
H25	石油加工、炼焦和核燃料加工业	0.68	1.05	0.65
H26	化学原料和化学制品制造业	1.25	1.47	0.85
H27	医药制造业	1.00	0.99	1.01
H28	化学纤维制造业	0.17	0.22	0.77
H29	橡胶和塑料制品业	0.67	0.78	0.86
H30	非金属矿物制品业	1.38	1.35	1.02
H31	黑色金属冶炼和压延加工业	0.78	1.22	0.64

代码	产业名称	ML	EC	TC
H32	有色金属冶炼和压延加工业	1.58	2.08	0.76
H33	金属制品业	0.74	0.78	0.94
H34	通用设备制造业	1.04	1.10	0.95
H35	专用设备制造业	1.14	1.12	1.02
H36	汽车制造业	0.99	1.14	0.87
H37	铁路、船舶、航空航天和其他运输设备制造业	1.07	1.12	0.96
H38	电气机械和器材制造业	0.94	0.97	0.97
H39	计算机、通信和其他电子设备制造业	0.70	0.71	0.98
H40	仪器仪表制造业	1.46	1.53	0.96

注：表中数据使用 MAXDEA Pro 软件计算所得。

从表8.4可以看出，28个产业中，ML指数和TC指数均大于1的产业有12个，包括非金属矿物制品业、计算机、通信和其他电子设备制造业、皮革、毛皮、羽毛及其制品和制鞋业、酒、饮料和精制茶制造业、铁路、船舶、航空航天和其他运输设备制造业、汽车制造业、家具制造业、仪器仪表制造业、木材加工和木、竹、藤、棕、草制品业、医药制造业、电气机械和器材制造业、食品制造业，表明这些产业动态环境变化持续向好发展，而其中8个产业ML、EC、TC三个指数均大于1，说明这8个产业环境动态变化持续向好是由技术效率和技术进步共同促发的，而其余4个产业ML、TC两个指数同时大于1，说明这些产业环境动态变化持续向好主要来源于这些产业的技术进步。

而还有另外7个产业还需要特别关注：纺织业、烟草制品业、黑色金属冶炼和压延加工业、金属制品业、石油加工、炼焦和核燃料加工业、橡胶和塑料制品业、化学纤维制造业。这些产业的ML、TC两个指数都小于1，说明这些产业环境动态变化并没有向好的趋势，而且产业技术进步较慢，对环境动态变化向好趋势影响较小。

8.3.4　环境效率的冗余分析

根据前面章节已经定义的环境效率的投入、产出变量，利用 MaxDEA 软件进行各变量冗余分析，计算结果见表 8.5。从该表可以看出，环境效率得分（Score）大于 1 的 DMU 共计 81 个，分布在 21 个产业中，下面选取环境排放指数较大的产业进行分析。

（1）环境排放指数较大的产业主要集中在非金属矿物制品业、橡胶和塑料制品业、石油加工、炼焦和核燃料加工业、农副食品加工业、皮革、毛皮、羽毛及其制品和制鞋业、医药制造业、食品制造业 7 个产业，说明这些产业污染排放治理还有较大的可行空间，应该加大污染治理力度。特别是非金属矿物制品业、橡胶和塑料制品业、石油加工、炼焦和核燃料加工业 3 个产业，环境排放指数小于 -3，应予以特别关注。

（2）从污染治理投入指数来看，化学纤维制造业、计算机、通信和其他电子设备制造业、通用设备制造业、电气机械和器材制造业、铁路、船舶、航空航天和其他运输设备制造业、仪器仪表制造业、家具制造业、纺织服装、服饰业、烟草制品业共 9 个产业污染治理投入冗余度较大，应该继续加大污染治理软硬件环境投资力度，从而使环境效率继续向动态效率向好发展。

（3）在环境效率得分（Score）大于 1 的 81 个 DMU 中，资本（K）投入不足的产业有 55 个，劳动力（L）投入不足的产业有 40 个，能源（E）投入不足的产业有 21 个，水资源（W）投入不足的产业有 22 个，主营业务收入（TI）产出不足的产业有 12 个，净利润（TP）产出不足的产业有 47 个。说明这些产业在投入产出方面还有进一步改善的空间，可以根据产业冗余分析结果进行投入、产出要素的调整。

表 8.5

2011～2017 年环境效率的冗余计算结果

产业	Score	Slack_（K）	Slack_（L）	Slack_（E）	Slack_（W）	Slack_（PI）	Slack_（TI）	Slack_（TP）	Slack_（OI）
非金属矿物制品业	1.02	811.37	1.28	0.00	0.00	0.00	0.00	381.77	-21.07
非金属矿物制品业	1.08	0.00	11.46	0.00	1396.78	0.00	0.00	0.00	-19.35
非金属矿物制品业	1.22	2071.81	14.64	0.00	2441.75	0.00	0.00	583.18	-14.83
橡胶和塑料制品业	1.29	425.44	5.71	39.80	5668.22	0.00	0.00	0.00	-12.78
非金属矿物制品业	1.55	799.38	46.19	102.59	848.78	0.00	0.00	0.00	-10.06
非金属矿物制品业	1.02	523.39	3.19	0.00	0.00	0.00	0.00	259.87	-9.16
非金属矿物制品业	1.01	323.09	0.00	0.00	0.00	0.00	0.00	117.95	-7.50
石油加工、炼焦和核燃料加工业	1.03	0.00	2.17	0.00	0.00	0.00	0.00	0.00	-5.33
石油加工、炼焦和核燃料加工业	1.00	8.71	0.00	0.00	0.00	0.00	0.00	59.53	-3.53
石油加工、炼焦和核燃料加工业	1.01	44.35	0.00	0.00	0.00	0.00	0.00	56.39	-3.52
农副食品加工业	1.02	710.25	0.00	0.00	0.00	0.00	0.00	0.00	-3.06
石油加工、炼焦和核燃料加工业	1.01	64.06	0.00	0.00	0.00	0.00	0.00	71.09	-2.75
农副食品加工业	1.02	469.71	0.00	0.00	0.00	0.00	0.00	150.57	-2.49

绿色制造背景下的产业经济效率和环境效率

续表

产业	Score	Slack_ (K)	Slack_ (L)	Slack_ (E)	Slack_ (W)	Slack_ (P1)	Slack_ (TI)	Slack_ (TP)	Slack_ (O1)
农副食品加工业	1.03	759.36	0.00	0.00	0.00	0.00	0.00	197.55	-2.44
皮革、毛皮、羽毛及其制品和制鞋业	1.00	34.27	0.00	0.00	0.00	0.00	0.00	0.00	-1.87
农副食品加工业	1.03	464.53	12.47	0.00	0.00	0.00	0.00	0.00	-1.70
医药制造业	1.32	429.09	6.16	0.00	0.00	0.00	0.00	108.75	-1.56
医药制造业	1.16	6.38	3.08	0.00	0.00	0.00	0.00	52.80	-1.40
食品制造业	1.00	4.48	0.00	0.00	0.00	0.00	0.00	0.00	-1.26
皮革、毛皮、羽毛及其制品和制鞋业	1.01	65.06	0.00	0.00	0.00	0.00	0.00	0.00	-1.25
食品制造业	1.00	57.32	0.00	0.00	0.00	0.00	0.00	0.00	-1.08
农副食品加工业	1.02	877.28	0.00	0.00	0.00	0.00	0.00	30.66	-1.04

本 章 小 结

本章根据所介绍的理论模型和所选取的指标及样本数据，构建了 28 个产业 2010～2018 年的投入产出分析框架，并运用超效率 SBM 模型方法和 MaxDEA Pro 软件计算得到 28 个产业的环境效率值。研究结果表明：

（1）从环境效率平均值来看，28 个产业中有 7 个产业环境效率平均值大于等于 1，占所有产业的 25%。环境效率值大于等于 1，表示这些产业投入产出环境效率较高。但同时也发现，还有造纸和纸制品业、化学纤维制造业等 7 个产业环境效率低于 0.75，说明这些产业环保压力比较大，这些产业应该增强环保意识，加大环保软硬件投资力度，积极进行技术革新，减少工业"三废"排放量。

（2）对于环境效率，各个产业异质性较强，产业差异较大。从研究结果可以看出，环境效率平均值最大的是烟草制品业，环境效率平均值为 1.47，而造纸和纸制品业以及化学纤维制造业环境效率平均值为 0.65，环境效率最低，这和公众的认知基本一致。

（3）2010～2018 年，环境效率大于等于 1 的产业逐渐增多。这说明在"十三五"期间，政府实施的环境保护政策效果显著。"十三五"期间，我国以绿色发展为理念，以提高环境质量为核心，以解决生态环境领域突出问题为重点，加大生态环境保护力度，提高资源利用效率，协同推进经济、环境协调发展。

（4）2010～2018 年，Malmquist 指数大于 1 的产业越来越多，其中 2016～2017 年有 16 个产业的 Malmquist 指数大于 1，说明随着我国环保政策的实施，较多的产业开始重视环境治理、环境保护工作，努力从不同方面减少"三废"排放，并加大环保投入力度，环境动态向好变化趋势越来越明显，并且范围较广。

（5）从 28 个产业总体来看，随着时间的推移，21 个产业 Malmquist 指数均呈增长态势，说明工业制造业总体环境持续向好发展，符合这一期间国家的宏观经济发展政策。但从结果也可以看出，仍然有 6 个产业 Malmquist 指数表现不稳定，在一些年份有较大波动，而这些行业几乎都是重污染、高排放的行业，说明这些行业的环境治理、污染减排工作需要继续加强。

（6）28 个产业中，ML 指数和 TC 指数均大于 1 的产业有 12 个，说明这些产业环境动态变化持续向好主要来源于这些产业的技术进步。还有 7 个产业 ML、TC 两个指数都小于 1，说明这些产业环境动态变化并没有向好的趋势，而且产业技术进步较慢，对环境动态变化向好趋势影响较小，需要予以重点关注。

| 第 9 章 |

绿色度对经济效率和环境效率的影响

9.1 引　言

长期以来，我国经济增长主要依赖于生产的高能耗、高投入，是一种典型的粗放型增长模式。经过多年的快速发展，目前已经进入瓶颈期，资源的稀缺性已无法保证这种发展模式得以继续维持。要想改变这种状况，继续保持经济持续健康发展、转变经济增长方式，实行集约型的增长模式势在必行。为此，大量高污染、高能耗、技术落后的产业必将遭到淘汰，而绿色产业将迎来巨大商机，成为经济发展的生力军。

近年来，我国尤其重视绿色制造的发展，制定了一系列有关绿色制造的政策或规划。2006 年，国务院发布《国家中长期科学和技术发展规划纲要（2006—2020 年）》，明确将"积极发展绿色制造"列为制造业的三大思路之一；2009 年《中华人民共和国循环经济促进法》颁布，确定了"国家支持企业开展机动车零部件、工程机械、机床等产品的再创造"；2011 年国家出台了《国民经济和社会发展第十二个五年规划纲要》，明确把"节能环保产业"列入战略新兴产业；同年 7 月，科技部发布《国家"十二五"科学和技术发展规划》，明确将"绿色制造"列为"高端制造业"领域六大科技产业化工程之一；2012 年科技部印发《绿色制造科技发展"十二五"专项规划》，工信部印发《工业转型升级规划 2011～2015》《高端装备制造业发展规划纲要》等；《中华人民共和国环境保护法》自 2015 年 1 月 1 日起施行；2015 年 5 月国务院印发《中国制造 2025》计划，是全面推进实施制造强国的战略文件，是我国实施制造强国战略第一个十年的行动纲领；2016 年工信部编制了《智能制造发展规划（2016—2020 年)》《工业绿色发展规划（2016—2020 年)》《绿色制造工程实施指南（2016—2020 年)》《绿色制造 2016 专项行动实施方案》。

前文根据 ISO 14000 环境管理系统（EMS）和《中国制造2025》计划中绿色制造工程等对绿色指标的界定，同时借鉴学者对于绿色制造的研究，选取环境、资源、能源、经济四个方面作为一级指标，一般工业固体废物排放量、工业废水排放量、原煤消耗量、废水治理设施运行费用等 11 个指标作为二级评价指标，同时邀请 10 位不同行业专家对各指标进行打分，利用几何平均法（GMM）排序方法，对所考虑的产业和基准虚拟最优状态产业的四个主要属性进行比较，得到每个产业相对于另一个产业的最终排序权重。同时，对选取的 28 个行业所有指标的原始数据进行标准化处理，与每个指标的相应权重相乘，最后得出每个产业的绿色度综合评价水平。本章将在第 7 章、第 8 章的基础上，深入研究绿色制造和经济效率及环境效率的关系。

本章以制造业 28 个产业的绿色发展水平（绿色度）为立足点，基于 2010～2018 年 28 个产业的面板数据，利用第 7 章绿色度的综合评价结果，作为产业绿色制造水平的表征指标，利用第 7 章和第 8 章所计算出来的经济效率和环境效率值作为被解释变量，以我国传统重工业和轻工业划分的方法为基础，将样本分为处理组和控制组，利用连续性 DID 方法，评估产业绿色度在 2015 年《中华人民共和国环境保护法》《中国制造 2025》政策实施前后，对于环境效率和经济效率的影响。同时采用系统 GMM 方法，评估产业绿色度对 28 个制造业产业经济效率和环境效率的动态影响。最后，根据研究结果，提出相应的政策建议，为我国制造业产业发展提供决策依据。

9.2 研 究 设 计

9.2.1 计量模型的构建

本章重点考察 28 个工业产业绿色发展水平（绿色度）对经济效率和环境效率的影响，由于国家在 2015 年开始正式实施《中华人民共和国环境保护法》《中国制造 2025》计划，所以本章同时考察 2015 年政策实施前后对于经济效率和环境效率的影响。基于此考虑，我们构建连续差分模型估计政策实施前后，绿色度对经济效率和环境效率的影响。由于混合效应 OLS 模型、固定效应模型、随机效应模型中均存在不可观测到的异质性问题、变量遗漏问题、测量偏误问题，同时根据文献相关研究，选择连续性差分方程模型（DID）进行建模实证研究，分析工业产业绿色度对经济效率的影响，并分析政策对经济效率和环境效率影响的净效应，构建方程如下：

$$EE_{i,t} = \beta_0 + \beta_1 GreenE_{i,t} \times D_t + \beta_2 CV_{i,t} + f_i + f_t + \varepsilon_{i,t} \qquad (9.1)$$

$$EF_{i,t} = \beta_0 + \beta_1 GreenF_{i,t} \times D_t + \beta_2 CV_{i,t} + f_i + f_t + \varepsilon_{i,t} \qquad (9.2)$$

其中 $EE_{i,t}$，$EF_{i,t}$ 分别代表工业产业 i 在第 t 年的经济效率和环境效率；$GreenE_{i,t}$，$GreenF_{i,t}$ 分别代表工业产业 i 在第 t 年的绿色度（绿色制造的水平）；D_t 代表政策实施变量，由于国家在 2015 年开始正式实施《中华人民共和国环境保护法》《中国制造 2025》计划，所以 2015 年以前的变量赋值为 0，2015～2018 年赋值为 1；β_1回归系数代表绿色制造相关政策实施对工业产业经济效率和环境效率影响的净效应；$CV_{i,t}$ 表示相关的控制变量集；f_i 代表各个工业产业不随时间变化的产业固定效应；f_t 代表各个工业产业的个体时间效应；$\varepsilon_{i,t}$ 为随机扰动项。根据学者的前期研究成果，本章选取研发投入（Rd）、产业结构（Cy）、人均主营业务收入（Gc）和能源结构（Ny）四个变量作为控制变量。

（2）构建系统 GMM 模型，估计 28 个工业产业绿色度对经济效率和环境效率的动态影响。Arellano 和 Bover（1995），Blundell 和 Bond（1998）提出了系统广义矩方法（system generalized method of moments），该方法既考虑了面板数据模型中的动态内生性，也考虑了未观测到的异质性。与传统的混合 OLS 估计不同，系统 GMM 包括产业固定效应，以解释不可观测的产业异质性。然而，该方法优于标准的固定效应模型，允许当前值受到过去值的影响。此外，系统 GMM 对异方差和序列相关性以及不平衡面板的样本断裂具有较好的稳健性，且使用一组内部工具变量就可以解决内生性问题。考虑到政策实施过程中具有一定的时间延续性和时滞性，本章选取经济效率或环境效率的一阶滞后项（$EE_{i,t-1}$，$EF_{i,t-1}$）作为内生变量。

所以，本章根据式（9.1）和式（9.2），将被解释变量的一阶滞后项作为工具变量，从而将式（9.1）和式（9.2）所表示的静态方程转化为动态方程式（9.3）和式（9.4）。动态方程式（9.3）

和式（9.4）中的控制变量与连续性差分方程式（9.1）和式（9.2）相同，但是需要注意的是，在回归过程中，需要通过残差的二阶序列相关性和工具变量的检验。判断方法是：如果回归过程中，残差存在显著的二阶序列相关，则内生变量的滞后项不适合作为工具变量；通过 Hansen 检验可以检验工具变量的有效性。本章后续给出了二阶序列相关 AR（2）和 Hansen 检验的结果。根据系统 GMM 方法以及连续性差分方程，估计 28 个工业产业绿色度在绿色制造政策下对经济效率和环境效率的动态影响，构建动态方程：

$$EE_{i,t} = \beta_0 + \chi EE_{i,t-1} + \beta_1 GreenE_{i,t} \times D_t + \beta_2 CV_{i,t} + f_i + f_t + \varepsilon_{i,t} \quad (9.3)$$

$$EF_{i,t} = \beta_0 + \chi EF_{i,t-1} + \beta_1 GreenF_{i,t} \times D_t + \beta_2 CV_{i,t} + f_i + f_t + \varepsilon_{i,t} \quad (9.4)$$

9.2.2　变量的选取与数据来源

为了保持研究的一致性，本章根据前面章节内容，选取 2010 ～ 2018 年工业制造业 28 个产业的相关数据进行研究。由于国家在 2015 年开始正式实施《中华人民共和国环境保护法》《中国制造 2025》计划，我们选取 2015 年作为政策的分界年，并根据生态环境部在 2008 年 6 月颁布的《上市公司环保核查行业分类管理名录》将 28 个工业制造业产业分为两组，即处理组和对照组。其中：处理组包括石油加工、炼焦和核燃料加工业、化学原料和化学制品制造业、医药制造业、化学纤维制造业、橡胶和塑料制品业、非金属矿物制品业、黑色金属冶炼和压延加工业、有色金属冶炼和压延加工业、金属制品业、通用设备制造业、专用设备制造业、汽车制造业、铁路、船舶、航空航天和其他运输设备制造业、电气机械和器材制造业、计算机、通信和其他电子设备制造业、仪器仪表制造业共 16 个工业制造业产业；对照组包括农副食品加工业、食品制造业、酒、饮料和精制茶制造业、烟草制品业、纺织业、纺织服装、服饰业、皮革、毛皮、羽毛及其制品和制鞋业、木材加工和木、竹、藤、棕、草制品业、家具制造业、造纸和纸制品业、印刷和记录媒介复制业、文教、工美、体育和娱乐用品制造业共 12 个工业制造业产业。

1）被解释变量

经济效率和环境效率的计算方法和结果见上一章相关章节。

经济效率根据通过超效率 SBM 模型来计算。各产业的资产总计、平均从业人员、综合能源消费量、取水量作为投入指标，主营业务收入和利润总额两个指标作为产出指标。

环境效率也是通过超效率 SBM 模型进行计算。资产总计、平均从业人员、综合能源消费量、取水量以及污染治理投资指数作为投入指标，主营业务收入和利润总额两个期望产出指标和污染排放指数等一个非期望产出指标作为产出指标。污染治理投资指数由三个指标组成：废水治理设施套数、废气治理设施套数以及一般工业固体废物综合利用量。污染排放指数也由三个指标组成：工业废水排放量、工业废气排放量以及一般工业固体废物产生量。这两个指数通过前文中所分析的熵值法进行计算。

2）解释变量

本章研究的内容是绿色制造对经济效率和环境效率的影响，我们对各个产业绿色制造水平的衡量给出了一个综合指标，即绿色度。绿色度的计算方法和结果见第 7 章内容。

绿色制造的衡量指标——绿色度，其计算根据 ISO 14000 环境管理系统（EMS）和《中国制造 2025》计划中绿色制造工程等对绿色指标的界定，同时借鉴学者对于绿色制造的研究，选取环境、资源、能源、经济四个方面作为一级指标，一般工业固体废物排放量、工业废水排放量、原煤消耗量、废水治理设施运行费用等 11 个指标作为二级评价指标，同时邀请10位不同行业专家对各指标进行打分，利用几何平均法（GMM）排序方法，对所考虑的产业和基准虚拟最优状态产业的四个主要属性进行比较，得到每个产业相对于另一个产业的最终排序权重。同时，对本章选取的28个行业所有指标的原始数据进行标准化处理，与每个指标的相应权重相乘，最后得出每个产业的绿色度综合评价水平。

3）控制变量

（1）研发投入（Rd）。研发投入由Rd经费内部支出和Rd经费外部支出加总得到。产品的研发投入改变了产品的投入要素，改进了流程工艺，增加了产出量。从相关文献来看，研发投入对经济效率和环境效率的变化有直接影响。

（2）产业结构（Cy）。该指标用国有企业数量与总企业数量的比值来表示。根据学者的研究，国有企业一般拥有更强大的经济实力，掌控更多的资源和市场，同时更愿意进行适度的投资，促进设备更新换代，这些都有利于产业经济效率和环境效率的提高。

（3）人均主营业务收入（Gc）。该指标用主营业务收入除以平均从业人员数所得。在统计年鉴中，工业总产值不具有连续性，所以本章选取主营业务收入指标进行代替。人均主营业务收入是一个规模指标，其数值越大，说明产业规模越大，技术改造资本越充足，产业越有可能进行技术改革，对经济效率和环境效率也会产生影响。

（4）能源结构（Ny）。该指标用产业的电力消费量除以综合能源消费量所得。能源消费一般包括煤炭、石油、天然气以及电力等，电力能源应用量的大小一般认为表示清洁能源使用量的大小，所以电力使用量的大小可以表示产业的绿色水平，对经济效率特别是环境效率将会有重要影响。

9.3　实证结果分析

9.3.1　描述性统计和相关性分析

描述性统计结果见表 9.1。通过分析结果可以看出，28 个工业制造业产业经济效率和环境效率的均值为 0.921 和 0.892，环境效率较小，经济效率最大值和最小值分别为 2.2 和 0.17，标准差0.246，环境效率最大值和最小值分别为 2.23 和 0.32，标准差0.243，说明经济效率和环境效率的行业差异比较大；28 个工业制造业产业绿色制造水平（绿色度）均值 57.692，最大值 79.39，最小值 40.85，标准差 8.035，说明各个产业的绿色度相对来讲有一定差异，但差异不是很大；控制变量中，研发投入标准差达到111327.6，说明各个行业对于产品和技术研发的投入力度差异较大，有些产业比较重视研发投入，但有些产业还需要进一步加强研发投资；产业结构、人均主营业务收入以及能源结构标准差较小，说明各产业间差距不是很大。

表 9.1　　　　　　　　　　描述性统计

变量	变量代码	样本数	均值	标准差	最小值	最大值
经济效率	JJX	252	0.921	0.246	0.17	2.2
环境效率	HJX	252	0.892	0.243	0.32	2.23
绿色度	Green	252	57.692	8.035	40.85	79.39
研发投入	Rd	252	90886.083	111327.6	936.235	482737
产业结构	Cy	252	0.143	0.373	0.009	3.589
人均主营业务收入	Gc	252	114.156	182.139	2.783	2831.018
能源结构	Ny	252	0.387	0.219	0.045	0.943

在面板数据统计分析中，由于解释变量之间可能存在一定的多重共线性，可能导致回归结果不满足无偏性的假设条件，所以，一般在回归前需要对解释变量、被解释变量进行共线性检验。本章 7 个变量相关系数均不超过公认的经验值 0.4，进一步做方差膨胀因子分析（VIF），结果表明 VIF 最大值为 1.48，各个变量之间的均值为 1.23，比经验值 10 有较大差距，可以判断这几个变量之间不存在多重共线性。

9.3.2 绿色制造对经济效率影响的净效应评估

1）平行趋势假设检验

DID 模型存在这样的特点：在模型使用过程中既不要求所受政策冲击的随机性，也不要求研究对象分组的随机性，但必须符合处理组和对照组在政策实施前后保持同一趋势的前提。所以，在构造双重差分模型前，需要对政策实施前后处理组和对照组的共同趋势进行检验，当政策实施前处理组和对照组的被解释变量没有显著差异，即满足平行性假设，这样的回归结果才被认为是无偏的。处理组是指产业代码为 25～40 的 16 个产业，对照组是指产业代码为 13～24 的 12 个产业。由以上分析，可以建立平行趋势假设检验模型，回归结果如表 9.2 所示。

表 9.2 平行趋势假设检验模型回归结果

变量	经济效率（JJX）	环境效率（HJX）
time2015	0.032 (0.832)	0.193 (0.193)
Cy	0.137 * (0.010)	0.157 ** (0.003)
Ny	0.149 * (0.048)	0.154 * (0.038)

续表

变量	经济效率（JJX）	环境效率（HJX）
Gc	0.000 (0.389)	0.000 (0.495)
Rd	-0.000* (0.022)	-0.000 (0.518)
treated50	0.137 (0.340)	0.068 (0.635)
2010 年	-0.022 (0.898)	0.066 (0.691)
2011 年	0.080 (0.638)	0.061 (0.719)
2012 年	-0.006 (0.971)	0.071 (0.677)
2013 年	0.100 (0.562)	0.170 (0.321)
2014 年	-0.019 (0.916)	0.049 (0.779)
2015 年 （政策实施年）	-0.082 (0.208)	-0.045 (0.488)
2016 年	-0.275*** (0.000)	-0.172* (0.025)
2017 年	-0.109** (0.098)	-0.045* (0.494)
2018 年	0.000 (.)	0.000 (.)
_cons	0.411** (0.005)	0.417** (0.004)
N	252	252
r²	0.120	0.094

注：小括号内是标准误值，其中 ***、**、* 分别表示在1%、5%、10%显著水平下显著。

由上表回归结果可知：

经济效率方面：政策实施前的 2010～2014 年回归系数均不显著，由于政策的延迟性，政策实施后的 2016～2018 年系数均显著且是负数，说明政策正式实施的前五年，处理组和对照组的被解释变量没有显著差异，且在政策正式实施后的后三年，系数均显著，处理组和对照组的被解释变量也没有显著差异，即满足平行性假设，所以双重差分方程模型符合要求。

环境效率方面：政策实施前的 2010～2014 年回归系数均不显著，且系数均为正值，而政策实施后的 2016～2018 年系数均显著且是负数，说明政策正式实施的前五年，处理组和对照组的被解释变量没有显著差异，由于政策的延迟性，在政策正式实施后的后三年，系数均在 10% 水平下显著，处理组和对照组的被解释变量也没有显著差异，即满足平行性假设，所以双重差分方程模型也符合要求。

2）绿色制造水平对工业制造业产业经济效率影响的净效应估计

由平行趋势假设检验结果可知，DID 模型满足共同趋势假设，所以建立的 DID 模型具有有效性，表 9.3 为 DID 模型回归结果。由回归结果可知：2015 年实施的《中华人民共和国环境保护法》以及《中国制造 2025》计划等政策对于制造业 28 个产业的经济效率有显著影响，由于 DID 系数为正，意味着政策对于制造业 28 个产业的经济效率有正向影响，即政策有助于经济效率的改善，原因可能是在政策的引导下，产业的要素投入更加趋于合理化，更加注重产品的精益制造理念，也开始注重向智能化方向发展。

表 9.3　　　　　　　　经济效率的 DID 模型回归结果

变量	JJX DID 模型 1	JJX DID 模型 2
Green × Dt	− 0. 010 * (0. 064)	0. 007 *** (0. 001)
DID	0. 115 * (0. 053)	0. 104 ** (0. 048)

续表

变量	JJX DID 模型 1	JJX DID 模型 2
Dt	− 0. 683 ** (0. 015)	− 0. 609 ** (0. 021)
treated25	− 0. 065 (0. 163)	− 0. 019 (0. 705)
Green	− 0. 021 (0. 124)	0. 018 ** (0. 027)
Cy		0. 039 ** (0. 042)
Ny		0. 138 (0. 160)
Gc		0. 013 ** (0. 041)
Rd		0. 021 *** (0. 001)
_cons	0. 951 *** (0. 007)	0. 911 *** (0. 004)
个体效应	YES	YES
时间效应	YES	YES
样本数量	252	252
行业个数	28	28

上表中第二列模型 1 不包含研发投入、产业结构、人均主营业务收入、能源结构等控制变量，第三列模型 2 包含控制变量。由模型 1 可知，DID 的系数为 0. 115 在 10% 的水平下显著；模型 2DID 系数为 0. 104，在 5% 水平下显著，所以很明显无论是否加入控制变量，DID 模型的系数都是显著的，表明 2015 年实施的《中华人民共和国环境保护法》以及《中国制造 2025》计划等政策是有正向净效应的。当加入控制变量后，交乘项 Green × Dt 的系数由负数转变为正数，且都显著，说明处理组的 16 个产业在不加入控制变量的情况下，绿色制造对经济效率存在负相关关系，也就是绿色制造对经济效率的影响是负向影响。分析其原因，可能是因为处理组所包括

的 16 个产业主要是石油加工、炼焦和核燃料加工业、化学原料和化学制品制造业、医药制造业、化学纤维制造业、橡胶和塑料制品业、非金属矿物制品业、黑色金属冶炼和压延加工业、有色金属冶炼和压延加工业、金属制品业，污染度比较高，排放压力比较大，在没有实施环境保护相关政策前对经济效率的影响是负向的，但从 2015 年开始实施环境保护相关政策后，绿色制造对于经济的影响趋于正向。

同时可以看到，研发投入（Rd）对于经济效率的影响在 1% 水平下显著为正，说明研发投入，即产业的科技创新能力、科技发展水平对经济效率有明显的正向促进作用；产业结构（Cy）和人均主营业务收入（Gc）两个控制变量对经济效率也有正向影响，且是显著的。原因可能是：产业结构是国有企业占总企业数的比例，国有企业一般在我国各产业中占有重要地位，经济实力雄厚，科技创新能力较强，遵从国家法律法规意识较强，对经济效率产生正向影响；人均主营业务收入变量也是影响经济效率的一个显著因素，随着人均主营业务收入的提高，产业（企业）用以技术创新、制度改革的能力将会增强，从而促进经济效率的提高。

9.3.3 绿色制造对环境效率影响的净效应评估

由前文论述可知，DID 模型通过平行趋势检验，即建立的 DID 模型满足模型假设条件。表 9.4 为环境效率的 DID 模型回归结果。由该表可知：DID 变量在模型不包含控制变量的前提下，系数在 10% 水平下显著，在模型 2 中（包含控制变量），DID 变量系数在 5% 水平下显著，且都为正值，表明 2015 年实施的《中华人民共和国环境保护法》以及《中国制造 2025》计划等政策对于制造业 28 个产业的环境效率有显著正向影响，即实施了环境保护法等法律法规后，28 个产业的环境效率有显著提升。环境效率就是考虑环境承载力的经济效率，即将环境代价作为非期望产出，考虑经济效率，力求以最小的环境代价带来最大的经济效率。这里由于环境效率考虑了生产过程中环境与经济的协调发展水平，因此该指标可以作为衡量经济发展是否兼顾了可持续的发展原则。而在绿色制造水平评价中，应用了环境、资源、能源、经济四个一级指标进行评价，所以绿色制造对于环境效率的影响应该是正向的。

表 9.4　　　　　　环境效率的 DID 模型回归结果

变量	HJX DID 模型 1	HJX DID 模型 2
Green × Dt	0.010 ** (0.042)	0.023 ** (0.034)
DID	0.098 * (0.069)	0.140 ** (0.038)
Dt	−0.525 ** (0.033)	−0.442 * (0.075)
treated25	0.005 (0.199)	0.013 (0.185)
Green	0.079 ** (0.026)	0.125 ** (0.038)
Cy		0.023 ** (0.049)
Ny		0.189 ** (0.025)
Gc		0.008 * (0.088)
Rd		0.047 ** (0.025)
_cons	0.849 ** (0.033)	0.778 *** (0.005)
个体效应	YES	YES
时间效应	YES	YES
样本数量	252	252
行业个数	28	28

上表中，第二列和第三列分别是不包含控制变量和包含控制变量的回归结果。和对经济效率的影响结果相似，回归结果中无论包含控制变量还是不包含控制变量的回归模型，DID 的系数均为正值，模型 1 中的系数在 10% 水平下显著，模型 2 中的系数在 5% 水平下显著，系数保持一致。结果表明 2015 年实施的《中华人民共和国环境保护法》以及《中国制造 2025》计划等政策对于制造业 28 个产业的环境效率有显著正向净效应的。由绿色制造和实施年份的交乘项 Green × Dt 的系数可知，无论包含控制变量还是不包含控制变量，交乘项 Green × Dt 系数均为正值，且在 5% 水平下显著。和经济效率的影响不同，经济效率是在政策实施前后由负值变为正值，而环境效率的影响在政策实施前后均为正值，系数不同。说明绿色制造对处理组（16 个产业）的环境效率影响在政策实施前已经有所影响，但政策实施后，影响更大。Green 变量的系数在政策前后保持一致，说明 28 个产业的绿色制造水平对环境效率的影响在 5% 水平下是显著的，且系数为正，均具有正向影响，这一点和经济效率的影响也有所不同。

从回归结果来看，四个控制变量中，产业结构、能源结构以及研发投入三个变量都是显著的，说明国有企业在产业中的比重、电力能源在能源总消费中的比例以及研发投入对环境效率都有显著影响，但能源结构和研发投入对环境效率的影响明显大于产业结构对环境效率的影响。同时我们也看到人均主营业务收入变量在 10% 水平下显著，但系数较小。

9.3.4 绿色制造对经济效率影响的动态效应估计

在模型（3）和模型（4）中，解释变量的当前水平可能取决于被解释变量的过去水平（动态内生性），并可能与未观察到的异质性

绿色制造背景下的产业经济效率和环境效率

因子有关。因此，标准混合 OLS 和面板固定效应估计是有偏的和不一致的。作为替代，Arellano 和 Bover（1995），Blundell 和 Bond（1998）提出了系统广义矩方法，该方法既考虑了面板数据模型中的动态内生性，也考虑了未观测到的异质性。与传统的混合 OLS 估计不同，系统 GMM 包括企业固定效应，以解释不可观测的企业异质性。

根据方程式（9.3）和式（9.4），可以得到 28 个制造业产业绿色制造对经济效率的动态影响。其中，动态模型 1 是未考虑研发投入、产业结构、人均主营业务收入以及能源结构四个控制变量的回归结果；而动态模型 2 是考虑了这四个控制变量的回归结果。由于动态回归模型可能存在残差自相关和选取工具变量无效的情况，所以需要对系统 GMM 方法估计结果的残差进行二阶自相关 AR（2）检验。由表 9.5 可知，动态模型 1 和动态模型 2 中 AR（1）均在 5% 显著性水平下显著，而 AR（2）却不显著，这表明所建立的动态方程不存在二阶序列自相关。另外，由该表可知，Hansen 检验 P 值在 10% 显著性水平下也不显著，所以检验结果无法拒绝原假设，即模型选择的工具变量是合适的。

表 9.5　经济效率的动态模型回归结果

变量	动态模型 1 Nocr（不加控制变量）	动态模型 2 cr（加控制变量）
L. JJX	0.152 * （0.063）	0.103 ** （0.033）
Green × Dt	-0.012 * （0.061）	0.008 ** （0.031）
Dt	-0.797 ** （0.013）	-0.516 * （0.057）
treated25	0.198 （0.508）	0.086 （0.301）
Rd		0.019 *** （0.004）

变量	动态模型 1	动态模型 2
	Nocr（不加控制变量）	cr（加控制变量）
Cy		0.037 ** （0.034）
Ny		0.106 （0.146）
Gc		0.011 ** （0.037）
_cons	0.863 *** （0.000）	0.736 *** （0.000）
AR（1）检验 P 值	0.038 **	0.021 **
AR（2）检验 P 值	0.321	0.705
Hansen 检验 P 值	0.288	0.523
样本数量	224	224

由表 9.5 回归结果可知，无论是否加入控制变量，动态模型 1 和动态模型 2 的内生解释变量经济效率的滞后项分别在 10% 和 5% 水平下显著，表明内生变量均能够显著促进经济效率的提升。在动态模型 2 中，滞后项系数值稍小于动态模型 1 系数，说明滞后项对经济效率的影响受到了控制变量的影响。同时在动态模型中，绿色制造与环境保护政策实施年份的交乘项 Green × Dt 的系数从负值转变为正值，和静态模型中的回归结果保持一致，这也说明处理组的 16 个产业受环境政策影响较大，这些产业在环境政策的压力下，经济效率由负向影响转为正向影响。

另外，在动态模型 2 中，控制变量研发投入（Rd）系数在 1% 水平下显著，说明研发投入变量对于经济效率有正向影响。学者研究发现，研发投入的增加将会提高产业的科技水平，产品生产的流程和工艺均可以得到优化或改善，有助于原材料的转化率提高，所以研发投入（Rd）回归结果符合学者的研究，与大多数文献结论保持一致性。

同时可以看到，产业结构（Cy）变量和人均主营业务收入（Gc）两个变量在 5% 水平下显著，且系数值均为正值，表明在动态模型 2 的回归结果中产业结构（Cy）变量和人均主营业务收入（Gc）这两个变量对于经济效率有正向影响。这显示出在当前我国的基本国情下，国有经济还是我国经济发展的主要支柱和引领者，国有经济在经济规模、技术创新、生产流程和工艺等方面都较一般民营企业更具发展潜力，更能够促进经济效率的提升。人均主营业务收入变量代表着企业的可持续运营能力，人均主营业务收入越高，能够给企业的资源保障越广，技术研发、制度改革越有经济基础，这都将促进经济效率的提升。但是，在动态模型 2 的回归结果中能源结构（Ny）变量系数并不显著，产业发展过程中，能源的使用主要有煤炭、汽油、柴油、电力等能源形式，这可能和能源的使用种类关系并不密切。

9.3.5 绿色制造对环境效率影响的动态效应估计

根据方程式（9.3）和式（9.4），可以得到 28 个制造业产业绿色制造对环境效率的动态影响。其中，动态模型 1 是未考虑研发投入、产业结构、人均主营业务收入以及能源结构四个控制变量的回归结果；而动态模型 2 是考虑了这四个控制变量的回归结果。由于动态回归模型可能存在残差自相关和选取工具变量无效的情况，所以需要对系统 GMM 方法估计结果的残差进行二阶自相关 AR（2）检验。由表 9.6 可知，动态模型 1 和动态模型 2 中 AR（1）均在 5% 显著性水平下显著，而 AR（2）却不显著，这表明所建立的动态方程不存在二阶序列自相关。另外，由该表可知，Hansen 检验 P 值在 10% 显著性水平下也不显著，所以检验结果无法拒绝原假设，即模型选择的工具变量是合适的。

表9.6中，第二列为不加控制变量的动态模型，第三列为加入控制变量的动态模型。从回归结果可以看出，无论是否加入控制变量，内生变量的一阶滞后项系数均在5%的显著性水平下显著，表明内生变量（环境效率）受到前期水平的影响显著，即前期环境效率越高，则本期环境效率也会继续提高，这和前述章节里面的研究结果一致。同时说明内生变量有显著的滞后效应，说明环境效率的提高是一项持之以恒的工作，不可能一蹴而就。同时可以看到，绿色制造与环境保护政策实施年份的交乘项 Green × Dt，无论是否加入控制变量，均在10%的显著性水平下显著，说明环境保护政策实施年份前后，绿色制造对于环境效率均存在正向影响，但是加入控制变量后，系数变小，但仍然在10%显著性水平下保持显著。

表9.6　　　　　　　　　　环境效率的动态模型回归结果

变量	动态模型 1	动态模型 2
	Nocr（不加控制变量）	cr（加控制变量）
L. HJX	0. 115 ** (0. 047)	0. 088 ** (0. 033)
Green × Dt	0. 023 * (0. 073)	0. 015 * (0. 068)
Dt	− 0. 638 ** (0. 021)	− 0. 427 * (0. 077)
treated25	4. 212 (0. 953)	− 0. 129 (0. 204)
Rd		0. 035 ** (0. 038)
Cy		0. 088 * (0. 051)
Ny		0. 076 ** (0. 047)
Gc		0. 023 ** (0. 495)

绿色制造背景下的产业经济效率和环境效率

续表

变量	动态模型 1	动态模型 2
	Nocr（不加控制变量）	cr（加控制变量）
_cons		0.672 *** (0.000)
AR（1）检验 P 值	0.045 **	0.033 **
AR（2）检验 P 值	0.413	0.508
Hansen 检验 P 值	0.297	0.634
样本数量	224	224

　　从动态模型 2 还可以看出：研发投入（Rd）系数在 5% 显著性水平下显著，表明研发投入变量在动态模型中对环境效率的影响还是很明显的，每增加一个单位的研发投入，将会提高 3.5 个百分点的环境效率。《中国制造 2025》计划在论述战略任务时，首先就是将提高制造业创新能力作为首要的战略任务，可见从国家层次上已经意识到研发投入、科技创新的重要性，回归结果也证明和支持了这种观点。产业结构（Cy）系数在 10% 显著性水平下显著，且为正值，表明研究对象（26 个产业）总体上可以体现产业内国有企业数量比例在经济发展中的重要性，也可以体现出国有企业比例对环境效率的影响。回归结果的深层次含义是国有企业在我国经济和环境发展中的支柱性作用，我们要努力推动传统产业向中高端迈进，逐步化解过剩产能，促进大企业与中小企业协调发展，进一步优化符合我国国情的制造业布局。从回归结果来看，能源结构变量（Ny）对于环境效率影响也较大，回归系数在 5% 显著性水平下显著，且为正值，电力能源消耗每增加一个单位的应用，就会提高 7.6 个百分点的环境效率，表明我国在能源结构上应该持续推进清洁能源的利用和推广，同时减少化石能源的利用。从回归结果上来看，人均

主营业务收入指标（Gc）回归系数在 5% 显著性水平下显著，且为正值，但系数略小，表明人均主营业务收入在动态模型中对于环境效率有显著影响，每增加一个单位的人均主营业务收入，环境效率就会增加 2.3 个百分点。

从以上分析可知，在动态模型中，内生变量、绿色制造与时间的交乘项、研发投入、产业结构、能源结构以及人均主营业务收入等变量对于环境效率的影响都是显著的。从而给出了一些政策上的启示：（1）环境效率具有滞后效应，应该从长期上制定相应的法律法规，并且要持续性推进；（2）要重视科研投入，重视科技创新的力量，科技创新对于产业的发展至关重要，可以从制造业的每一个环节提升经济效率和环境效率；（3）要努力推动传统产业向中高端迈进，逐步化解过剩产能，促进国有企业与其他类型企业协调发展，进一步优化符合我国国情的制造业布局；（4）应该持续推进清洁能源的利用和推广，同时减少化石能源的利用，从投入源头上严格控制重污染、高排放的能源类型使用；（5）主营业务收入是企业收入的主要来源，对于企业的可持续发展具有重要意义，要采取多种措施提高企业的业务收入水平。

9.4　稳健性检验

9.4.1　绿色制造政策净效应的稳健性检验——安慰剂检验

安慰剂检验是实证检验的一种工具，安慰剂检验方法的核心思想就是重新构建处理组样本或政策实施时间进行再次估计，如果在不同构建方式下，模型估计量的回归结果是不显著的，则说明重新构建的模型回归结果和之前的回归结果是一致的，没有出现偏误，被解释变量的变动受到政策的影响是显著的。所以，本节按照安慰剂的核心思想，通过重新构建政策实施年份进行检验。本节所关注的政策发生在 2015 年，考察的样本时间区间为 2010～2018 年，所以我们假设将政策实施年份提前 1 年，即政策实施年份为 2014 年，并且假设政策实施年份为 2013 年。绿色制造净效应的稳健性检验结果见表9.7。

表9.7　　　　　绿色制造政策净效应的稳健性检验结果

变量	JJX DID 模型 1 2010～2013 年	JJX DID 模型 2 2010～2013 年	HJX DID 模型 3 2010～2013 年	HJX DID 模型 4 2010～2013 年
$Green \times Dt_{2013}$	-0.012 (0.124)	0.007 (0.131)	0.013 (0.142)	0.011 (0.153)
DID	0.103 * (0.059)	0.088 ** (0.046)	0.093 * (0.071)	0.132 ** (0.041)
Dt_{2013}	-0.723 ** (0.021)	-0.623 ** (0.034)	-0.536 ** (0.047)	-0.392 * (0.084)
treated25	-0.047 (0.181)	-0.013 (0.615)	0.007 (0.163)	0.017 (0.179)
Green	-0.024 (0.137)	0.021 ** (0.027)	0.082 ** (0.038)	0.095 ** (0.026)
控制变量	无	控制	无	控制
_cons	0.831 *** (0.009)	0.821 *** (0.007)	0.868 ** (0.042)	0.657 *** (0.009)
个体效应	YES	YES	YES	YES
时间效应	YES	YES	YES	YES
样本数量	140	140	140	140
行业个数	16	16	16	16

上表第 2 列和第 3 列不包含控制变量和包含控制变量的经济效

率 DID 回归结果，第 4 列和第 5 列不包含控制变量和包含控制变量的环境效率 DID 回归结果。从该表中可以看出，假设政策实施年份为 2014 年，样本区间取 2010～2013 年，绿色制造水平和政策实施年份的交乘项 Green × Dt2013 系数在 10% 显著性水平下均不显著，则说明重新构建的模型回归结果和之前的回归结果是一致的，没有出现偏误，被解释变量的变动受到政策的影响是显著的，即无论是经济效率还是环境效率的变动都受到了环境保护政策的显著影响。所以 2015 年实施的《中华人民共和国环境保护法》以及《中国制造 2025》计划等政策对经济效率和环境效率的影响是稳健的。

9.4.2 绿色制造政策动态效应的稳健性检验

为了检验绿色制造政策对 28 个工业制造业产业（处理组和对照组）经济效率和环境效率动态影响的稳健性，我们仍然选择 2010～2013 年为样本选择年度区间，依据文中前述内容，将 28 个工业制造业产业分成处理组和对照组两个小组，利用系统 GMM 方法和前述内容建立的动态方程（3）和动态方程（4）对样本进行估计。

表 9.8 为绿色制造政策对 28 个工业制造业产业（处理组和对照组）经济效率动态影响的稳健性回归结果，其中动态模型 1 和动态模型 2 分别是处理组不包含控制变量和包含控制变量的稳健性检验结果，其中动态模型 3 和动态模型 4 分别是对照组不包含控制变量和包含控制变量的稳健性检验结果。从检验结果可以看出，处理组和对照组模型残差一阶自相关系数均在 5% 显著性水平下显著，拒绝原假设；但是从结果还可以看出，残差的二阶自相关检验无法通过显著性检验。这表明，动态模型无论是处理组还是对照组都存在一阶自相关。另外，由 Hansen 统计量结果可知，处理组和对照组模型不显著，明显接受原假设，说明模型的工具变量是有效的。

绿色制造背景下的产业经济效率和环境效率

表9.8   政策动态效应的稳健性检验结果

变量	处理组		对照组	
	动态模型 1	动态模型 2	动态模型 3	动态模型 4
	Nocr （不加控制变量）	cr （加控制变量）	Nocr （不加控制变量）	cr （加控制变量）
L. JJX	0.137 * (0.072)	0.121 ** (0.041)	0.118 * (0.077)	0.093 ** (0.039)
Green × Dt	− 0.014 (0.182)	0.006 (0.145)	− 0.011 (0.165)	0.009 (0.138)
Dt	− 0.656 ** (0.019)	− 0.532 * (0.071)	− 0.624 ** (0.028)	− 0.503 * (0.079)
treated25	0.131 (0.432)	0.092 (0.261)	0.124 (0.385)	0.088 (0.286)
控制变量	无	控制	无	控制
_cons	0.722 *** (0.002)	0.639 *** (0.004)	0.695 *** (0.003)	0.627 *** (0.001)
AR（1）检验 P 值	0.042 **	0.038 **	0.036 **	0.029 **
AR（2）检验 P 值	0.263	0.459	0.257	0.501
Hansen 检验 P 值	0.236	0.453	0.211	0.439
行业个数	16	16	12	12

从回归结果可以知道：四个回归模型的滞后项均在5%或10%显著性水平下显著，说明经济效率具有明显的滞后效应。绿色制造水平指标和环境保护政策变量的交乘项 Green × Dt 在四个动态模型中，回归系数也均不显著，表明2010~2013年环境保护政策以及绿色制造政策的实施对经济效率的影响并不显著，因此从整体上来看，本章关于环境保护相关政策对于经济效率影响的研究结果是稳健的。

利用同样方法，可以看出本章关于环境保护相关政策对于环境效率影响的研究结果也是稳健的。

本 章 小 结

本章通过加入政策因素，研究在环境保护和绿色发展等相关政策下，绿色制造水平（绿色度）对经济效率和环境效率的影响。基于 2010 ~ 2018 年的 28 个工业制造业产业面板数据，根据环保行业核查行业分类管理目录，将 28 个产业分为处理组和对照组两个组别，利用连续 DID 模型和系统 GMM 方法，分别建立静态模型和动态模型进行分析，评估环境政策和绿色发展政策等对处理组产业的经济效率和环境效率的净效应，并评估 28 个产业经济效率和环境效率的滞后效应和动态影响机制。主要结论如下：

（1）处理组的 16 个产业在不加入控制变量的情况下，绿色制造对经济效率存在负相关关系，也就是绿色制造对经济效率的影响是负向影响，但从 2015 年开始实施环境保护相关政策后，绿色制造对于经济的影响趋于正向。分析其原因，可能是因为处理组所包括的 16 个产业主要是污染度比较高、排放压力比较大的产业，产业本身存在较大异质性。研发投入、产业结构、人均主营业务收入三个控制变量对经济效率有正向影响，且是显著的。

（2）与经济效率的影响不同，28 个产业的绿色制造水平对环境效率的影响在 5% 水平下是显著的，且系数为正，均具有正向影响，绿色制造水平变量的系数在政策前后保持一致，对环境效率的影响在政策实施前后均为正值，系数不同，说明绿色制造对处理组（16个产业）的环境效率影响在政策实施前已经有所影响，但政策实施后影响更大。四个控制变量中，产业结构、能源结构以及研发投入三个变量都是显著的，说明国有企业在产业中的比重、电力能源在能源总消费中的比例以及研发投入对环境效率都有显著影响，但能源结构和研发投入对环境效率的影响明显大于产业结构对环境效率的影响。

（3）绿色制造对经济效率影响的动态效应估计中，无论是否加入控制变量，动态模型 1 和动态模型 2 的内生解释变量经济效率的滞后项分别在 10% 和 5% 水平下显著，内生变量均能够显著促进经济效率的提升，且由动态模型 2 可知，滞后项对经济效率的影响受到了控制变量的影响。另外，在动态模型 2 的回归结果中，研发投入、产业结构和人均主营业务收入这三个变量对于经济效率有正向影响。

（4）绿色制造对环境效率影响的动态效应估计中，无论是否加入控制变量，内生变量的一阶滞后项系数均在 5% 的显著性水平下显著，表明内生变量（环境效率）受到前期水平的影响显著，同时说明内生变量有显著的滞后效应。绿色制造与环境保护政策实施年份的交乘项 Green × Dt，无论是否加入控制变量，均在 10% 的显著性水平下显著，说明环境保护政策实施年份前后，绿色制造对于环境效率均存在正向影响。绿色制造与时间的交乘项、研发投入、产业结构、能源结构以及人均主营业务收入等变量对于环境效率的影响都是显著的。

（5）通过安慰剂检验方法，结果表明绿色制造在相关环境保护和绿色发展政策下净效应的研究结果是稳健的，即被解释变量的变动受到政策的影响是显著的，即无论是经济效率还是环境效率的变动都受到了环境保护政策的显著影响。同时，通过将研究样本分为处理组和对照组，利用一阶自相关和二阶自相关及 Hansen 统计量检验，说明系统 GMM 模型中工具变量是有效的，模型具有较好的估计结果。

| 第 10 章 |

我国绿色制造发展的实现路径

10.1 引　言

绿色制造的形成及其发展有着深厚的历史根源，不能把绿色制造看成简单的先进制造技术水平和现代管理手段的相加。实际上，制造模式是在人类生产方式不断演变的过程中伴随人类生产需求而不断改变的结果，是由社会不断发展中的客观性来决定的。在当今经济全球化发展的趋势下，走可持续发展道路的理念已经深入人心，但是目前社会发展中企业的个性需求和环境的协调成了走可持续发展道路需要解决的两个辩证统一的问题。而我们目前提出的发展绿色制造体系，恰好是能够解决个性需求和环境协调问题，满足可持续发展目标要求的一种新兴制造模式。

我国构建绿色制造体系，应该借助政府和企业两大主体的共同作用。首先，政府在构建绿色制造体系中应该扮演发展绿色制造的引导者角色，依据绿色制造相关法律法规的要求，通过采取一系列激励监督、税收财政等有效措施，将我国制造业行业企业发展绿色制造的积极性调动起来。其次，根据相关法律法规的要求，推进发展绿色制造的实施主体——制造业行业企业在政府有关激励政策下，所有符合国家要求，积极发展绿色制造，推动我国实现节能减排总体目标，达到环境保护和资源有效利用目的的企业，均能获得政府的财政税收优惠。相反，如果企业违反了发展绿色制造相关规定的行为，将受到惩罚。

10.2　强化绿色制造体系研究与建设

许多国内外的研究机构都对绿色制造的理论体系进行了深入研究，例如绿色制造可持续发展、绿色制造的运行特性、资源与环境属性以及其系统特性等。按照现有文献研究，可归纳得出绿色制造理论体系主要分为两大模块：一是针对绿色制造的相关理论知识，如概念、内涵、方法、理论框架等的研究；二是针对制造行业生产产品的整个生命周期——绿色研发测试、绿色生产制造、绿色包装销售和绿色报废回收处理等一系列应用技术的研究。由于绿色制造模式的内涵、发展理念、评价标准等与传统的制造模式有本质的区别，绿色制造要求在产品的整个生命周期中将"绿色"贯穿其中，不仅要考虑在制造领域中的进展，还要在环境保护领域以及资源优化领域这两大领域中，将制造行业企业的环境指标、所耗资源及能源属性等加以综合考虑。因此，我国发展绿色制造、制造行业企业实施绿色制造，首先要在理论结合实际中强化绿色制造理论体系，这关系到我国发展绿色制造能否顺利实施。2016 年，工信部发布的关于开展绿色制造体系建设的通知，有效地推动了我国绿色工厂、绿色产品、绿色供应链、绿色园区的创建，而绿色制造理论的创新及理论体系的构建是四个"绿"顺利创建的关键因素。我们应该在巩固现有的绿色制造理论的基础上进一步强化绿色制造理论体系。

10.3 完善社会法规政策体系

1. 建立与绿色制造相配套制度，完善我国法律执行办法

目前，我国现有的绿色制造相关法律法规较为分散，无法构成完整的绿色制造法律法规体系，使得集中体现绿色制造法律法规体系更加困难，诸多制造业企业没有完善的法律依据来有效地认识并开展绿色制造工作。应参考发达国家的经验，结合行业技术特点制定更为适合不同制造行业的标准体系，将一些由我国行政部门制定的规章制度提升到法律的层面，建立与绿色制造相配套制度，通过完善的法律法规体系推动新旧动能转换和企业高质量发展，即针对主要行业制定更为明确的能耗与排放标准，确保完善的法律法规体系切实推进绿色制造体系的快速发展。目前一些发达国家在税务征收上普遍是按照不同的税种对节能和减排分别进行征收，像美国的能源开采税、欧洲等多国的工业重油消费税、大气污染税以及水污染税等环境保护相关税种。我国目前的税收主要是排放收费，2018年《中华人民共和国环保税法》作为我国首部环保税法，将"费"改为"税"，并自当年1月1日开始实施，这使我国开展环境保护工作有了法律的引导和约束，合理地将法律手段与市场机制相结合，同时加强政府管理、强化发展绿色制造中的环保执法力度，依据法律相配套制度，做到有法必依、执法必严、违法必究，促进绿色制造技术的发展及绿色产品的研发及延伸。积极实施绿色制造的企业能够得到保护环境所带来的社会效益，同时也能够为企业带来相应的经济效益。相反，不予实施绿色制造或者在实施绿色制造过

程中违反了相关法律规定的企业，将会受到法律的制裁，也会在市场竞争中惨遭淘汰。因此，政府应该制定一些有利于推动我国制造企业进行绿色创新政策的法律法规，完善我国法律执行办法，由直接管理转变为间接管理，给企业进行绿色创新活动带来更多经济利益的流入以及在税收方面的优惠政策，同时搭配相应的行政相关政策措施，把资源使用效率、产品绿色化等环境保护指标赋予绿色市场的竞争机制中，引导企业技术创新、产品创新、降低能源损耗和对环境的负影响，促进我国制造业行业企业的优胜劣汰，以此来确保我国制造行业能够形成良性的绿色市场竞争，逐步实现全面绿色制造。

2. 加强知识产权的法律保障

自 20 世纪 50 年代日本实施"技术立国"开始，日本的发展战略经历了从"自主创新、自主专利"转变为现在的"知识产权立国"，完善的知识产权法律保障体系促进了日本战后经济的飞快复苏和日本制造业的迅猛发展。因此，我国可以学习日本在知识产权法律保障方面的成功经验，从而对我国知识产权法律制度进一步完善，并将其作为我国发展绿色制造强有力的外部保障。科技成果是企业斥资投入的结晶，科技成果的成功转化，意味着科学技术走出实验室迈向了经济市场，实现了经济价值的创造，是联系科学技术与经济发展的纽带。但是我国目前科技成果的转化率远远不足与发达国家相比，究其根本，还是尚有的知识产权法律体系不够完善，不能使科研投资有效转化为经济价值的创造。因此，我国应完善知识产权法律制度，实施知识产权保护战略，加强全社会对知识产权的重视程度，注重多个领域的产学研相结合，建立长效的多形式多领域合作发展模式，完善科技成果转换的利益保障机制，设立专业专利技术转让机构，促进科技成果转化的快速有效实现，走出科技成果转化率低的困境，并将知识产权法律体系作为我国发展绿色制造强有力的外部保障，这样才能使我国制造业行业企业实施绿色制造的积极性和创新性更强，从而加快构建绿色制造体系进程。

10.4　建立绿色制造评价标准体系

发展绿色制造的前提条件是需要具备科学性的法律法规以及评价标准，标准化是发展绿色的趋势所在。目前，德国、美国、英国都在制定相应的标准，例如"德国工业4.0""美国再工化战略"以及"英国制造2050"等。国际贸易方面也在朝向绿色主题发展，相关国际组织相继发布了环境管理体系、绿色认证和环保标准体系标准等。我国也在绿色制造方面制定出相应政策，采用大量的国际标准的同时也制定了适合我国不同领域的绿色制造国家标准。例如，工信部为加快提升我国在绿色制造标准上的国际影响力，推动制造业绿色发展的转型升级，制定了《绿色制造标准体系建设指南》《工业节能与绿色标准化行动计划（2017—2019年）》以及《绿色工厂评价通则》等一系列绿色制造标准。通过规范化的标准制定，推动各个行业的标准化、绿色化，出色地完成了"十三五"期间的各项年度指标。

为了促进大中小型企业快速绿色化转型以及长期高质量发展，严格地执行节能环保法规是必不可少的。严格控制各行业的污染物排放，加强巡查监管力度，完善监测统计体系，建立健全评估体系是绿色制造长期发展的重要保障。同时，也需要对敏感地区实施重点监管，对环境指标超标企业及时限产、停产，时刻保证高标准、高要求地执行绿色制造，促进绿色制造可持续发展。所以，我国在推进绿色制造体系发展进程中要强化节能环保准入约束管理，充分发挥标准的规范作用。

10.5　完善政府对企业实施绿色制造的奖惩机制

在社会不断发展的过程中，消费者对于绿色制造的关注度不断增强，并且对于绿色产品的期待程度也越来越高，但是同时有关部门对存在环境污染问题企业的处罚力度较轻，也使得部分企业缺乏推进绿色模式的内在动力。在经济发展程度较低区域，仅仅依靠市场调控很难推动消费者对绿色产品的购买欲望。政府可以采取一系列监督激励和奖惩措施，在发展情况良好的绿色运营区域带动相关制造企业发展绿色制造。根据行业性质、政府与企业之间的关系对不同制造业实施调整策略与量化措施，即使有些产品没有绿色标准，企业在当前发展趋势上也会紧追潮流，促进工业制造的绿色发展。在此方面与国际相比，我国市场中还存在政府对制造企业的环境管制压力不足问题。目前，我国虽然对制造业的发展较为重视，但是我国有关企业污染问题的法律法规在处罚制约上力度比较弱，并且对现有制造业生产全过程缺乏有效的监督监管，当前的污染处罚标准远低于污染的综合治理费用。在企业层面，污染处罚力度的不足，使得企业本身缺乏治理污染与改进生产工艺的动力，造成部分企业在绿色制造观念上止步不前。针对以上情况，政府部门可以考虑将环境保护的审查与产品质量的监管结合起来，有针对性地完善相关法律法规，通过相互联合的手段增强部分企业的绿色制造观念，也使得污染企业强制进行整改，为绿色制造发展运营模式的演化提供一个良好、公平的竞争市场环境。

10.6 加强对绿色制造市场的需求引导和政府资金扶持

1. 加强宣传与引导，培养消费者的绿色消费意识

目前，很多消费者对绿色标识认识度并不高，也很少购买绿色产品，这就需要政府与企业加强对消费者绿色消费观念的培养。例如，通过广告、公益活动或者相关科普教育活动等增强消费者环境保护意识以及绿色产品消费意识，使消费者了解到购买绿色产品不仅可以保护自身的健康，也是保护生活环境的一部分，通过拉动"绿色"消费的形式推动"绿色"市场。"绿色"市场形成后，可以促进中小企业在绿色制造方面的发展，提高了中小企业在绿色制造方面的积极性。

2. 完善资源利用和财税优惠政策

政府部门应对污染性、消耗性高以及资源性产品的出口情况严格加以把控，通过采取减免税收等措施促进制造企业摒弃低污染、低能耗的生产方式，积极开展科技创新，从而推动电力、石化、有色金属冶炼等高能耗工业的绿色发展。利用中央财政、地方财政、社会资金等方式推动高污染、高功耗企业的"绿色化"转型。通过拓宽相应企业的资金来源促进其在绿色制造方面的快速转型与发展。

3. 加大奖惩力度，激励企业实施绿色制造战略

加大对中小企业的资金补贴与税收优惠；对不实施绿色制造战

略的企业采取惩罚措施；对有污染的中小企业征收高额的环境税
等。通过上述方式促进中小企业向绿色制造战略方向发展。由于当
前绿色产品的附加值较高，这就变相地增加了中小企业的运营成
本，从而使绿色产品的价格上浮，降低了中小企业产品的竞争力。
对此，政府及有关部门可以通过财政补贴或者税收优惠的政策促进
中小型企业向绿色制造方面发展。同时，通过增加税收或者采取惩
罚措施的方式对高污染、高能耗企业进行治理，以此方式增加相应
企业的运营压力，迫使其向绿色制造方向转型，从而加速企业绿色
制造战略的稳定演化过程。

10.7 发展绿色制造促进经济效率

10.7.1 从政府层面发展绿色制造来促进经济效率

（1）在现代的经济社会中，技术创新是促进经济持续增长的根
本保障。在企业实施绿色创新的过程中，企业员工应该不断地学习
绿色制造相关理论，因为制造业企业取得绿色产品和绿色技术创新
成功的一种重要途径就是通过学习来获得更多的创新思路。对于那
些经常组织员工学习交流的企业来说，不同思想的碰撞能够加强企
业管理层积极思考绿色产品创新的内在条件、如何开展绿色技术整
合相关资源以及绿色产品推广手段如何协调等。因此，政府作为宏
观调控的实施者，应该鼓励企业积极组织学习活动，注重多元化的交
流学习，尤其是与国际上成功企业的沟通合作，强化和完善企业绿色
制造创新的发展运作模式。政府在高度重视引进国际优秀企业先进技
术的同时，还应该积极鼓励和引导新技术成果的研发和运用，在必要

时提供相应的政策支持。另外，政府还要加大我国产业链整体结构的调整，使制造业行业企业能够迅速把握绿色制造创新的时机。

（2）对于发展绿色制造体系，主要在于政府层面。政府能否有效地调控生产企业、销售企业以及产品市场的和谐竞争，对于制造业行业企业积极实施绿色制造有很大的影响。我国目前还未形成绿色消费市场氛围，大多数消费者消费关注的仍然是产品的价格而非是否属于环保产品。针对价格信号对消费者在消费选择中产生重大影响的情况下，政府应该引入一些包括能降低能源使用成本、倡导资源再次循环利用、能源和环境税收等能够影响绿色制造产品价格的经济措施。

（3）政府在构建绿色制造体系中作为促进绿色制造发展的引导者，应该依据法律法规的授权，通过监督激励、税收财政等手段，调动起我国发展绿色制造体系的核心企业的积极性。此外，根据我国目前绿色制造体系发展的实际情况来看，政府还需要把如何构建发展绿色制造调控机制及限制机制考虑在内，要减少绿色制造这一新兴发展模式带来的风险，加快我国推动绿色制造创新发展的进程。与此同时，政府部门还要对绿色制造创新体系的构建实施相应的监督管理，在发展绿色制造创新体系的每个环节和层级中都要实施相应的法律约束。

（4）推行绿色制造创新发展的根本目的就是在产品生产制造的整个周期内降低对环境的负作用，提高资源的利用率，协调优化企业的经济效益和社会效益，从而加快推动绿色化的创新生产方式，大幅度增加绿色产品的供给，有效降低经济发展的资源环境代价。在目前的经济社会中，推行绿色制造创新模式确实可以减少污染物的排放和促进生产废弃物的循环回收利用，但决定我国制造业行业企业做大做强的决定因素是绿色制造模式给社会带来了额外的利益和福利。随着市场经济体制的不断改革和我国对外开放力度的逐渐

加强，企业在深度消化国际企业先进管理经验后可以促进企业内部
管理效率的飞速提升，根据产品市场的供需关系来合理改善自身的
经营管理水平。政府在我国制造业行业企业管理经营水平提高的过
程中，应该充分尊重市场经济的发展规律，减少不合理的市场干预
行为，以维持市场的平稳有序运行。

10.7.2　从企业层面发展绿色制造来促进经济效率

（1）创新企业生产与经营管理的方式，积极实施绿色制造模
式。目前我国制造业行业企业的生产研发技术处于落后水平，虽然
企业能源消耗高、环境污染严重的主要原因是企业生产设备的陈
旧，但是制造企业在经营管理方面不到位也是一个不可忽视的原
因，企业在产品生产管理环节上存在漏洞导致人为地加重了企业经
济效率的降低。对企业来讲，发展绿色制造模式可以改善企业管控
不到位的问题，使企业转向现代管理模式，当企业对项目或产品的
投入与产出能以一定比例上升时，企业才能获得经济效率的提高。
绿色制造模式的根本目的就是追求企业环境效益与经济效益的最大
化，因此，企业将绿色制造理念纳入企业研发设计、生产包装、质
量管控、营销售后等各个环节，结合企业具体实际情况，建立科学
合理的绿色制造生产经营、内部管控制度，无疑能够使企业走低成
本可持续发展的道路，从而促进社会经济效率的提高。

（2）企业作为发展绿色制造体系中的实施主体，应该根据相关
法律法规，合理有效地实施绿色制造模式，推动我国实现节能减排
的目标，达到环境效益与经济效益最大化的目标要求。制造企业作
为绿色供应链的核心企业，在发展绿色制造时，应将产品研发测
试、生产加工、包装销售以及报废回收的过程整合进绿色节能的资
源，尽量选用可再生的材料，以此来减少原材料的浪费，降低企业

在生产环节不必要的投入。企业应该在制造环节中选择无公害的原材料，尽量降低用料的类型和含量，对于可进行循环利用的资源做到二次回收利用。另外，制造企业可以建立多渠道的产品售后回收模式，引入先进的生产技术，降低产品生产成本，对建立的不同回收渠道有选择性地实施差别定价回收策略，从而提升企业生产经营过程中的利润。

（3）制造企业在产品生产的过程中实施绿色制造模式外，还应该与产品的零售商以及产品售后的回收商建立良好的长期合作关系，这样可以使经济效率和环境效率均得到有效提高。另外，制造企业也可以利用自身作为产品供应链前端的渠道优势来宣传推广绿色制造产品，引导消费者将售后报废或老旧的产品返回给回收商，这样可以节约产品从生产、销售到售后报废回收整个链条中的成本投入，从而提高企业的经济效率。

（4）由于我国目前还未形成绿色消费市场氛围，大多数消费者消费关注的仍然是产品的价格而非是否属于环保产品。销售环节的企业作为零售的主体，可以加大向供应商订购绿色制造产品的数量，减少运输成本和订购费用，从而降低绿色产品的销售价格，提高市场上绿色产品的价格竞争优势。零售企业应该积极引导消费者进行绿色产品消费，尽可能地将绿色制造产品的相关信息透明化，使得消费者对绿色制造产品有更深的了解。另外，零售企业还可以通过自身的销售网络资源，积极从消费者手中回收废旧的产品，努力提升本企业的品牌形象以及服务水平，从而降低消费者在消费时的价格敏感度。

（5）提高经济效率很重要的一个环节就是做好产品售后的废旧回收，增加资源的重复利用率。负责产品回收的企业，应该加大研究开发先进的再回收设备，引进先进的产品可循环利用技术，采取多渠道回收废旧产品，降低回收成本和废弃产品拆解处理成本。加

绿色制造背景下的产业经济效率和环境效率

大废旧产品回收利用对保护环境有益的宣传力度，吸引更多的消费者在产品废旧后能返回至回收处。此外，回收企业也应该利用自身回收产品的机构优势，优化企业回收关系的网络资源，提高产品回收的品类、数量，降低回收产品的成本，形成相应的规模效应，增加自身在供应链环节中的经济效率。

10.8　发展绿色制造促进环境效率

10.8.1　从政府层面发展绿色制造来促进环境效率

（1）建立和完善绿色制造发展法律体系，制定以促进环境质量改善发展绿色制造为激励导向的政府绩效考核制度，根据各地区实际财政情况实施中央补贴和地方自筹兼顾的举措，鼓励各地方政府根据实际经济情况发展绿色制造，从而改善环境质量，提高环境改善带来的长期收益。发展绿色制造需要政府来进行宏观调控，基于绿色发展的中国制造业绿色制造体系是由内、外部两个体系所形成的，因此政府需要利用内部外部相融合的激励方式，来进一步强化绿色制造体系的完善，尤其是针对目前绿色创造体系基本形成的雏形架构，政府应该将激励体系进行联合运行从而来保证内外一致性，同时还需要将绿色制造体系外在的一些风险和不确定性考虑在内。制造企业在进行研发的初期需要靠政府的扶持来度过无盈利的阶段。所以，制定一些有利于推动制造企业进行绿色创新政策的法律法规，给企业开展绿色创新活动带来更多经济利益的流入以及在税收方面的优惠政策，同时搭配相应的行政政策措施，以此来确保我国制造行业能够形成良性的绿色市场竞争。

（2）建立相应的研发生产绿色产品的激励机制。目前我国企业生产绿色产品所需投入成本较大，价格较高，以至于绿色产品的市场空间有限，与传统产品相比不能够占据价格竞争优势。因此政府可以通过鼓励制造企业研发不可再生及稀缺资源的替代技术、绿色节能可循环利用技术等新兴绿色生产技术，针对企业技术研发工作保障目标建立相应的专项基金；通过制定一系列合理的价格政策，对不可再生资源和对环境有负面影响的资源运用经济手段来加以把控，从而达到企业和消费者日益减少对这些资源的使用，并选择其他绿色环保的替代产品。

（3）积极培育制造业集群式发展。高技术制造企业可以提高绿色制造的技术创新能力，促进我国环保技术的开发与运用，从而提高我国可持续发展的环境效率，但是高技术的制造企业有较高的知识需求，同行业技术的溢出不足以支撑其创新发展的需求。而低技术的制造企业发展创新的主要途径是模仿同行业的先进技术。不难发现，不同的制造企业在"干中学"和"模仿复刻"是发展技术创新的有效途径。因此，政府应该重点关注我国不同制造行业企业的集群式发展，这样不仅能够促进我国绿色制造体系的发展，更有利于促进环境效率的提高。

10.8.2　从企业层面发展绿色制造来促进环境效率

（1）将绿色制造理念纳入企业的发展管理战略。我国推行的绿色制造模式对于企业而言是一种新兴的绿色发展模式，企业的实际经营状况、技术研发能力、长期投资能力等诸多方面关乎绿色制造模式能否快速融入企业的发展战略和企业管理。绿色制造模式对于企业而言，是一项新兴的并且比较复杂的系统性的制造模式，因为绿色制造涉及产品的研发测试、生产制造、包装销售和报废回收整个产品生命周期的处理流程，而且还需要企业制定合理的绿色制造发展战略，会涉及市场状况研究、绿色供应链系统以及质量把控管理等各个方面。从企业的长远发展来看，发展绿色制造模式是一种不可逆转的趋势，越早实施，越早受益，因此，企业在战略和观念上的转变是发展绿色制造的重要一步。

（2）围绕绿色制造发展理念的新兴生产运营管理模式。我国制造业行业许多企业的能源消耗较高、环境污染严重的主要原因是工业技术的落后以及企业设备的陈旧，但是还有一个很重要的原因是企业内部管控不到位，经营方式不科学，企业在产品生产管理环节上存在漏洞，导致人为地加重了企业对环境造成的污染。有调查显示，目前我国相当一部分制造企业污染较重主要是因为生产制造环节跑、冒、滴、漏现象严重。严格意义来讲，我国制造业行业企业生产制造过程中对环境造成污染的原因一部分是出于管理不善。对企业来讲，发展绿色制造模式可以改善企业管控不到位的问题，使企业转向现代管理模式。绿色制造模式主要追求企业环境效益与经济效益的最大化，因此，企业将绿色制造理念纳入研发设计、生产包装、质量管控、营销售后等各个环节，结合自身具体情况，建立科学合理的绿色制造生产经营、内部管控制度，无疑能够促使企业走低成本可持续发展的道路。

10.8.3　从消费者层面发展绿色制造来促进环境效率

积极实施绿色制造发展模式是利他性的，因为发展绿色制造不仅对环境、生态和人类健康有益，对社会发展以及我们的后代延续都是有益的。消费者应该提高自身对绿色产品、绿色消费、环境保护的认识，加强对废旧产品循环再利用的能力，重视使用绿色产品对降低环境污染的意义。在消费时，不再单一关注产品价格，而是更关注产品是否绿色制造、产品是否绿色环保，积极倡导绿色消费、购买绿色健康环保的产品，从而激励制造业行业企业加大对绿色产品的创新研发投入，共同实现我国绿色制造体系发展的总目标。此外，消费者要把处理废旧产品给回收商作为一种生活习惯，主动学习政府或企业开展的关于废旧产品回收处理的相关理论知识，为推动国家资源综合利用、循环经济发展和绿色可持续发展贡献一份力量。

10.9 经济结构调整、优化产业结构布局

（1）政府部门应该考虑优先发展高科技绿色产业以及现代服务产业，进一步优化调整我国目前的产业结构。在对外贸易方面，政府应该积极与其他国家开展友好交流，鼓励进行环境友好型的产品贸易活动，增加绿色制造产品进出口贸易，减少高能耗、高污染的产品贸易。政府可以通过实施环境友好型行政许可制度来限制一部分高能耗、高污染、高排放量的具有污染性的外资企业的引进。随着绿色能源先进技术的引入，政府应该鼓励制造业行业企业积极发展创新生产模式，加强企业生产、经营、管理能力建设。

（2）鼓励制造业龙头企业发挥实施绿色制造生产模式的带头模范作用。政府可以通过一系列的与环境保护相关的政策对行业的龙头企业实施扶持计划，例如，针对企业技术研发工作保障目标建立相应的专项基金；通过制定系列合理的价格政策对不可再生资源和对环境有负面影响的资源运用经济手段来加以把控；加大对企业研发的扶持力度，提供税收优惠政策等。

（3）在构建绿色制造体系的进程中，政府要积极采取恰当的手段处理绿色制造创新技术的溢出性问题，例如，实施知识产权保护

绿色制造背景下的产业经济效率和环境效率

战略，完善科技成果转换的利益保障机制，以及绿色制造创新技术扩散发展等。政府可以借助公众和各类媒体的力量对发展绿色制造进行宣传和监督。

（4）政府在优化产业布局的同时，可以进一步将环境保护与执政绩效结合在一起，不断改进政府及企业部门绩效考核政策和执行方案，有效推动环境效率和经济效率的提高，以此来推动企业实施绿色制造、创新发展的积极性，从而减少政府在环境污染治理方面的财政支出，增进社会的总经济效率，推动我国社会的绿色可持续发展。

本 章 小 结

绿色制造是基于可持续发展理念，将环境影响和资源效益综合考量的一种现代制造模式，旨在将产品在生产制造、销售使用整个周期内降低对环境负作用的影响，提高资源的利用率，协调优化我国企业的经济效益和社会效益。我国现有的绿色制造体系处于初生阶段，其中存在许多不足之处，可通过以下措施加以改进。

（1）政府方面。政府应强化绿色制造理论体系，建立与绿色制造相配套制度，完善我国法律执行办法；实施知识产权保护战略，加强全社会对知识产权的重视程度；强化节能环保准入约束管理、充分发挥标准的规范作用；完善政府对企业绿色制造的奖惩机制，加强对绿色制造市场的需求引导和政府资金扶持；加强对消费者的绿色产品知识的宣传与引导，培养消费者的绿色消费意识。

（2）企业方面。企业将绿色制造理念纳入企业的发展管理战略，围绕绿色制造发展理念，实行新兴生产运营管理模式；对传统制造企业的生产与经营管理方式加以创新，积极实施绿色制造。

（3）消费者方面。消费者要努力提高自身对绿色产品、绿色消费、环境保护的认识，加强对废旧产品循环再利用的能力，重视使用绿色产品对降低环境污染的意义；在消费时，不再单一关注产品价格，而是更关注产品是否绿色制造、产品是否绿色环保，积极倡导绿色消费、购买绿色健康环保的产品，从而激励制造业行业企业加大在绿色产品研发以及绿色技术创新方面的投入，共同向构建绿色制造、创新可持续发展理想目标迈进。

参 考 文 献

[1] 蔡守秋. 从斯德哥尔摩到北京：四十年环境法历程回顾 [A]//中国法学会环境资源法学研究会、环境保护部政策法规司. 可持续发展·环境保护·防灾减灾——2012年全国环境资源法学研究会（年会）论文集, 2012: 500-508.

[2] 吴智慧. 超越增长的极限——纪念《增长的极限》一书出版40周年 [J]. 国土资源情报, 2013 (1): 2-10+18.

[3] 本刊编辑部. 美国奥巴马政府的新能源策略 [J]. 电力技术, 2009 (3): 76-78.

[4] 左世全. 美国"先进制造业国家战略计划"对我国的启示 [J]. 经济, 2012 (6): 142-143.

[5] 王瑞彬. 拜登新能源气候政策取向及中美合作前景探析 [J]. 国际石油经济, 2020, 28 (12): 28-33.

[6] 陈志恒. 日本构建低碳社会行动及其主要进展 [J]. 现代日本经济, 2009 (6): 1-5.

[7] 陈柳钦. 国内外新能源产业发展动态 [J]. 河北经贸大学学报, 2011, 32 (5): 5-13.

[8] 俞敏, 李佐军, 高世楫. 欧盟实施《欧洲绿色政纲》对中国的影响与应对 [J]. 中国经济报告, 2020 (3): 132-137.

[9] 雪晶, 侯丹, 王旻烜, 等. 世界生物质能产业与技术发展现状及趋势研究 [J]. 石油科技论坛, 2020, 39 (3): 25-35.

[10] 刘丛丛, 吴建中. 走向碳中和的英国政府及企业低碳政

策发展 [J]. 国际石油经济, 2021, 29 (4): 83 – 91.

[11] 张翼燕. 英国"绿色工业革命"十点计划 [J]. 科技中国, 2021 (4): 93 – 95.

[12] 高兴佑. 我国煤炭价格机制改革研究 [J]. 中国矿业, 2016, 25 (6): 21 – 25 + 43.

[13] 信乃诠. 新中国农业科技 60 年 [J]. 农业科技管理, 2009, 28 (6): 1 – 11 + 19.

[14] 刘丽娜. 绿色制造——中国新型工业化发展方向 [J]. 资源再生, 2009 (3): 24 – 26.

[15] 陈伟. 开创产学研国际化合作的新模式——记上海交通大学与通用汽车公司的全方位合作 [J]. 中国高校科技与产业化, 2007 (8): 21 – 22.

[16] 韦焕贤, 陈永清. ISO 9000 和 ISO 14000 认证对出口贸易影响的比较研究 [J]. 科技管理研究, 2012, 32 (23): 196 – 203.

[17] 李天箭, 丁晓红, 李郝林. 机床结构轻量化设计研究进展 [J]. 机械工程学报, 2020, 56 (21): 186 – 198.

[18] 马军, 马京生. 浅析绿色企业与绿色管理 [J]. 内蒙古统计, 2003 (1): 53 – 55.

[19] 十八届五中全会公报摘要 [J]//《黔西南论坛》编辑部. 黔西南论坛, 2015, 4 (52): 2.

[20] 中共中央国务院关于加快推进生态文明建设的意见 [J]. 水资源开发与管理, 2015 (3): 1 – 7.

[21] 工业和信息化部规划司.《中国制造 2025》的主要目标 [N]. 中国电子报, 2015 – 05 – 26 (5).

[22] 中华人民共和国国民经济和社会发展第十三个五年规划纲要 [N]. 人民日报, 2016 – 03 – 18 (1).

[23] 工业绿色发展规划 (2016—2020 年) [J]. 中国工业评

论，2016（11）：107-109.

[24] 工信部启动第五批绿色制造名单推荐及前两批名单复核工作 [J].智能制造，2020（3）：9.

[25] 本刊讯.工信部推进绿色制造体系建设 [J].墙材革新与建筑节能，2016（10）：10.

[26] 佚名.两部门发布《关于组织开展绿色制造系统集成工作的通知》[J].机械工业标准化与质量，2016（12）：5.

[27] 黄晓宁.绿色金融在供应链领域的创新应用 [J].中国物流与采购，2018（18）：64-65.

[28] 廖耀先.种植业生产技术效率的讨论与度量 [J].技术经济，1994（9）：38-41+33.

[29] 卓琳.生态效率评价理论研究展望 [J].旅游纵览（下半月），2015（6）：243.

[30] 杜克锐，鄢哲明，杨志明.能源和环境绩效评价方法的最新研究进展 [J].环境经济研究，2018，3（1）：113-138.

[31] 王金南，杨金田，杨本津，等.经济手段在现代环境管理领域中的应用——以OECD（经济合作与发展组织）为例绪论 [J].环境科学丛刊，1991，12（6）：1-7.

[32] 刘旸.里约+20见证可持续发展之路 [J].风能，2012（8）：36-37.

[33] 王庆一.能源效率及其政策和技术（上）[J].节能与环保，2001（6）：11-14.

[34] 魏楚，沈满洪.能源效率与能源生产率：基于DEA方法的省际数据比较 [J].数量经济技术经济研究，2007（9）：110-121.

[35] 杨杰，刘春苗.循环经济理论与科学发展观 [J].统计与决策，2006（13）：123-124.

[36] 马凯.贯彻和落实科学发展观 大力推进循环经济发展

[N]. 人民日报, 2004 - 10 - 19.

[37] 何青, 翟绘景, 龚子柱. 循环经济理论新探析——5R 理论的创新 [J]. 工业技术经济, 2007, 26 (10): 138 - 140.

[38] 黄维益. 再造精益企业 [J]. 装备制造, 2008 (7): 86.

[39] 李永祥. 制造企业精益管理模式理论和应用研究 [D]. 天津: 天津大学, 2005: 4 - 5.

[40] 闫泽涛, 李燃. 国民收入分配外部性问题研究 [J]. 经济与管理评论, 2017, 33 (5): 21 - 27.

[41] 罗必良, 王玉蓉. 外部性问题、校正方式与科斯定理 [J]. 经济科学, 1994 (6): 50 - 57.

[42] 张燕飞. 现代产权思想的变迁 [J]. 中国政法大学学报, 2021 (3): 105 - 116.

[43] 颜鹏飞, 王兵. 技术效率、技术进步与生产率增长: 基于 DEA 的实证分析 [J]. 经济研究, 2004 (12): 55 - 65.

[44] 陈超凡. 中国工业绿色全要素生产率及其影响因素——基于 ML 生产率指数及动态面板模型的实证研究 [J]. 统计研究, 2016, 033 (3): 53 - 62.

[45] 刘飞, 张华, 岳红辉. 绿色制造——现代制造业的可持续发展模式 [J]. 中国机械工程, 1998 (6): 76 - 78 + 94.

[46] 汪劲松, 段广洪, 李方义, 等. 基于产品生命周期的绿色制造技术研究现状与展望 [J]. 计算机集成制造系统 - CIMS, 1999 (4): 2 - 9.

[47] 王能民, 孙林岩, 汪应洛. 绿色制造的激励机制研究 [J]. 中国机械工程, 2001 (11): 106 - 109 + 7.

[48] 唐涛, 刘志峰, 刘光复, 等. 绿色模块化设计方法研究 [J]. 机械工程学报, 2003 (11): 149 - 154.

[49] 徐勇军, 张彦富, 王平. 绿色制造及其实施 [J]. 机电工

程技术，2005（5）：21－23＋99.

[50] 杨长福，幸小勤.绿色制造的系统科学问题分析 [J].科技管理研究，2008，28（11）：52－55.

[51] 陶永，李秋实，赵罡.面向产品全生命周期的绿色制造策略 [J].中国科技论坛，2016（9）：58－64.

[52] 刘飞，李聪波，曹华军，等.基于产品生命周期主线的绿色制造技术内涵及技术体系框架 [J].机械工程学报，2009，45（12）：115－120.

[53] 张立祥，汪利萍，闫磊磊.基于包装全生命周期的绿色制造技术体系 [J].食品与机械，2019，35（7）：147－151.

[54] 谭显春，刘飞，曹华军，等.绿色制造的一种工艺路线决策模型及其求解算法 [J].机械工程学报，2004（4）：154－159.

[55] 殷瑞钰.绿色制造与钢铁工业 [J].钢铁，2000（6）：61－65.

[56] 雷小凤，陈共荣.钢铁企业绿色制造体系的构建 [J].企业经济，2011，30（6）：103－105.

[57] 何志朋，张华，江志刚，等.钢铁企业绿色制造运行关键技术研究 [J].武汉科技大学学报，2013，36（5）：321－325.

[58] 王新东，田京雷，宋程远.大型钢铁企业绿色制造创新实践与展望 [J].钢铁，2018，53（2）：1－9.

[59] 何彦，刘飞，曹华军，等.面向绿色制造的机械加工系统任务优化调度模型 [J].机械工程学报，2007（4）：27－33.

[60] 李聪波，刘飞，王秋莲，等.面向生命周期的机床行业绿色制造运行模式 [J].中国机械工程，2009，20（24）：2932－2937.

[61] 韩自强，岳文辉，单武斌，等.基于区间层次分析法的机械加工绿色工艺方案决策 [J].机床与液压，2020，48（17）：117－121.

［62］黄敏纯，刘光复，刘志峰，等．绿色制造评价方法及在化肥工业中的应用［J］．现代化工，2000（5）：55－56＋62．

［63］沈德聪，阮平南．绿色制造系统评价指标体系的研究［J］．机械制造，2006（3）：8－11．

［64］张绪美，张华．生态文明下绿色制造评价与优化框架体系［J］．现代制造工程，2016（10）：153－158．

［65］刘飞，曹华军，何乃军．绿色制造的研究现状与发展趋势［J］．中国机械工程，2000（Z1）：114－119＋5．

［66］曹杰，易红，周卫峰，等．绿色产品制造工艺评价体系与方法研究［J］．东南大学学报（自然科学版），2002（1）：29－31．

［67］刘华．绿色产品评价理论和方法及其在粉末冶金中的应用［D］．广州：华南理工大学，2005．

［68］祝爱民，于丽娟，张青山，等．制造业绿色产品评价流程设计研究［J］．机械制造，2006（11）：47－49．

［69］薄振一，耿秀丽，何建佳．面向绿色再制造的产品模块划分方案评价方法［J］．资源开发与市场，2019，35（10）：1225－1230．

［70］曹华军，刘飞，阎春平，等．制造过程环境影响评价方法及其应用［J］．机械工程学报，2005（6）：163－167．

［71］张华，鄢威，江志刚．一种制造过程资源环境属性的综合评价模型及应用［A］//中国机械工程学会，湖北省人民政府．科技引领产业、支撑跨越发展——第六届湖北科技论坛论文集萃，2011：8－11．

［72］丁韩，李明，袁逸萍．基于绿色制造的高端变压器加工过程评价模型研究［J］．组合机床与自动化加工技术，2019（8）：157－160．

［73］马珊珊，齐二石，霍艳芳，等．钢铁行业绿色制造评价体系研究［J］．科学学与科学技术管理，2007（9）：194－196．

［74］赵刚，阮丹，王强，张学豪. 面向制造过程的钢铁企业绿色性量化评价［J］. 机械设计与制造，2019（S1）：157-160+164.

［75］石宝峰，迟国泰. 基于信息含量最大的绿色产业评价指标筛选模型及应用［J］. 系统工程理论与实践，2014，34（7）：1799-1810.

［76］李汝资，刘耀彬，谢德金. 中国产业结构变迁中的经济效率演进及影响因素［J］. 地理学报，2017，72（12）：2179-2198.

［77］钱争鸣，刘晓晨. 我国绿色经济效率的区域差异及收敛性研究［J］. 厦门大学学报（哲学社会科学版），2014，17（1）：110-118.

［78］徐小鹰，陈宓. 资源环境约束下中国经济增长效率及其影响因素的空间效应分析［J］. 贵州财经大学学报，2021（3）：25-34.

［79］孙根紧，丁志帆. 中国工业行业动态外部性与区域产业发展关系研究［J］. 统计与决策，2015（16）：116-120.

［80］章泉. 中国城市化进程对环境质量的影响——基于中国地级城市数据的实证检验［J］. 教学与研究，2009（3）：32-38.

［81］钱争鸣，刘晓晨. 资源环境约束下绿色经济效率的空间演化模式［J］. 吉林大学社会科学学报，2014，54（5）：31-39+171-172.

［82］章贵军，刘润芳. 基于环境管理策略的中国各地区经济效率与环境效率比较与评价［J］. 统计与信息论坛，2015，30（4）：51-59.

［83］涂正革. 环境、资源与工业增长的协调性［J］. 经济研究，2008（2）：93-105.

［84］朱承亮，师萍，岳宏志. FDI、人力资本及其结构与研发创新效率［J］. 科学学与科学技术管理，2011，32（9）：37-42+50.

［85］金祥荣，余冬筠. 创新效率、产业特征与区域经济增长

[J]. 浙江大学学报（人文社会科学版），2010，40（5）：116 – 125.

[86] 王兵，吴延瑞，颜鹏飞. 环境管制与全要素生产率增长：APEC 的实证研究 [J]. 经济研究，2008（5）：19 – 32.

[87] 董敏杰，李钢，梁泳梅. 中国工业环境全要素生产率的来源分解——基于要素投入与污染治理的分析 [J]. 数量经济技术经济研究，2012，29（2）：3 – 20.

[88] 钱志权，杨来科. 东亚地区的经济增长、开放与碳排放效率——来自贸易部门的面板数据研究 [J]. 世界经济与政治论坛，2015（3）：134 – 149.

[89] 李大元，孙妍，杨广. 企业环境效益、能源效率与经济绩效关系研究 [J]. 管理评论，2015，27（5）：29 – 37.

[90] 钱争鸣，刘晓晨. 环境管制、产业结构调整与地区经济发展 [J]. 经济学家，2014（7）：73 – 81.

[91] 李树，陈刚. 环境管制与生产率增长——以 APPCL2000 的修订为例 [J]. 经济研究，2013，48（1）：17 – 31.

[92] 李小胜，宋马林，安庆贤. 基于环境技术的省际环境管制成本研究 [J]. 中国人口·资源与环境，2013，23（6）：111 – 116.

[93] 钱争鸣，刘晓晨. 环境管制与绿色经济效率 [J]. 统计研究，2015，32（7）：12 – 18.

[94] 杨树旺，张康光，牛苗苗. 中国矿业生态经济效率评价研究 [J]. 宏观经济研究，2011（12）：66 – 71 + 78.

[95] 陈黎明，王文平，王斌. "两横三纵"城市化地区的经济效率、环境效率和生态效率——基于混合方向性距离函数和合图法的实证分析 [J]. 中国软科学，2015（2）：96 – 109.

[96] 杜春丽，成金华. 我国钢铁产业循环经济效率评价：2003—2006 [J]. 产业经济研究，2009（5）：7 – 14.

[97] 王俊岭，戴淑芬. 基于 DEA – Malquist 指数的我国钢铁

行业循环经济效率评价 [J]. 河北经贸大学学报，2014，35（2）：78-82.

[98] 李创. 环境管制政策的影响机制研究——兼论环境管制政策的演化及其特征 [J]. 价格理论与实践，2016（12）：175-179.

[99] 李胜文，李新春，杨学儒. 中国的环境效率与环境管制——基于1986—2007年省级水平的估算 [J]. 财经研究，2010，36（2）：59-68.

[100] 李小胜，安庆贤. 环境管制成本与环境全要素生产率研究 [J]. 世界经济，2012，35（12）：23-40.

[101] 杨骞，刘华军. 环境技术效率、规制成本与环境规制模式 [J]. 当代财经，2013（10）：16-25.

[102] 李静，程丹润. 基于DEA-SBM模型的中国地区环境效率研究 [J]. 合肥工业大学学报（自然科学版），2009，32（8）：1208-1211.

[103] 杨俊，邵汉华，胡军. 中国环境效率评价及其影响因素实证研究 [J]. 中国人口·资源与环境，2010，20（2）：49-55.

[104] 曾贤刚. 中国区域环境效率及其影响因素 [J]. 经济理论与经济管理，2011（10）：103-110.

[105] 胡达沙，李杨. 环境效率评价及其影响因素的区域差异 [J]. 财经科学，2012（4）：116-124.

[106] 沈能. 工业集聚能改善环境效率吗？——基于中国城市数据的空间非线性检验 [J]. 管理工程学报，2014，28（3）：57-63.

[107] 苑清敏，申婷婷，邱静. 中国三大城市群环境效率差异及其影响因素 [J]. 城市问题，2015（7）：10-18.

[108] 佟继英，关军. 中国省际环境经济效率的测算——基于WTP-DEA模型的实证研究 [J]. 价格理论与实践，2016（12）：184-187.

[109] 邓霞. 区域生态效率评价研究——以长江经济带为例 [J]. 价格理论与实践, 2019 (11): 133 – 137.

[110] 周东生, 李佳, 张蕾. 我国有色金属行业环境效率评价研究——基于低碳经济背景下的分析 [J]. 价格理论与实践, 2020 (1): 91 – 94.

[111] 任萌, 张璇. 绿色金融背景下吉林省商业银行的业务创新 [J]. 科技创新与生产力, 2017 (1): 19 – 21.

[112] 林志炳. 基于网络外部性的绿色制造策略研究 [J]. 中国管理科学, 2020, 28 (9): 137 – 145.

[113] 刘飞, 曹华军. 绿色制造的理论体系框架 [J]. 中国机械工程, 2000 (9): 10 – 13 + 4.

[114] 曹华军, 李洪丞, 曾丹, 等. 绿色制造研究现状及未来发展策略 [J]. 中国机械工程, 2020, 31 (2): 135 – 144.

[115] 朱庆华. 影响企业实施绿色供应链管理制约因素的实证分析 [J]. 中国人口·资源与环境, 2009, 19 (2): 83 – 87.

[116] 王能民, 孙林岩, 杨彤. 绿色制造战略的障碍性因素分析 [J]. 中国机械工程, 2005 (8): 693 – 696 + 711.

[117] 夏绪辉, 周萌, 王蕾, 等. 再制造拆卸服务生产线及其平衡优化 [J]. 计算机集成制造系统, 2018, 24 (10): 2492 – 2501.

[118] 赵晓敏, 黄培清, 林英晖. 混合型制造/再制造系统建模及仿真研究 [J]. 信息与控制, 2007 (6): 739 – 745 + 766.

[119] 徐建中, 贯君, 朱晓亚. 政府行为对制造企业绿色创新模式选择影响的演化博弈研究 [J]. 运筹与管理, 2017, 26 (9): 68 – 77.

[120] 林志炳, 陈莫凡. 基于企业社会责任的绿色制造策略及供应链协调 [J]. 计算机集成制造系统, 2020, 26 (11): 3108 – 3117.

[121] 于飞, 张红艳. 基于科学发展观视角的吉林省中小企业

人才开发策略研究 [J]. 经济视角（下），2008（10）：28－30.

　　[122] 林志炳. 考虑产出不确定的供应链绿色制造策略研究 [J]. 软科学，2021，35（3）：123－128＋144.

　　[123] 游建民，张伟. 国家生态文明试验区绿色制造绩效评价及影响因素研究——以贵州为例 [J]. 贵州社会科学，2018（12）：120－128.

　　[124] 夏丹. 消费者行为对制造企业绿色转型的作用机理研究——基于政府监管视角 [J]. 商业经济研究，2019（15）：181－184.

　　[125] 刘祎芃，范琳鹏. 制造企业绿色化战略的影响因素及驱动机制研究 [J]. 科技视界，2018（18）：110－112.

　　[126] 钟优慧，杨志江. 国有企业是否更愿意绿色技术创新？——来自制造业上市公司的实证研究 [J]. 云南财经大学学报，2021，37（5）：88－98.

　　[127] 韩立达，史敦友，张卫. 技术创新与工业绿色化：作用机理和实证检验 [J]. 经济问题探索，2020（5）：176－190.

　　[128] 赵开爽. 基于装备绿色再制造工程及其发展前景 [J]. 石化技术，2018，25（7）：251.

　　[129] 柏明国，李中娟. 传统制造企业绿色创新的驱动机理研究 [J]. 西南石油大学学报（社会科学版），2018，20（3）：13－20.

　　[130] 朱庆华，杨启航. 中国生态工业园建设中企业环境行为及影响因素实证研究 [J]. 管理评论，2013，25（3）：119－125＋158.

　　[131] 王丽杰，王雪平，刘宇清. 循环经济视角下的供应链运作绩效评价研究 [J]. 东北师大学报（哲学社会科学版），2013（4）：59－62.

　　[132] 董秋云. 供给侧结构性改革背景下的制造业绿色转型路径探讨 [J]. 生态经济，2017，33（8）：129－133.

[133] 赵建军，胡春立. 地方环保垂管下县域经济绿色发展思路探析 [J]. 环境保护，2016，44（22）：25 – 27.

[134] 杨光勇，计国君. 碳排放规制与顾客环境意识对绿色创新的影响 [J]. 系统工程理论与实践，2021，41（3）：702 – 712.

[135] 杜健，张蕾，Bryan T. Stinchfield. 中国企业的绿色制造战略与组织绩效的关系研究 [J]. 自然辩证法研究，2010，26（8）：63 – 68.

[136] 楼婷渊，胡强，李绩才. 政府财政政策下的企业循环再造战略研究 [J/OL]. 科技与经济，2021（3）：11 – 15 [2021 – 06 – 21]. https：//doi. org/10. 14059/j. cnki. cn32 – 1276n. 2021. 03. 003.

[137] 詹绍芬，章恒全，张武昌. 21 世纪绿色制造业的伦理约束与激励机制研究 [J]. 预测，2004（1）：22 – 25.

[138] 武晓利. 环保政策、治污努力程度与生态环境质量——基于三部门 DSGE 模型的数值分析 [J]. 财经论丛，2017（4）：101 – 112.

[139] 颜建军，杨晓辉，游达明. 企业低碳技术创新政策工具及其比较研究 [J]. 科研管理，2016，37（9）：105 – 112.

[140] 路世昌，王晨. 基于绿色供应链管理的企业综合竞争力研究——以电子制造企业为例 [J]. 辽宁工程技术大学学报（社会科学版），2017，19（3）：289 – 296.

[141] 周炤骏. 制造企业绿色竞争力影响因素研究 [D]. 大连：大连理工大学，2015.

[142] 林志炳，潘浩. 考虑制造商返利的信息共享策略研究 [J]. 福州大学学报（自然科学版），2019，47（3）：300 – 306.

[143] 曹裕，李青松，胡韩莉. 不同政府补贴策略对供应链绿色决策的影响研究 [J]. 管理学报，2019，16（2）：297 – 305 + 316.

[144] 刘朋，周可迪，延建林，等. 促进绿色制造技术扩散的政

策模式创新研究 [J]. 中国工程科学, 2016, 18 (4): 101 - 108.

[145] 付小勇, 朱庆华, 赵铁林. 基于逆向供应链间回收价格竞争的回收渠道选择策略 [J]. 中国管理科学, 2014, 22 (10): 72 - 79.

[146] 尚文芳, 滕亮亮. 考虑政府补贴和销售努力的零售商主导型绿色供应链博弈策略 [J]. 系统工程, 2020, 38 (2): 40 - 50.

[147] 梁晓蓓, 江江, 孟虎, 等. 考虑政府补贴和风险规避的绿色供应链决策模型 [J]. 预测, 2020, 39 (1): 66 - 73.

[148] 傅端香, 张子元, 原白云. 政府补贴政策下考虑风险规避的绿色供应链定价决策研究 [J]. 运筹与管理, 2019, 28 (9): 33 - 40 + 84.

[149] 田一辉, 朱庆华. 政府价格补贴下绿色供应链管理扩散博弈模型 [J]. 系统工程学报, 2016, 31 (4): 526 - 535.

[150] 刘名武, 万谧宇, 吴开兰. 碳交易政策下供应链横向减排合作研究 [J]. 工业工程与管理, 2015, 20 (3): 28 - 35.

[151] 石薛桥, 郭瑞洁, 段宇洁. 考虑政府补贴和消费者行为的绿色供应链决策模型 [J]. 商业经济研究, 2019 (1): 34 - 36.

[152] 江世英, 方鹏骞. 基于绿色供应链的政府补贴效果研究 [J]. 系统管理学报, 2019, 28 (3): 594 - 600.

[153] 温兴琦, 程海芳, 蔡建湖, 等. 绿色供应链中政府补贴策略及效果分析 [J]. 管理学报, 2018, 15 (4): 625 - 632.

[154] 张子元, 傅端香. 考虑互惠利他偏好和政府补贴的绿色供应链最优决策研究 [J]. 工业工程, 2020, 23 (5): 149 - 157 + 168.

[155] 许建, 肖亮文, 田宇. 基于政府补贴的绿色供应链供求模型研究 [J]. 资源开发与市场, 2018, 34 (4): 451 - 456 + 462.

[156] 程发新, 邵汉青, 马方星. 差别权重补贴下考虑消费者绿色偏好的闭环供应链定价决策 [J]. 工业工程与管理, 2019, 24

(1): 111-118.

[157] 李义猛. 顾客绿色消费行为与价格补贴政策对供应链生产策略影响研究 [D]. 重庆: 重庆工商大学, 2014.

[158] 曹中秋, 张子元, 傅端香. 考虑绿色偏好和政府补贴的供应链营销策略研究 [J]. 工业工程, 2019, 22 (5): 141-149.

[159] 解学梅, 王若怡, 霍佳阁. 政府财政激励下的绿色工艺创新与企业绩效: 基于内容分析法的实证研究 [J]. 管理评论, 2020, 32 (5): 111-126.

[160] 徐莹莹, 綦良群. 基于复杂网络演化博弈的企业集群低碳技术创新扩散研究 [J]. 中国人口·资源与环境, 2016, 26 (8): 16-24.

[161] 甘志霞, 白雪, 冯钰文. 基于区域低碳创新系统功能分析框架的京津冀低碳创新协同发展思路 [J]. 环境保护, 2016, 44 (8): 56-59.

[162] 曹霞, 张路蓬. 环境规制下企业绿色技术创新的演化博弈分析——基于利益相关者视角 [J]. 系统工程, 2017 (2): 107-112.

[163] 王班班, 赵程. 中国的绿色技术创新——专利统计和影响因素 [J]. 工业技术经济, 2019 (7): 53-66.

[164] 杨朝均, 张广欣, 杨文珂. 国际技术溢出下绿色创新产学研合作演化博弈研究 [J]. 生态经济, 2019, 35 (12): 38-43.

[165] 周林奕. 基于数据包络分析的水泥制造企业绿色度评价研究 [D]. 合肥工业大学, 2018.

[166] 苏红键, 李红玉. 中国制造企业绿色发展评价——来自上市公司的数据资料 [J]. 开发研究, 2017 (2): 57-62.

[167] 王海鹏. 制造企业供应链绿色度评价研究 [D]. 燕山: 燕山大学, 2014.

[168] 姚立根, 孟祥尧, 赵婷, 等. 基于改进属性识别模型的

建筑工程绿色施工评价 [J]. 数学的实践与认识, 2020, 50 (7): 64 – 74.

[169] 黄晓杏, 余达锦, 刘亦晴. 区域绿色创新系统成熟度指标体系的构建与评价 [J]. 统计与决策, 2019, 35 (21): 45 – 49.

[170] 谢春, 李健. 中国特色新型工业化评价指标体系构建及实证分析 [J]. 系统工程, 2011, 29 (3): 74 – 80.

[171] 高涵, 叶维丽, 彭硕佳, 等. 基于绿色全要素生产率的"两山"转化效率测度方法 [J]. 环境科学研究, 2020, 33 (11): 2639 – 2646.

[172] 谢志祥, 任世鑫, 李阳, 等. 基于 DEA 模型的江西省农业生产效率研究 [J]. 江西农业学报, 2015, 27 (10): 142 – 145.

[173] 杨文举. 中国省份工业的环境绩效影响因素——基于跨期 DEA – Tobit 模型的经验分析 [J]. 北京理工大学学报 (社会科学版), 2015, 17 (2): 40 – 48.

[174] 周五七. 效率增进与技术进步对绿色生产率增长的影响——来自中国 36 个两位数工业行业的实证 [J]. 统计与信息论坛, 2014 (4): 63 – 69.

[175] 胡晓珍, 杨龙. 中国区域绿色全要素生产率增长差异及收敛分析 [J]. 财经研究, 2011 (4): 13 – 26.

[176] 岳书敬, 刘富华. 环境约束下的经济增长效率及其影响因素 [J]. 数量经济技术经济研究, 2009 (5): 95 – 107.

[177] 王志刚, 龚六堂, 陈玉宇. 地区间生产效率与全要素生产率增长率分解 (1978—2003) [J]. 中国社会科学, 2006 (2): 55 – 66.

[178] 王争, 郑京海, 史晋川. 中国地区工业生产绩效: 结构差异、制度冲击及动态表现 [J]. 经济研究, 2006 (11): 48 – 59 +71.

[179] 涂正革, 肖耿. 中国工业生产力革命的制度及市场基

础——中国大中型工业企业间技术效率差距因素的随机前沿生产模型分析 [J]. 经济评论, 2005 (4): 50 - 62.

[180] 沈能. 中国制造业全要素生产率地区空间差异的实证研究 [J]. 中国软科学, 2006 (6): 101 - 110.

[181] 朱静敏, 盖美. 中国沿海地区海洋经济效率时空演化特征——基于三阶段超效率 SBM - Global 和三阶段 Malmquist 的分析 [J]. 地域研究与开发, 2019, 38 (1): 28 - 33.

[182] 马晓君, 李煜东, 王常欣, 等. 约束条件下中国循环经济发展中的生态效率——基于优化的超效率 SBM - Malmquist - Tobit 模型 [J]. 中国环境科学, 2018, 38 (9): 386 - 395.

[183] 周宾. 基于 SE - SBM 的中国军民融合产业示范基地的经济效率测评 [J]. 西安财经学院学报, 2015 (5): 66 - 71.

[184] 牛丽娟. 环境规制对西部地区能源效率影响研究 [D]. 兰州大学, 2016.

[185] 张晓平, 李媛芳, 吴文佳. 基于 DEA 模型的中国城市资源环境效率评价 (英文) [J]. 资源和生态学报, 2014, 5 (1): 11 - 19.

[186] 朱帮助, 吴万水, 王平. 基于超效率 DEA 的中国省际能源效率评价 [J]. 数学的实践与认识, 2013 (5): 13 - 19.

[187] 徐婕, 张丽珩, 吴季松. 我国各地区资源、环境、经济协调发展评价——基于交叉效率和二维综合评价的实证研究 [J]. 科学学研究, 2007, 25 (2): 282 - 287.

[188] 刘勇, 李志祥, 李静. 环境效率评价方法的比较研究 [J]. 数学的实践与认识, 2010, 40 (1): 84 - 92.

[189] 杨锋. 含有多个子系统的决策单元的 DEA 效率评估研究 [D]. 合肥: 中国科学技术大学, 2006.

[190] 彭昱. 我国电力产业环境效率评价 [J]. 财经科学,

2011（2）：76 - 83.

　　[191] 杨杰，宋马林．我国能源效率全要素生产率分解及其影响因素分析——基于我国省级面板数据的实证研究 [J]．广东行政学院学报，2010，22（2）：73 - 78.

　　[192] 赵晓敏．基于 SBM 模型的中国钢铁行业能源效率研究 [D]．大连：东北财经大学，2013.

　　[193] 卞亦文．非合作博弈两阶段生产系统的环境效率评价 [J]．管理科学学报，2012（7）：15 - 23.

　　[194] 杨杰，宋马林．可持续发展视阈下我国区域环境效率研究——基于 Super - SBM 与面板数据模型 [J]．商业经济与管理，2011（9）：57 - 62.

　　[195] 周晶晶，吴思慧，沈能．超效率视角下的我国创新型城市效率评价——以长三角地区为例 [J]．科技管理研究，2015（16）：68 - 71.

　　[196] 李静．基于 SBM 模型的环境效率评价 [J]．合肥工业大学学报（自然科学版），2008，31（5）：771 - 775.

　　[197] 王艳秋，蒋惠园，方晨晨，等．中部六省交通运输业全要素碳排放效率测度及分析 [J]．公路与汽运，2020，198（3）：15 - 20 + 24.

　　[198] 王谦，于楠楠．基于超效率 SBM - DEA 模型的山东省财政环境保护支出效率评价 [J]．经济与管理评论，2020（2）：113 - 122.

　　[199] 唐志鹏．中国省域资源环境的投入产出效率评价 [J]．地理研究，2018，37（8）：1515 - 1527.

　　[200] 屈小娥．中国工业行业环境技术效率研究 [J]．经济学家，2014，7（7）：55 - 65.

　　[201] 余红伟．我国社会保障支出效率的区域测度与影响因素研究——基于三阶段 DEA 模型的政策质量分析 [J]．社会保障研

究，2015（5）：82 - 89.

[202] 梁龙武，袁宇翔，付智，等.区域创新驱动全要素生产率测度及其影响因素研究——基于 Malmquist - Tobit 方法的实证分析 [J].科技管理研究，2016（10）：197 - 202.

[203] 王映川.我国先进装备制造业全要素生产率及影响因素分析——基于产业组织视角 [J].工业技术经济，2017，36（1）：15 - 21.

[204] 冯正强，白利利，陈巧.我国装备制造业省际出口贸易效率及其影响因素分析——基于异质性随机前沿出口模型的实证检验 [J].经济问题探索，2018（7）：145 - 153.

[205] Carson R. Silent Spring [J]. Foreign affairs（Council on Foreign Relations），1962，76（5）：704.

[206] Meadows D H，Meadows D I，Randers J，et al.. The limits to growth：a report to the club of Rome（1972）[R]. Rome：Club of Rome，1972.

[207] Martin W. Holdgate. Our Common Future：The Report of the World Commission on Environment and Development [J]. Environmental Conservation，1987，14（3）：282.

[208] Mohr Ernst. "book-review" Economics of Natural Resources and the Environment [J]. Welt wirtschaftliches Archiv，1990，126（4）：809 - 810.

[209] OECD. Declaration on Green Growth Ad. [R]. Singapore：OECD，2009.

[210] Bowen A，Hepburn C. Green growth：an assessment [J]. Oxford Review of Economic Policy，2014，30（3）：407 - 422.

[211] Jouvet，Pierre - André，De Perthuis C. Green growth：From intention to implementation [J]. International Economics，2013，

134 (Complete): 29 – 55.

[212] Green growth: an assessment [J]. Oxford Review of Economic Policy, 2014, 30 (3): 407 – 422.

[213] Reilly, John M. Green growth and the efficient use of natural resources [J]. Energy Economics, 2012, 34: S85 – S93.

[214] Green Growth: Economic Theory and Political Discourse [J]. Gri Working Papers, 2012, 4 (1): 179 – 181.

[215] Diego Vazquez – Brust, Alastair M. Smith, Joseph Sarkis. Managing the transition to critical green growth: The Green Growth State [J]. Futures, 2014, 64: 38 – 50.

[216] Melnyk S A, Smith R T. Green Manufacturing [R]. Dearborn: Society of Manufacturing Engineers, 1996.

[217] DUFFLE N. Trends in Green Manufacturing. CASA/SME Technology Trends – 1998 (8) [EB/OL]. [2019 – 12 – 11]. http: // www. sme. org.

[218] Farrell M J. The Measurement of Productive Efficiency [J]. Journal of the Royal Statistical Society, 1957, 120 (3): 253 – 290.

[219] Aigner D, Lovell C, Schmidt P. Formulation and estimation of stochastic frontier production function models [J]. Journal of Econometrics, 1977, 6 (1): 21 – 37.

[220] Seth D, Rehman M, Shrivastava R L. Green manufacturing drivers and their relationships for small and medium (SME) and large industries [J]. Journal of Cleaner Production, 2018, 198 (PT. 1 – 1652): 1381 – 1405.

[221] Alfons, Weersink, John, et al.. The Use of Economic Instruments to Resolve Water Quality Problems from Agriculture [J]. Canadian Journal of Agricultural Economics/Revue canadienne d'agroeconomie,

1996, 44 (4): 345 – 353.

[222] Kumbhakar S C, Park B U, Simar L, et al.. Nonparametric stochastic frontiers: A local maximum likelihood approach [J]. Journal of Econometrics, 2007, 137 (1): 1 – 27.

[223] Coelli T, Perelman S. A comparison of parametric and non-parametric distance functions: With application to European railways [J]. European Journal of Operational Research, 1999, 117 (2): 326 – 339.

[224] Kumbhakar S C, Parmeter C F, Tsionas E G. A zero inefficiency stochastic frontier model [J]. Journal of Econometrics, 2013, 172 (1).

[225] Chen H, Wang J, Miao Y. Evolutionary game analysis on the selection of green and low carbon innovation between manufacturing enterprises [J]. AEJ – Alexandria Engineering Journal, 2021, 60 (2): 2139 – 2147.

[226] Colombi R, Kumbhakar S C, Martini G, et al.. Closed-skew normality in stochastic frontiers with individual effects and long/short-run efficiency [J]. Journal of Productivity Analysis, 2014, 42 (2): 123 – 136.

[227] Tsionas E G, Kumbhakar S C. Firm Heterogeneity, Persistent And Transient Technical Inefficiency: A Generalized True Random – Effects model [J]. Journal of Applied Econometrics, 2014, 29 (1): 110 – 132.

[228] Streimikis J, Zhuang M, Balezentis T. Creation of climate-smart and energy-efficient agriculture in the European Union: Pathways based on the frontier analysis [J]. Business Strategy and the Environment, 2020, 30 (1): 576 – 589.

[229] Tone K. A slacks-based measure of efficiency in data envelopment analysis [J]. European Journal of Operational Research, 2001,

绿色制造背景下的产业经济效率和环境效率

130 (3): 498 - 509.

［230］ Nishimura M, Kato M, Shimada F, et al.. Endoscopic Inspection of Area Array Packages ［J］. Advanced Packaging, 2004, 2 (1): 10 - 18.

［231］ Jorgenson D, Gollop F, Fraumeni B. Productivity and U. S. Economic Growth ［J］. Economic Journal, 1987, 100 (399): 274.

［232］ Khanna R, Arnould R J, Finnerty J E. Does infrastructure stimulate total factor productivity? A dynamic heterogeneous panel analysis for Indian manufacturing industries ［J］. The Quarterly Review of Economics and Finance, 2021, 79 (2): 59 - 73.

［233］ Meyer B, Distelkamp M, Wolter M I. Material efficiency and economic-environmental sustainability. Results of simulations for Germany with the model PANTA RHEI ［J］. Ecological Economics, 2007, 63 (1): 192 - 200.

［234］ Moreau P, Ruiz L, Raimbault T, et al.. Modeling the potential benefits of catch-crop introduction in fodder crop rotations in a Western Europe landscape ［J］. The Science of the Total Environment, 2012, 437 (20): 276 - 284.

［235］ Kounetas K. Heterogeneous technologies, strategic groups and environmental efficiency technology gaps for European countries ［J］. Energy Policy, 2015, 83: 277 - 287.

［236］ Mousa E, Wang C, Riesbeck J, et al.. Biomass applications in iron and steel industry: An overview of challenges and opportunities ［J］. Renewable and Sustainable Energy Reviews, 2016, 65 (11): 1247 - 1266.

［237］ Agrell P J, Bogetoft P. Economic and environmental efficiency of district heating plants ［J］. Energy Policy, 2005, 33 (10):

1351 - 1362.

[238] Fan R, Dong L. The dynamic analysis and simulation of government subsidy strategies in low - carbon diffusion considering the behavior of heterogeneous agents [J]. Energy Policy, 2018, 117 (6): 252 - 262.

[239] Jesse D. Jenkins. Political economy constraints on carbon pricing policies: What are the implications for economic efficiency, environmental efficacy, and climate policy design? [J]. Energy Policy, 2014, 69: 467 - 477.

[240] Klocke F, S Tönissen, Mattfeld P, et al. Economic efficiency of integrated manufacturing systems - Comparison of segregated and integrated manufacturing systems with one and two workspaces [J]. ResearchGate, 2015, 41 (10): 94 - 108.

[241] Sobhan Dorahaki, Masoud Rashidinejad, Amir Abdollahi, Mojgan Mollahassani-pour. A novel two-stage structure for coordination of energy efficiency and demand response in the smart grid environment [J]. International Journal of Electrical Power and Energy Systems, 2018, 97: 353 - 362.

[242] Vonsien S, Madlener R. Economic Modeling of the Economic Efficiency of Li-ion Battery Storage with a Special Focus on Residential PV Systems [J]. Energy Procedia, 2019, 158: 3964 - 3975.

[243] Stefan Schaltegger, Andreas Sturm. Ökologische Rationalität: Ansatzpunkte zur Ausgestaltung von ökologieorientierten Managementinstrumenten [J]. Die Unternehmung, 1990, 44 (4): 273 - 290.

[244] Charnes A, Cooper W W, Rhodes E. A Data Envelopment Analysis Approach to Evaluation of the Program Follow through Experiment in U. S. Public School Education [J]. Mathematical models, 1978, 11

(2): 1 – 64.

[245] Atakelty Hailu, Terrence S. Veeman. Non‐parametric Productivity Analysis with Undesirable Outputs: An Application to the Canadian Pulp and Paper Industry [J]. American Journal of Agricultural Economics, 2001, 83 (3): 605 – 616.

[246] Scheel H. Undesirable outputs in efficiency valuations [J]. European Journal of Operational Research, 2001, 132 (2): 400 – 410.

[247] Seiford L M, Zhu J. Classification invariance in data envelopment analysis [M]. Singapore: World Scientific Publishing Company, 2002.

[248] Tone K. Dealing with Undesirable Outputs in DEA: A Slacks-based Measure (SBM) Approach [J]. GRIPS Research Report Series, 2003, 21 (3): 44 – 45.

[249] Deif A M. A system model for green manufacturing [J]. Journal of Cleaner Production, 2011, 19 (14): 1553 – 1559.

[250] Sarkis J. Manufacturing's role in corporate environmental sustainability – Concerns for the new millennium [J]. International Journal of Operations & Production Management, 2001, 21 (5/6): 666 – 686.

[251] Dhruv Sen Singh. Climate Change Session in Indian Science Congress, 2015 [J]. Climate Change and Environmental Sustainability, 2015, 3 (1): 73 – 76.

[252] Tobias Schoenherr. The role of environmental management in sustainable business development: A multi-country investigation [J]. International Journal of Production Economics, 2012, 140 (1): 116 – 128.

[253] Sonja Studer, Stephen Tsang, Richard Welford, Peter Hills. SMEs and voluntary environmental initiatives: a study of stakeholders' perspectives in Hong Kong [J]. Journal of Environmental Planning and Man-

agement, 2008, 51 (2): 285 – 301.

[254] Aktar Most. Asikha, Alam Md. Mahmudul, Al Amin Abul Quasem. Global Economic Crisis, Energy Use, CO2 Emissions, and Policy Roadmap Amid COVID – 19 [J]. Sustainable Production and Consumption, 2020 (prepublish): 770 – 781.

[255] Neetu Choudhary, Shahid Ul Islam, P. J. Philip, Rajinder Kumar. The Role of Green Manufacturing in Development of Ecologically Conscious Consumer Behavior (ECCB) towards Green Products [J]. Indian Journal of Science and Technology, 2016, 9 (25).

[256] Enrique Claver, Laura Rienda, Diego Quer. The Internationalisation Process in Family Firms: Choice of Market Entry Strategies [J]. Journal of General Management, 2007, 33 (1): 1 – 14.

[257] Sachin K. Mangla, Pradeep Kumar, Mukesh Kumar Barua. A fuzzy DEMATEL – based approach for evaluation of risks in green initiatives in supply chain [J]. Int. J. of Logistics Systems and Management, 2016, 24 (2): 226 – 243.

[258] Dias, Gabriela Figueiredo, Ramos, Anatália Saraiva Martins, Souza Neto, Rômulo Andrade De, Bastos, Evangelina De Mello. Green Information Technology: A study in light of Belief – Action – Outcome theory [J]. Revista de Administração de Empresas, 2017, 57 (6): 585 – 600.

[259] Nevil S. Gandhi, Shashank J. Thanki, Jitesh J. Thakkar. Ranking of drivers for integrated lean-green manufacturing for Indian manufacturing SMEs [J]. Journal of Cleaner Production, 2018, 171: 675 – 685.

[260] Frank Figge, Tobias Hahn. Is green and profitable sustainable? Assessing the trade-off between economic and environmental aspects [J]. International Journal of Production Economics, 2012, 140 (1):

绿色制造背景下的产业经济效率和环境效率

92 – 102.

［261］ S. Gurbuz, N. Kiran – Ciliz, O. Yenigun. Cleaner produc-
tion implementation through process modifications for selected SMEs in
Turkish olive oil production ［J］. Journal of Cleaner Production, 2004,
12 (6): 613 – 621.

［262］ Rakesh D. Raut, Sunil Luthra, Balkrishna E. Narkhede,
Sachin K. Mangla, Bhaskar B. Gardas, Pragati Priyadarshinee. Exami-
ning the performance oriented indicators for implementing green manage-
ment practices in the Indian agro sector ［J］. Journal of Cleaner Produc-
tion, 2019: 47 – 67.

［263］ Choi Don Oh, Lee Hyo Keun, Lim Jong Kwang, Lee Hun
Gon. An Evaluation Model Development of Technology Green Index (TGI)
and It's Application to Defense R&D Projects ［J］. Journal of the Korea
Institute of Military Science and Technology, 2009, 12 (3): 299 – 308.

［264］ Marina Bouzon, Kannan Govindan, Carlos Manuel Taboada
Rodriguez. Reducing the extraction of minerals: Reverse logistics in the
machinery manufacturing industry sector in Brazil using ISM approach
［J］. Resources Policy, 2015, 46: 27 – 36.

［265］ Shashank Thanki, Kannan Govindan, Jitesh Thakkar. An
investigation on lean-green implementation practices in Indian SMEs using
analytical hierarchy process (AHP) approach ［J］. Journal of Cleaner
Production, 2016, 135: 284 – 298.

［266］ Sampath P. Dayaratne, Kennedy D. Gunawardana. Carbon
footprint reduction: a critical study of rubber production in small and me-
dium scale enterprises in Sri Lanka ［J］. Journal of Cleaner Production,
2015, 103: 87 – 103.

［267］ Nancy Diaz – Elsayed, Annabel Jondral, Sebastian Greinacher, David Dornfeld, Gisela Lanza. Assessment of lean and green strategies by simulation of manufacturing systems in discrete production environments [J]. CIRP Annals – Manufacturing Technology, 2013, 62 (1): 475 – 478.

[268] Jonathan Chenoweth, Andrew R. Anderson, Prashant Kumar, W. F. Hunt, Sarah Jane Chimbwandira, Trisha L. C. Moore. The interrelationship of green infrastructure and natural capital [J]. Land Use Policy, 2018, 75: 137 – 144.

[269] Salem A H, Deif A M. Developing a Greenometer for green manufacturing assessment [J]. Journal of Cleaner Production, 2017, 154: 413 – 423.

[270] Charbel José Chiappetta Jabbour, Fernando César Almada Santos, Sergio Azevedo Fonseca, Marcelo Seido Nagano. Green teams: understanding their roles in the environmental management of companies located in Brazil [J]. Journal of Cleaner Production, 2013, 46: 58 – 66.

[272] Ali Karimi Zarchi, Govindan Marthandan, Mohammad Eshaghi. An Analytical Hierarchical Process (AHP) based Approach for Promoting Green Buildings among the Citizens of Next Generation in Malaysia [A]. International Economics Development and Research Center (IEDRC). 2012.

[273] Sarkissian Wendy, Hofer Nancy, Shore Yollana, Vajda Steph, Wilkinson Cathy. Kitchen Table Sustainability: Practical Recipes for Community Engagement with Sustainability [M]. Taylor and Francis: 2012 – 05 – 04.

[274] Patrik Thollander, Patrik Rohdin, Bahram Moshfegh, Magnus Karlsson, Mats Söderström, Louise Trygg. Energy in Swedish industry 2020 – current status, policy instruments, and policy implications

［J］. Journal of Cleaner Production, 2013, 51: 109 – 117.

［275］ N. A. Madlool, R. Saidur, M. S. Hossain, N. A. Rahim. A critical review on energy use and savings in the cement industries ［J］. Renewable and Sustainable Energy Reviews, 2011, 15 (4): 2042 – 2060.

［276］ Sonja Klingert, Thomas Schulze, Christian Bunse. Green SLAs for the energy-efficient management of data centres ［P］. Energy – Efficient Computing and Networking, 2011.

［277］ Di, Silvestre, M. L, et al. A Generalized Framework for Optimal Sizing of Distributed Energy Resources in Micro – Grids Using an Indicator – Based Swarm Approach ［J］. Industrial Informatics, IEEE Transactions on, 2014, 10 (1): 152 – 162.

［278］ Fresner J, Engelhardt G. Experiences with Integrated Management Systems for two Small Companies in Austria ［J］. Journal of Cleaner Production, 2004, 12 (6): 623 – 631.

［279］ Jabbour C, Jabbour A B L D S, Govindan K, et al. Environmental management and operational performance in automotive companies in Brazil: The role of human resource management and lean manufacturing［J］. Journal of Cleaner Production, 2013, 47 (5): 129 – 140.

［280］ Deepak, Pant, Anoop, et al. Bioelectrochemical systems (BES) for sustainable energy production and product recovery from organic wastes and industrial wastewaters ［J］. Rsc Advances, 2012.

［281］ Hemel C V, Cramer J. Barriers and stimuli for ecodesign in SMEs ［J］. Journal of Cleaner Production, 2002, 10 (5): 439 – 453.

［282］ Rakesh D. Raut, Balkrishna Narkhede, Bhaskar B. Gardas. To identify the critical success factors of sustainable supply chain management practices in the context of oil and gas industries: ISM approach ［J］. Renewable and Sustainable Energy Reviews, 2017, 68 (1): 33 – 47.

［283］Babakri K A，Bennett R A，Rao S，et al. Recycling performance of firms before and after adoption of the ISO 14001 standard［J］. Journal of Cleaner Production，2004，12（6）：633－637.

［284］Silvia C，Krause R M. Assessing the impact of policy interventions on the adoption of plug-in electric vehicles：An agent-based model［J］. Energy Policy，2016，96：105－118.

［285］Anderson，Robin，L，et al. The Costs and Efficiencies behind Green IT.［J］. Educause Review，2009，37（2）：10－11.

［286］Bouzon M，Govindan K，Rodriguez C. Reducing the extraction of minerals：Reverse logistics in the machinery manufacturing industry sector in Brazil using ISM approach［J］. Resources Policy，2015，46：27－36.

［287］Henriques J，Catarino J. Motivating towards energy efficiency in small and medium enterprises［J］. Journal of Cleaner Production，2016，139：42－50.

［288］Roy M，Khastagir D. Exploring role of green management in enhancing organizational efficiency in petro-chemical industry in India［J］. Journal of Cleaner Production，2016，121：109－115.

［289］Minhaj Ahemad Abdul Rehman，Rakesh L. Shrivastava. An Innovative Approach To Evaluate Green Supply Chain Management（GSCM）Drivers By Using Interpretive Structural Modeling（ISM）［J］. International Journal of Innovation and Technology Management，2011，8（2）：315－336.

［290］Kannan D，Diabat A，Alrefaei M，et al.. A carbon footprint based reverse logistics network design model［J］. Resources Conservation and Recycling，2012，67（5）：75－79.

［291］Gabriela Scur，Mayara Emília Barbosa. Green supply chain management practices: Multiple case studies in the Brazilian home appliance industry [J]. Journal of Cleaner Production, 2017, 141: 1293 –1302.

[292] M. L. Tseng, Y. H. Lin, A. S. F. Chiu, J. C. H. Liao. Using FANP approach on selection of competitive priorities based on cleaner production implementation: a case study in PCB manufacturer, Taiwan [J]. Clean Technologies and Environmental Policy, 2008, 10 (1): 17 –29.

[293] Kumar S, Roy N, Ganguli R. Monitoring low cycle fatigue damage in turbine blade using vibration characteristics [J]. Mechanical Systems & Signal Processing, 2007, 21 (1): 480 – 501.

[294] Vahid Aryanpur, Ehsan Shafiei. Optimal deployment of renewable electricity technologies in Iran and implications for emissions reductions [J]. Energy, 2015, 91: 882 – 893.

[295] Hirte Georg, Tscharaktschiew Stefan. The optimal subsidy on electric vehicles in German metropolitan areas: A spatial general equilibrium analysis [J]. Energy Economics, 2013, 40: 515 – 528.

[296] Amy J. C. Trappey, Charles Trappey, C. T. Hsiao, Jerry J. R. Ou, S. J. Li, Kevin W. P. Chen. An evaluation model for low carbon island policy: The case of Taiwan's green transportation policy [J]. Energy Policy, 2012, 45: 510 –515.

[297] Byunghoon Chang, Chulwoo Kim, Taekyun Kim, Woongjae Jeon, Seongsik Shin, Hyungyu Han. Demonstration Study on the Large – Scale Battery Energy Storage for Renewables Integration [J]. Energy & Environment, 2015, 26 (1 – 2): 183 – 194.

[298] Simpson G, Clifton J. Subsidies for residential solar photovoltaic energy systems in Western Australia: Distributional, procedural and outcome justice [J]. Renewable & Sustainable Energy Reviews, 2016, 65 (11): 262 –273.

[299] Theo Lieven. Policy measures to promote electric mobility – A global perspective [J]. Transportation Research Part A, 2015, 82: 78 – 93.

[300] Joram H. M. Langbroek, Joel P. Franklin, Yusak O. Susilo. The effect of policy incentives on electric vehicle adoption [J]. Energy Policy, 2016, 94: 94 – 103.

[301] Nicolini M, Tavoni M. Are renewable energy subsidies effective? Evidence from Europe [J]. Renewable & Sustainable Energy Reviews, 2017, 74 (6): 412 – 423.

[302] Trappey, Peng A, HsinYi, Lin, et al.. Empirical Analysis of Patent Cross-licensing for Light – Emitting Diode Industry. 2012: 262 – 273.

[303] Zhijian Lu, Shuai Shao. Impacts of government subsidies on pricing and performance level choice in Energy Performance Contracting: A two-step optimal decision model [J]. Applied Energy, 2016, 184: 1176 – 1183.

[304] Yu Liu, Yingying Lu. The Economic impact of different carbon tax revenue recycling schemes in China: A model-based scenario analysis [J]. Applied Energy, 2015, 141: 96 – 105.

[305] Yujie Xiao, Shuai Yang, Lianmin Zhang, Yong – Hong Kuo. Supply Chain Cooperation with Price – Sensitive Demand and Environmental Impacts [J]. Sustainability, 2016, 8 (8).

[306] Dehai Liu, Xingzhi Xiao, Hongyi Li, Weiguo Wang. Historical evolution and benefit-cost explanation of periodical fluctuation in coal mine safety supervision: An evolutionary game analysis framework [J]. European Journal of Operational Research, 2015, 243 (3): 974 – 984.

[307] Haapala Karl R. , Zhao Fu, Camelio Jaime, Sutherland John W. , Skerlos Steven J. , Dornfeld David A. , Jawahir I. S. , Clar-

绿色制造背景下的产业经济效率和环境效率

ens Andres F. , Rickli Jeremy L. . A Review of Engineering Research in Sustainable Manufacturing [J]. Journal of Manufacturing Science and Engineering, 2013, 135 (4): 41 – 63.

[308] Valenzuela – Venegas G, Cristian Salgado J, Diaz – Alvarado F A. Sustainability indicators for the assessment of eco-industrial parks: classification and criteria for selection [J]. Journal of Cleaner Production, 2016, 133 (10): 99 – 116.

[309] Barbara S. Linke, Gero J. Corman, David A. Dornfeld, Stefan Tönissen. Sustainability indicators for discrete manufacturing processes applied to grinding technology [J]. Journal of Manufacturing Systems, 2013, 32 (4): 556 – 563.

[310] Al – Fandi L. A novel approach using lean and simulation modeling for effective green transformation for high-end server manufacturing. [D]. State University of New York at Binghamton. 2011.

[311] Lawrence Al – Fandi, Sarah S Lam, Sreekanth Ramakrishnan. A Framework to Reduce Problem Complexity Using Lean Concepts with Simulation [J]. IIE Annual Conference. Proceedings, 2011 (10): 1 – 7.

[312] Silvia Paola Venegas Segura, Martha Lilia Domínguez Patiño, Miguel Aguilar Cortes, Jorge Avelino Domínguez Patiño, Luz Elva Marín Vaca, Nadia Lara Ruiz, Rosa María Melgoza Alemán, Oscar Gabriel Villegas Torres. Life Cycle Assessment of Hydrogel Used in Hydroponics for the Impatiens New Guinea Production [J]. Open Journal of Applied Sciences, 2016, 6 (5): 310 – 314.

[313] Hao Zhang, Javier Calvo – Amodio, Karl R. Haapala. A conceptual model for assisting sustainable manufacturing through system dynamics [J]. Journal of Manufacturing Systems, 2013, 32 (4): 543 – 549.

［314］Ziout A, Azab A, Altarazi S, et al. . Multi-criteria decision support for sustainability assessment of manufacturing system reuse ［J］. CIRP Journal of Manufacturing Science and Technology, 2013, 6（1）: 59 – 69.

［315］M Kurdve, K Romvall. Green Production Systems – Industrial Tools for Enhancing Environmental Improvements within a Production System ［C］. Ffi – Katrineholmskonferens, Sweden: The International Institute for Industrial Environmental Economics, 2011.

［316］Imen Nouira, Yannick Frein, Atidel B. Hadj – Alouane. Optimization of manufacturing systems under environmental considerations for a greenness-dependent demand ［J］. International Journal of Production Economics, 2014, 150: 188 – 198.

［317］Toshihiko NAKATA, Mikhail RODIONOV, Diego SILVA, Joni JUPESTA. Shift to a low carbon society through energy systems design ［J］. Science China（Technological Sciences）, 2010, 53（1）: 134 – 143.

［318］Sf A, Ff A, Ec A, et al. A multi-stakeholder analysis of the economic efficiency of industrial energy efficiency policies: Empirical evidence from ten years of the Italian White Certificate Scheme – ScienceDirect ［J］. Applied Energy, 2019, 240: 424 – 435.

［319］Hu J L, Wang S C. Total-factor energy efficiency of regions in China ［J］. Energy Policy, 2006, 34（17）: 3206 – 3217.

［320］Tone K. A slacks-based measure of super-efficiency in data envelopment analysis ［J］. European Journal of Operational Research, 2002, 143（1）: 32 – 41.

［321］Y. H. Chung, R. Färe, S. Grosskopf. Productivity and Undesirable Outputs: A Directional Distance Function Approach ［J］. Journal of Environmental Management, 1997, 51（3）: 229 – 240.

［322］ Fukuyama H, Weber W L. Output slacks-adjusted cost effi-
ciency and value-based technical efficiency in DEA models ［J］. Journal
of the Operations Research Society of Japan, 2009, 52 (2): 86 – 104.

［323］ William W. Cooper, Lawrence M. Seiford, Joe Zhu. Hand-
book on Data Envelopment Analysis ［M］. Springer, Boston, MA: 2011 –
01 –01.

［324］ Färe, R. , S. Grosskopf, M. Norris, and Z. Zhang. Pro-
ductivity Growth, Technical Progress, and Efficiency Change in Industrial-
ized Countries ［J］. American Economics Review, 1994, 87: 66 – 83.

［325］ Haynes K E, Hazleton J E, Kleeman W T. Environment and
Energy on the Texas Gulf Coast: An Economic Evaluation Model of Alter-
native Policies ［J］. Environmental Assessment of Socioeconomic Systems,
1978, 3 (7): 493 – 494.

［326］ Cooper W W, Seiford L M, Tone K, et al. Some models
and measures for evaluating performances with DEA: past accomplish-
ments and future prospects ［J］. Journal of productivity analysis, 2007,
28 (3): 151 – 163.

［327］ Banker R D. Estimating most productive scale size using data
envelopment analysis ［J］. European Journal of Operational Research,
1984, 17 (1): 35 – 44.

［328］ Charnes L A. Sensitivity Analysis of the Proportionate Change
of Inputs (or Outputs) in Data Envelopment Analysis (M). Glasnik:
Matemati, 1992.

［329］ Cook W D, Seiford L M. Data envelopment analysis (DEA) –
Thirty years on ［J］. European Journal of Operational Research, 2009, 192
(1): 1 – 17.

［330］ Tone K. A slacks-based measure of efficiency in data envelopment analysis ［J］. European Journal of Operational Research, 2001, 130（3）: 498 – 509.

［331］ F. Hernández – Sancho a, A M S, B S G. Energy efficiency in Spanish wastewater treatment plants: A non-radial DEA approach ［J］. Science of The Total Environment, 2011, 409（14）: 2693 – 2699.

［332］ Korhonen, Jouni, Wihersaari, et al. . Industrial Ecology of a Regional Energy Supply System: The Case of the Jyväskylä Region, Finland ［J］. Greener Management International, 1999（26）: 57 – 67.

［333］ Manuel Arellano, Olympia Bover. Another look at the instrumental variable estimation of error-components models ［J］. Journal of Econometrics, 1995, 68（1）: 29 – 51.

［334］ Richard Blundell, Stephen Bond. Initial conditions and moment restrictions in dynamic panel data models ［J］. Journal of Econometrics, 1998, 87（1）: 115 – 143.

绿色制造背景下的产业经济效率和环境效率

后　记

本书即将成稿，心情有少许的激动与欣慰。一是社会发展到今天，展现出党和国家对绿色制造的重视，而自己多年前又有幸选择了这一研究方向，自己的研究成果能够契合国家和社会的需要；二是多年的研究成果可以结集成册，以表记录，书中所体现的思想理念和研究方法可以与他人共同探讨进步。

绿色制造在很多国家得到了重视，是世界经济社会可持续发展理念的一个重要内容。如日本，2012 年 7 月召开国家发展战略大会，通过了《绿色发展战略总体规划》，新型装备制造、机械加工等作为发展重点，围绕制造过程中可再生能源的应用和能源利用效率提升，实施战略规划，计划通过 5~10 年的努力，将节能环保汽车、大型蓄电池、海洋风力发电培育和发展成为落实绿色发展战略的三大支柱性产业。欧盟于 2019 年 12 月发布了《欧洲绿色政纲》，提出将数字基础设施、清洁能源、循环经济等绿色投资作为恢复经济的重要抓手。值得注意的是，我国 2021 年发布的《中华人民共和国国民经济和社会发展第十四个五年规划和 2035 年远景目标纲要》和《十四五工业绿色发展规划》明确了我国到 2025 年，产业结构、能源结构、运输结构明显优化，绿色产业比重显著提升，基础设施绿色化水平不断提高，清洁生产水平持续提高，生产生活方式绿色转型成效显著，能源资源配置更加合理、利用效率大幅提高，主要污染物排放总量持续减少，碳排放强度明显降低，生态环境持续改善，市场导向的绿色技术创新体系更加完善，法律法规政策体系更加健全。到2035年，绿色发展内生动力显著增强，绿色产业规模迈上新台阶，重点行业、重点产品能源资源利用效率达到国际先进水平，广泛形成绿色生产生活方式，碳排放达峰后稳中有降，生态环境根本好转，美丽中国建设目标基本实现。

国家绿色发展蓝图已经绘就，期望自己和更多的学者一起扎根并潜心绿色制造、环境效率、经济效率等相关问题研究，为国家、社会的绿色发展目标作出自己一点微薄的贡献。

感谢我的众多同事们，在本书写作过程给予建议和支持；感谢我的研究生们，在文献检索、数据搜集整理等方面的努力；感谢出版社的老师们，认真严谨地审稿、校稿和建议，从而能让本书能够顺利付梓，再次一并感谢！

作者
2022年10月